DU

YUESHENG

青帮教父

杜月笙

典藏版

王永军◎著

台海出版社

图书在版编目(CIP)数据

青帮教父杜月笙:典藏版 / 王永军著. — 北京:台海出版社,
2018.7

ISBN 978-7-5168-1961-6

Ⅰ.①青… Ⅱ.①王… Ⅲ.①杜月笙(1888-1951)-传记
Ⅳ.①K828.9

中国版本图书馆 CIP 数据核字(2018)第 128656号

青帮教父杜月笙:典藏版

著　　者:王永军	
责任编辑:戴　晨	
装帧设计:芒　果	版式设计:通联图文
责任校对:罗　金	责任印制:蔡　旭

出版发行:台海出版社

地　　址:北京市东城区景山东街 20 号　　邮政编码:100009

电　　话:010-64041652(发行,邮购)

传　　真:010-84045799(总编室)

网　　址:www.taimeng.org.cn/thcbs/default.htm

E - mail:thcbs@126.com

经　　销:全国各地新华书店

印　　刷:三河市天润建兴印务有限公司

本书如有破损、缺页、装订错误,请与本社联系调换

开　　本:880mm×1230 mm	1/32
字　　数:300 千字	印　　张:10
版　　次:2018 年 8 月第 1 版	印　　次:2018 年 8 月第 1 次印刷
书　　号:ISBN 978-7-5168-1961-6	

定　　价:49.00 元

前　言

民国初年，各路军阀巧取豪夺，烽烟四起。与此同时，帝国主义也加紧了对中国的侵略。在这种风雨飘零、动荡不安、民不聊生的时局之下，中国的上海更是陷入了水深火热之中，各种势力云集此地。时势造英雄，在此情况下，上海三大亨黄金荣、杜月笙、张啸林应时而生，他们很快游刃于黑白两道，在强大的帮会组织力量之下，逐渐称霸上海滩。

杜月笙有很多轶事，他也是三大亨中最为传奇的一个。他从一个三餐不继的小瘪三混进十里洋场，摇身一变成为上海最大的黑帮帮主。发迹之后的杜月笙褪去流氓面孔，俨然成了现代的实业家和地方领袖。他为虎作伥，在"四一二"反革命政变中设计捕杀共产党人，心狠手辣、杀人如麻。他却又有着鲜明的爱国心，如救助灾民、热衷慈善，在日军侵华之际，他有着强烈的民族认同感，组织上海抗敌后援会，筹备抗战物质，积极支援前线抗战，不受利益驱使，坚决不落水当汉奸；他狡猾、奸诈，却又很讲义气，为朋友散尽千金；他出身贫民窟，单枪匹马闯上海，后又审时度势创办中汇银行，成为涉足各界的财富大亨；他出入于红道、黑道，游刃于商界、政界，组织人民行动委员会，被奉为中国帮会的总龙头。他重文化重教育，创办正始中学，开设藏书楼，他附庸

1

风雅,谦虚有礼,广结名流,四季着长衫扮起了斯文人,文学泰斗章太炎、名士杨度、名律师秦联奎都是他的座上客。杜月笙深知自己有着多年的反共历史,罪孽深重,没有勇气走向人民。但同时在国民党败走台湾之际,杜月笙再三委婉拒绝跟随蒋介石,最终选择避居香港。他晚年艳福不浅,花甲之年迎娶京剧名伶孟小冬,为后人留下诸多遐想。曾在上海滩叱咤风云、呼风唤雨的杜月笙,最终仅为家人留下区区十万美金谢幕人世。

美国著名专栏作家约翰·根室曾经在他的《亚洲内幕》一书中这样描述:杜月笙是当代亚洲引人注目的莽汉,是中国最有趣的人物。杜月笙的一生都是惊心动魄的传奇。本书旨在讲述二十世纪上半叶上海滩最具传奇色彩的大佬——杜月笙,在波诡云谲的大上海,起伏跌宕、风云突变的一生。本书行文诙谐幽默,在立足于翔实史料的基础上生动展现黑帮龙头的多面人生的故事。

目　录

第一章

惨淡家境少年时

杜月笙出生于一个贫苦家庭。两岁丧母，五岁丧父，由继母和舅父养育。失学儿童的痛苦经历，让他永生难忘。他虽是粗人出身，但很看重文化。成名后，他一直努力提高自身文化修养，门厅高悬对联"友天下士，读古人书"，时时鞭策自己。

三百年帮会第一人

　　他被称作"三百年来民间帮会第一人"，他起家于帮会，有"黑"或"邪"的一面，但同时他又支持过抗日。作为旧上海的一代传奇人物，他在某种程度上代表了当时一部分闯荡上海滩的年轻人的梦想。他就是一代枭雄——杜月笙。

　　人们常说梦想总是和虚幻连在一起的。也许，就连杜月笙的家人，甚至后代，也从未真正走进过他。他出生于1888年8月22日，这一天恰好是农历的七月十五，即中元节，民间称之为鬼节，是一个奉祀先祖、祭拜神灵的大日子。

　　杜月笙出生在上海浦东高桥镇以南十多里的一个小村子。与大多数叱咤风云的人物出生时的传说不同，杜月笙出生时没有任何异兆，既无神物驾临，也无红光满室。他的父亲叫杜文清，没有什么文化，只能识得几个简单的汉字，看着天上圆圆的月亮，心中灵光地闪过一个念头，就给儿子取名"月生"，这就是日后声名鹊起的杜月笙的本名。没有人会想到，这个出生就在鬼节的孩子日后会成为大上海呼风唤雨的人物。

　　杜月笙一家人住在一座破旧不堪的小平房里，村里人戏称为"杜家宅院"，是因为杜家祖上曾经阔绰过。杜月笙成名后，一帮闲谈文人附庸风雅，将此宅更名为"杜家花园"。

　　杜家的小平房破败不堪，夏天不能挡雨，冬天无法遮风，就连这样的一座小破房子，也不是自己独有，而是由杜文清与其哥哥两家合住,足见其生活之窘迫,其中之艰辛,不是一般人所能体会的。

杜文清曾在茶馆里端过茶水,在码头上卖过苦力,可是靠苦力得来的工钱一人吃饱喝足尚且困难,要养家糊口却着实紧巴。无奈之下,妻子朱氏只好帮人洗些衣服,以期赚点小钱补贴家用。为了生活得好一些, 杜文清后来与人合伙到较为繁华的杨树浦开了家米铺,和现在的许多小店老板一样,只能凭着没日没夜的劳作,勉强维持生计。所以直到妻子临盆,才急忙赶回家。

迫于生活的压力,妻子刚刚能下地走动,丈夫杜文清就匆匆忙忙赶回杨树浦经营他的米铺生意了。此时他的长子杜月笙,出生才半个多月。

杜月笙出生两个多月后,上海就开始闹旱灾,土地都干裂得开了缝,庄稼刚露出点苗儿,就像断了奶的婴孩,夭折在地里了。好不容易熬过了旱灾,哪知旱灾刚过,一场连绵几十天的雨水又酿成了水灾。加上当时医疗条件不好,两场自然灾害下来,高桥乡瘟疫流行,饿殍遍地,妻子朱氏只好背着刚满周岁的儿子,赤脚走了几十里路,到杨树浦投奔丈夫去了。

杜文清有什么办法呢?农家穷苦人的出身,又没有做生意的头脑,苦苦支撑一个米铺,已经够难为他了。妻子的到来,使他更加困惑。朱氏心想:如此饥一顿饱一顿的,这日子什么时候是个头?看着嗷嗷待哺的小月笙,时常眼角带泪,暗自啜泣。好在杨树浦一带工厂比较多,一部分工人为躲避灾荒背井离乡,朱氏在家喂了几天猪,就到一家厂子里做工去了。

杜文清是个地道的农家男人,一股子封建气,见妻子将小月

3

笙绑在床上，撸着袖子到厂子里做工，他心里自然百般不愿意。当时的社会，流行的是男人工作挣钱，女人持家，让女人抛头露面出去工作挣钱对自家男人来说终究是一件很没面子的事。怎料一波未平一波又起，杜月笙刚满周岁时，朱氏又有了身孕，由于冬天路滑，一大早匆忙去做工，路上还重重地摔了一跤，而平常的家庭妇女，这时候理应安心地在家静养才对。可是生活的压力毕竟盖过了生命的尊严，杜文清是个没什么大出息的人，也只能低下头任由现实摆布。

朱氏在一家效益并不好的丝厂做工，虽没听说过有工人前赴后继地跳楼自杀，但每天十二个小时高强度的劳动，也足以让身怀六甲的妇人累得喘不过气来。然而，贫困下的过度劳累，付出的代价是惨痛的。被穷苦生活折磨了小半辈子的朱氏，终因早产一女婴后失血过多不幸去世。这时的杜月笙还不过两岁，只知道咿咿呀呀地趴在床头叫嚷，哪里知道自己的母亲已经永远地离开了他，小小年纪就失去了母亲，这对任何人而言都是一种不幸。

少小亡母又丧父

看看刚刚死去的妻子,再看看身边这个刚来到人世的女儿,还有一个尚不懂事的儿子,杜文清悲痛难抑,号啕大哭。哭完之后,他还得挺起脊梁,挑起家里的担子,料理妻子的后事。杜文清掏光口袋,为妻子买了一口棺材,在亲人的帮扶下,总算是把妻子的丧事办完了。

妻子死后,杜文清郁郁不振,少了先前的拼命劲儿,米铺的生意很快就日落千丈。对杜文清来说,日子太难过了——忍受着丧妻之痛不说,还要挣钱糊口,还得照顾襁褓中的孩子,他实在是支持不下去了。杜文清无法负担两个孩子的生活,无奈之下只好忍痛把女儿送给了一个商人。从此两岁的杜月笙和亲妹妹天各一方,再也无缘相见。

后来杜月笙功成名就,曾想尽一切办法寻找自己的亲妹妹,在报上登过寻人启事,奈何找上门来的全是些"假冒的妹妹"。杜月笙从来不愿谈起此事,因为这是他一生都无法治愈的伤痛。

送走女儿后,在妻子的坟前的荒山上痛哭一番,眼看天都快要黑了,杜文清只好带着杜月笙回到杨树浦。余下的日子,杜文清一个人又当爹又当妈,还得打点自己的小买卖,真的是苦不堪言。一位在十六铺水果店打工的堂兄实在看不过去了,就张罗着为杜文清续娶了一位妻子,也就是杜月笙的后妈张氏,杜家的生活才开始有了一点点起色。

然而好景不长，舒坦的日子没过几天，老天爷又跟杜家开了一个大大的玩笑。

杜月笙五岁那年，父亲染上风寒，因无钱医治，留下孤儿寡母，撒手西去了。这时的杜月笙已经略微懂事，虽未读过几日书，却已经挖空心思地思考人生了。有时被噩梦惊醒，就一屁股坐在床上，暗自飙泪。难道自己前世是个恶贯满盈的浑人，捅破了天、闯下了什么弥天大祸不成？他无论如何也想不明白，命运为什么待他如此不公、对他如此残酷。

和一生疾苦、抑郁而终的朱氏相比，勤恳朴实的张氏还是幸运的。她一边照料着杜月笙，一边设法为杜文清筹备衣衾棺木。一切办理妥当后，母子俩一身孝服，哭着扶柩还乡。和杜月笙生母死时一样，此时这娘俩家里也没有钱埋葬杜文清。她只好带着杜月笙，把杜文清的棺材放在朱氏的旁边，然后也用稻草覆盖着。就这样这两口棺材在那条田埂上放置了许多年。多年之后，不知为何，两口棺材之间，长出了一棵黄杨树，枝繁叶茂，盖住了那两口棺材。

卖掉小米铺后，张氏强忍着内心的悲痛，带着杜月笙重回杨树浦，租了间小屋，白天卖点米面糕饼，晚上就帮人缝补衣服，母子二人相依为命，生活虽然依旧过得很艰辛，却也安稳了很多。

张氏是个善良的女人，将杜月笙视为己出，对他百般照顾，让他真正感受到了母爱的温暖。一年下来，张氏竟也节衣缩食攒下了一点钱，她没考虑别的，一心想着送杜月笙去附近一家老太太办的私塾读书，好在学费并不算贵，每个月只要四到五毛钱。

在西方的文化中，女人是男人身上的一根肋骨，女人的生存与发展必须依赖于男人，至少绝大多数男性从不会怀疑这一点。张氏就算再能干、再精打细算，可是想要在男权至上的旧上海发一点小财、谋一桩生意，简直是痴人说梦。随着张氏糕饼铺的难以为继，张氏也拿不出钱来交学费，经常抱着杜月笙大声痛哭，有时一哭就是一整夜。杜月笙不得已只好放弃了学业，这段被扼杀在摇篮里的学生生涯只持续了四个月。

失学后，杜月笙跟着继母张氏回到了高桥镇老家，二人的生计全靠张氏为邻里缝补衣服挣来的微薄收入维持，勒紧裤腰带的日子，甭提有多苦了。即便是这样，命运还是不愿意眷顾杜家，杜月笙八岁那年，张氏好像一下子从人间蒸发了一样，从此杳无音信、没了踪影，后来有传言称她是被当时名噪一时的流氓组织"蚁媒党"盯上了，被拐卖到了山里。无法得到确切证据的事情终是猜测，但是张氏给童年时代的杜月笙留下的那点爱，还是给他未来的人生道路上留下了深刻的记忆，这从某种程度上造就了他日后阴暗人格之外的一部分光辉。

孤儿与孤儿也有极大的不同，有些孤儿生在孤儿院，未曾亲历亲人离去的痛苦，人生虽然也是残缺不全的，至少还算度过了一段天真无邪、无仇无怨的童年生活；可像杜月笙这样的孤儿，连本属于他的纯真烂漫的童年都被剥去了，他就像一颗青涩间被去了皮、晒干了晾在太阳下的核桃，只等着哪位伯乐用锤子奋力地一砸，就足以结束他卑微、无依的一生。

惨淡家境乖张儿

命途多舛的杜月笙一天天长大，却不得不寄人篱下，在堂叔或舅舅家尽力的帮着做一些杂事，混口饭吃。无奈各个亲戚家也都很穷，凭空多出个吃闲饭的小辈，日子久了就免不得磕磕碰碰、白眼相向。这样的日子大概过了两三年，长到十一二岁时，心高气傲的杜月笙就再也无法忍受了，没有人真正在乎他的感受，关心他的起居生活，寄人篱下的各种滋味可想而知。

跟现今许多因为从小缺乏父母关爱而成为不良青少年的孩子一样，杜月笙成了一名当时的"问题少年"。那一年，他狠下心，离开了亲戚家，孤身浪迹街头，或与一些流浪儿沿街乞讨，或到饭店、茶馆捡食剩饭剩菜，半年下来，竟然也结识了一些侠肝义胆的朋友。那是一群游手好闲的少年，他们有的偷、有的摸、有的赌。在他们的带领下，杜月笙开始偷偷地把自家老屋里的东西拿出去卖掉，再用这些钱去赌博。

家里的盆盆罐罐、桌椅板凳，只要是能换成钱的，他都给卖了。卖了钱他就可以继续去赌，到后来，赌钱就成了杜月笙一生的嗜好。由于他的败家几乎达到了一种超凡脱俗、登峰造极的境界，所以无论是他的邻居，还是他的亲戚都在背后议论，都纷纷说他是小鬼降世，克死父母，还唾弃他，认为他一辈子都不会有什么大的出息。

诚然，对于一个失去爱而且无人管教的孩子而言，这样的言谈和舆论压力是无情的、不公道的。不过，行事特立独行的杜月笙也有着异于其他孩子的特质：善于思考，即便是在败家的具体行动上。有人说，他骨子里有一种狠劲儿，但常人往往还体会不到他的"狠"，就被他鄙夷的眼神甩在身后了。少年时代的杜月笙很讲义气，这在他的乞讨生涯中即有所显现。每当讨到食物，他都不介意和伙伴们分享；而只要是与他有着一样不幸命运的穷苦小孩受了欺负，他总是一马当先，身先士卒，为之报仇。只有寡不敌众时，才招呼大家一拥而上，久而久之，他俨然成为当地流浪儿眼中的英雄，一个不折不扣的少儿领袖。

心有鸿鹄之志的杜月笙，绝不满足于仅仅靠乞讨为生，他时常带着小伙伴们干些偷鸡摸狗的勾当，甚至以多欺少，对一些外乡人或回乡客半乞半抢，讨得一些零食、零钱，虽然仍不足以保证恒久的温饱，日子却也过得逍遥自在。

一个人若单纯满足于酒足饭饱的生活，人生必然不会发生什么惊人的变化。逍遥的日子过久了，肚子不饿的时候就难免会感到无聊。这时候，精明的杜月笙便想找点乐子，满足一下精神世界的需要。正所谓近朱者赤，近墨者黑。在一些流氓痞子的熏染下，杜月笙开始偷东西拿去卖钱，然后又屁颠屁颠送到赌场输个精光。

这一天，杜月笙蹲在地上喝粥，搁在破旧木柜上的一杆秤吸引了他的目光。他要用它称量什么物件、做什么生意？都不对，这个时候的杜月笙心里只有一个念想：卖了它。于是，他当了那杆秤，得了十五个铜板，又走进了一家赌场。他这一次的手气出奇地好，连押三次宝都赢了，结果工夫不大，就赚了七十五枚铜板。

　　杜月笙高兴地花了三十个铜板在小饭馆里要了一桌酒菜,饭饱酒足之余,杜月笙突然就明白了一件事情,那就是:只要人聪明、办事得法,再加上运气,就可以"一本万利",既然"一本万利"的事情可以做成,小瘪三也可以在短时间内飞上枝头变凤凰。

　　这对杜月笙来说无疑是一个惊人的发现,而杜月笙超过许多人的地方,就在于他能以最快的速度把自己的发现运用于实践,而且上刀山下火海,闯龙潭走虎穴,即便是头破血流、皮脱肉烂,他都浑然不怕。

　　吃完饭,杜月笙怀揣着另外那四十五枚铜板,又来到了那间赌棚。他迫不及待地要验证自己的发现。但这次他却输了,而且输得很惨。他不但把刚才赢来的那四十五枚铜板全部输掉了,就连他当了秤换来的十五个铜板的本钱也一齐输了进去。杜月笙这下就又回到了穷光蛋的生活。

草根少年气魄大

赌博,这是杜月笙一生的嗜好,只不过最初的时候,没有本钱,赌得小,输得少,赢得自然更少。高桥镇因为地处要冲,来往客商很多,镇上赌棚也很多,生意大多不错。杜月笙先是看热闹,看得多了心就痒痒,于是只要手里有那么几文钱,就要跑赌棚去下一注,但往往是血本无归。虽然偶尔会有赢的时候,但他又会很慷慨地请小伙伴们吃碗面之类的,总之不管是输赢他都留不下钱来。

可赌钱这事儿,从来都没谱儿,有时候不光输钱,还可能沦为诱惑的"奴隶",一旦输红了眼,便什么事情都有可能做得出来。

那一晚,月冷风清,赌场里却人潮涌动,杜月笙起先本是赢的,可片刻工夫,他就眼看着庄家把他最后的一个铜板也收了过去,杜月笙有些发蒙,他双眼一红,直勾勾地盯着庄家收钱那双"黑"手。这一进一出对他的打击实在太大了,他怎么也想不明白:为什么刚刚还在赌棚里春风得意、在小饭馆里大快朵颐的自己,又在顷刻间便一无所有、跌进谷底了呢?

在稍加思索之后,杜月笙终于决定要孤注一掷了。这时,围在赌桌前吆五喝六的一班赌客们吃惊地回转身来,看着这个刚才因为赌光了钱而被他们拨拉到一边去的小瘪三。

杜月笙提着鞋,轻轻地从人堆里豁开一条道儿,又重新挤到赌桌前,旁若无人地往桌子边上一坐,两只充血的大眼睛死死地盯住庄家,说:"我再押五个铜板。"在这个细长的还挂着一丝孩子气的脸上，竟然透出一股寒气。一时间，满场的人都屏息静气，给他闪开了一块地方，注视着他与庄家的赌注。

这次，杜月笙并没有按规矩把赌资放在桌上，因为他已经没有钱了，他就是想赤手空拳地再赌一把。庄家只是看了他一眼，却并没有要求他把钱拿出来。一是庄家印象里这个小伙子每次来这赌钱都能拿出钱来；二是刚才杜月笙的表现多少有些出乎他的意料。

于是，庄家开始在赌棚中间的圆桌上与杜月笙押宝。全场死寂，杜月笙能感到冷汗从自己攥紧的手心里冒出来。结果，他赌输了，由于身上没钱，于是他拔腿就跑，但赌棚里的打手很快就追了上去。

这些打手可不是什么善类，一个个五大三粗的，浑似《西游记》里可举高山、劈大石的巨灵神，惊慌失措的杜月笙哪里敌得过，很快就缩在墙角，束手就擒。拉回来之后，庄家二话没说，"噼里啪啦"几巴掌扇下去，杜月笙顿时觉得眼冒金花。

又有一次，杜月笙在赌场里输完最后一个铜板，只得依依不舍地走了出去。可就在他快要走出门口的时候，听到赌场里头吆五喝六的声音，他身体里一股原始的狠劲儿又迅速涌了上来。

他缓缓地走到赌台前，对着老板说："我再赌五个铜板。"

老板叼着大烟袋，不屑地问："小叫花子，你还有钱赌吗？"

杜月笙不着急应答，只从容不迫地伸手从裤腰带里摸出一把刀，"呼"地一声扎在赌桌上，瞪着血红的眼说："我的右手小拇指，值不值五个铜板？"

老板愣了一下，许是被这小小年纪却充斥着一股杀气的杜月笙镇住了，他想瞧瞧眼前这个瘦小的人儿到底能耍出个什么名堂来,竟同意让他再赌一把。

结果可想而知,这回杜月笙又输了。这下,内心的慌乱再也掩饰不住了,他急红了眼,一想到刚刚压上了自己的小拇指,三十六计走为上策,他不露声色,转头就朝门口跑去,准备溜之大吉。可赌场里的打手岂能让他轻松逃脱,抓小鸡一样就将他提了回来。

杜月笙心想,这回完了,弄不好小拇指头就得留在这了。可他招了招自己的手掌,仍旧佯装镇定,使得旁人压根儿看不出一点波澜。

赌场老板再一次被这个孩子的气势镇住了:"难道你不怕我剁你手指?"

"愿赌服输,爷爷今天就把它留你这了。"也不知是哪里来的这股子血性,说着,杜月笙把右手小拇指伸了出来。

赌场老板哈哈一笑:"我要你个手指头有何用?给老子把这个小兔崽子的衣服剥下来!"然后又说了一句,"这衣服是你欠我的五个铜板,留下衣服赶紧给老子滚!"

肥头大耳的打手们三下五除二,就将杜月笙的小褂子、小裤子统统扒了下来,只露出两块干瘪而通红的屁股。然后,又在他光溜溜的大腿上重重地扇了一巴掌,大声呵斥道:"滚吧!"

杜月笙一看这下没办法了,只好悻悻地走出门去。顾不上赌场里赌客的冷嘲热讽,也顾不得场外的路人异样的眼光,此时的他,走到门口拐角处,估摸着打手们追不上的时候,杜月笙突然停住,狠狠地对着墙壁撒了一泡尿,撒完后朝着赌棚内大骂:"总有一天,我会让你们跪在我面前叫爹。"

每个人都有自己不同的童年境遇,一个人独特的经历往往会磨炼人的性格，自然会铸就未来不同的人生。然而，少年时的杜月笙已经开始表现出了他日后借以闯荡上海滩的重要素质，那就是一种傲视群雄、蛮横霸道的狠劲儿。他敢于去做任何事，只要对自己有好处，他都可以狠下心去尝试一番。

鬼门关外走一回

有一次杜月笙身上没钱赌瘾发作时，他灵机一动把"杜家花园"里父母留下的破铜烂铁破旧家具通通卖掉，换得五毛钱，可惜这笔"巨款"同样转眼间就被他给输了出去。

赌红了眼的杜月笙一不做二不休，索性想把祖屋"杜家花园"给卖掉。正寻找买家呢，不巧这消息传到了他舅舅朱扬声的耳中。那天，杜月笙输光了身上的最后一件衣服，回去时又只剩一条破旧不堪的内裤。舅舅一家人正围着小圆桌吃饭，见他光溜溜地回来，朱扬声心中的气就不打一处来，一步冲上去，狠狠地拧着杜月笙的耳朵便问："你又闯什么祸了？衣服哪里去了？"

杜月笙也不喊疼，也不回答，任凭耳朵在舅父的手里变成了麻花。这种无声的反抗让他舅父的怒火更加旺盛，他手上的力道更重了，拎着杜月笙耳朵往上提，仿佛下一秒钟，杜月笙的耳朵就会离开他的身体。可任凭舅父多么用力,杜月笙就是不搭腔。

这下朱扬声有些怯了:

真要把外甥的耳朵拧下来,那就麻烦了。他一时间松也不是,不松也不是,最后只好丢下一句狠话:"兔崽子,赶紧滚!滚得越远越好,别让我看见你,最好永远别再回来。"他本以为杜月笙会跪在地上磕头求饶,可没想到这浑小子丝毫不为所动,又想起他所做的一些离经叛道之事,就恨得牙痒痒,于是用麻绳将他吊在房梁上,暴打了一顿。这一打,几乎让年少的杜月笙送了命,他倒一点也不恨舅舅,只觉得是自己活该。舅舅的暴行,不光遏止了杜月笙卖祖屋的念头,也宣告了杜月笙浑浑噩噩的街头岁月的结束。

卖祖屋、遭暴打,一时间沦为街头巷尾人们纷谈的笑料,可能在一个失去心智的赌徒眼中,被他人口诛笔伐反倒是一种荣幸。可杜月笙不这么想,他感觉自己的人格受到了损害,于是毅然决然地想要离开家乡。

老家所有的亲戚里,一直以来只有外婆对杜月笙这个外孙最为疼惜。老人家家底也薄,不能从物质上关照他,但那份真切的爱始终未减半分。杜月笙依然对外婆充满了敬爱,所以临走前,他谁也没通知,谁也不想通知,只是孤身一人来到外婆家告别。

外婆给了他几毛钱,还请人执笔写了一封信让他塞于行囊里。信是写给杜月笙十六铺的伯父杜阿庆的,只希望他对少不更事的杜月笙多加关照,这样,外孙儿到了上海,也就有了落脚的地儿了,老人家也就可以放心了。

老人将包袱挂在这外孙儿的肩上时,回想起这个可怜孩子的坎坷身世,心中一酸,忍不住老泪纵横。

年轻时的杜月笙

"孩子，以后外婆就不在你身边了，全靠你自己照顾自己啦。"

杜月笙也早已泪流满面，他转过身，"扑通"一下跪倒在地，给老人磕了三个响头，然后哭着说："外婆，高桥家乡人人看不起我，我将来回来，一定要一身光鲜，一家风光！我要起家业，开祠堂！不然，我发誓永远不踏进这块土地！"

说完，在老外婆的泪眼婆娑中，杜月笙大步走向渡口。他始终没有扭头回看，因为他身后这块地方已不再值得他怀念。这头，立着一个倔强的少年，眼睛望着大上海的方向。那头，一位风烛残年的老人，立在凉风里，满脸哀痛。看着渐去渐远的轮船，老人在心中哽咽着：孩子，自己一人在外，要学乖些，脑子灵活些，手脚麻利些，一定要好好的啊。

人生自古一场梦，梦到天涯睡狮醒。出发了！日后翻转上海滩易如反掌的那个枭雄杜月笙，终于初次迈进了供他表演的那个十里洋场。踏平世间坎坷路，一路走来太从容。三十年后，杜月笙一身光鲜地回来了！起家祠、造藏书楼、建学塾，一掷百万大洋。这位"春申门下三千客，小杜城南尺五天"的现代春申君，在内忧外患持续百年的旧中国，三日盛会，竟创下"堂上珠履十万客"、空前绝后的大场面！

多少人生风雨后，多少慷慨不再有。多少壮举一场梦，多少盛情一杯酒？一个十五岁的乡下浑人，究竟是如何在大上海发迹、崛起为一代枭雄的呢？

第二章

初到上海十六铺

十四岁，杜月笙初到上海十六铺鸿元盛水果行当学徒，朝夕与流氓、歹徒为伍，又嗜赌成性，不久就被开除；后转到潘源盛水果店当店员。时拜青帮陈世昌为老头子。陈世昌，时为小东门一带的流氓头子，绰号"套签子福生"，在青帮中属"通"字辈，杜月笙按序排在"悟"字辈。

单枪匹马入上海

1845年11月29日，清政府与英国共同公布《上海土地章程》，设立上海英租界，算起来半个世纪已经过去了。上海十六铺的小东门是法租界与中国地界的交界处，周转至各地的货物，很多都会在这里集散，因而洋行、商行和货栈，大大小小的店家数不胜数，这也是当时上海最繁荣的地界。十里铺占据了海陆交会的优越地理位置，格外繁华。商旅来来往往，熙熙攘攘，好不热闹。

人们常说：靠山吃山，靠水吃水，这话在这里也很适用。十六铺催生了周边许多的生意，同时，由于这里人流量比较大，有当官的、有商贩、有干苦力的、有行街乞讨的等等，形形色色的人，真可谓鱼龙混杂，应有尽有。

这么多人聚集在十六铺，那些整天游荡的人，虽然没有事情做，但也要在这里生存下去，久而久之，各种流氓、地痞、无赖开始在这里穿梭。所以，随便哪个小弄堂你都可以看到赌场、大烟馆、妓院，罪恶和肮脏便应运而生了。这里十六铺便成了官、商、流氓地痞以及一群社会渣滓聚集的地方。

杜月笙一心向往的上海，就在眼前了。上海繁华的景象让这个只有十多岁的孩童目不暇接，很快就被这熙熙攘攘的景象吸引了。此时，杜月笙穿着粗布裤褂，肩上背着一个小包袱，里面装的只有几件可以换洗的衣服和临行时外婆偷偷塞给他的几毛钱。终于到了，他在心里默念道，而且他的直觉就告诉他：这里，就是他将实现"人上人"的"富人梦"的地方。跟所有抱着"一夜暴富"梦想的投机者一样,杜月笙也把自己的一生押在这里。他准备闯荡上海滩,去做一番事业。

20世纪初的上海,正处于新旧交替、中外融合的混乱时期,这为杜月笙这样不安分的冒险者提供了数不清的机会和条件。但他又深深知道,这一切还是得从头开始。于是杜月笙按照外婆让人写的一封信,自己匆忙打听,也就找到了十六铺的鸿元盛水果行。

上海十六铺的水果店,大多是从事着中间的批发,或者直接从轮船上的客商手里,抑或是从大一点的水果行中批发来的各种新鲜果品,因为是批发,所以价钱比较便宜,然后再转手倒卖给上海各处水果店、水果摊及水果贩,有时也向外地的客商推销货色。在商品流转的关节处,往往会有一些流氓滋生是非、插手其中,如果他们得不到钱财,你生意根本就做不成。因此,开水果店不仅仅手头上要有资金,还要熟悉水果的质量、品种、价格,最关键的是要了解和拉拢社会上各方面的关系。

老板仔细打量了一番眼前的小伙儿,看他个头还行,人还算机灵,再加上有人介绍,所以就留下了他,全当个勤杂工使唤。按照旧上海的行业规矩,学徒没有薪水,只供吃住,一个月发一两块剃头和洗澡的钱,而且在店里的地位是最低的。全店上下,都是老板一人说了算。

杜月笙年龄小,也没上过几天学,初来乍到的,难免会受别人的白眼和各种刁蛮。从自己来到鸿元盛算起,已经好几个月了,整天都是被他们叫过来叫过去的,什么东西也没学到。这样下去哪成啊?杜月笙心想,可自己又有什么办法呢?唯一的办法就是忍下去，再苦再累也要忍下去，因为，这里不是自己的家乡，是上海。人只有先学会收敛自己，隐忍下去，才能找到机会，找到出路。

很快地，杜月笙就获得了周围人的认可。因为他在这里既勤快，又会做事，眼明手快，所以，大伙都很喜欢他。这样，半年过去了，老板就交给了他新的任务，这不再像是在店里面擦擦桌子扫扫地干勤杂工了，而是可以出店了。尽管这仍然是跑腿的体力活，但总归有了和外面的世界接触的机会。

杜月笙善于交际，厚待朋友，凭着他的聪明与灵巧，很快就结识了一些新朋友。常言道：在家靠父母，出门靠朋友。杜月笙想：父母自然是没法依靠了，现在自己出门在外，也没什么人帮衬，只有广交朋友，不与人结仇，多条朋友多条路嘛，这对自己以后也是很有好处的。

好景不长，杜月笙十六岁那一年，在街上看到一群人集会游行，有一位长者在诉说洋人对工厂童工的压迫和迫害，以及这些年幼孩童的悲惨处境。很多人都流下了热泪，年纪轻轻的杜月笙也由此联想到了自己的境遇，也加入到了游行者的队伍中去。

等集会散去，杜月笙匆忙赶回店里，发现老板正气冲冲地等他回来。还没等他解释，老板劈头就问："阿笙，你说你这都干了啥事？""洋人迫害童工，他们太可怜了……"还没等他说完，就听老板在那吼道："你小小年纪，就知道成群结队，跟着队伍瞎嚷嚷，这要是给我惹出了麻烦，你担当得起吗？水果行是小本买卖，经不起你这样的折腾，你还是走吧。"

自己明明是好心，怎么会是这样，还被老板大骂了几句赶出来，此时的杜月笙是怎么也想不通。这工作丢了，吃喝住宿都成问题,手里一点积蓄也没有,自己的生活乱如麻,这下看来又要流浪街头过日子了。很快,杜月笙就又回到了原来"小赤佬"的生活。

只手削梨好功夫

十六铺是租界和华人聚集相交汇的地方, 这里一边是洋人与华人权贵的富丽堂皇的建筑别墅, 一边却是破败不堪的简易的棚户区,三轮车夫、干苦力的、小商小贩、小流氓等都会在这里居住。杜月笙暂时也没有别的谋生手段和能力,一个人过着得过且过的日子,在外面晃悠了很长一段时间。想着去赌博,可是看看口袋比自己的脸还要干净,没办法,也就只好作罢。

杜月笙又接着在外面混了些日子后, 便开始试着去各家水果行找工作了。进水果行可不是那么容易的, 别看是个卖力的活,许多水果行都把杜月笙拒之门外, 其中一家水果行,老板也不愿意收留这个不知根底的人做学徒, 倒是账房先生黄文祥看杜月笙可怜,经常把一些比较难卖出去的水果送给他,让他去街上叫卖换饭钱。

别看这些水果疤疤痕痕较多,而且有的都已经裂口坏了,但就是这些较难出售的水果一旦到了杜月笙的手里, 凭着他的机灵和耍点小聪明，一样能卖得出去，换个温饱钱不成问题。就拿这个烂梨来说吧，他在手里飞速转动，挖去烂疤、削皮，再用雪亮的刀子戳上一口，叫卖道："刚削好的莱阳梨，又大又甜，好吃不贵，大家赶紧尝尝啦，不甜不要钱了啊。"路上行人尝过之后，看价钱也比水果行便宜得多，都会花钱买上一些。时间久了，杜月笙竟然练就了一手削水果的绝活儿。他常常站在路边，有时是赌场门口，手里拿着一个水果，叫喊着行人。有时，他还津津有味地看着那些赌钱的人，和他们说着笑着，一片热火朝天的景象。只见水果在他手里来回转动，转眼间地面上已经落下了一圈圈削下来的果皮，这些果皮一条整个下来，中间没有折断，就连果皮的薄厚都是很均匀，人们见他削水果的技术这般好，就送了他一个"水果月笙"的绰号。

凭着这一绰号，杜月笙的名声那是越传越远，来他这里买水果的人自然也多了起来，因而卖出去的水果也就越来越多了。慢慢地，杜月笙手里也赚了些小钱，日子也过得好了很多。随后，杜月笙又买了一些好点的水果沿街叫卖，时间久了，自己也便有了一个比较固定的水果摊。

杜月笙把朋友看得很重，拿赌博来说，输了钱身上没留下钱很容易理解，但即便是赢了钱，身上还是没钱，这是因为他总是叫上几个朋友把赢来的钱拿去吃喝了。钱自然是没留下，但他因此也认识了很多朋友，由于杜月笙会说话、会办事，哥们义气很重，所以，在他身边的人越来越多。

这些朋友中很多都是无业小游民，他们一样要吃喝要赌钱，杜月笙经常和他们在一起，生意自然也就疏忽了很多。这样，又过去了两三年,此时的杜月笙已经长到十八九的年纪了,仍然是饥一顿饱一顿,混混沌沌、马马虎虎地混日子。

机灵诡诈入青帮

一次偶然的机会,杜月笙遇到了原来一同在鸿元盛做工的伙计王国生,一番寒暄过后,杜月笙决定去帮这位伙计,于是两人便回到王国生自己的水果店潘源盛。打这以后,杜月笙小心谨慎、一心一意帮着王国生经营着这个水果店,随着生意的蒸蒸日上,杜月笙的日子也过得不错。时间不长,这好赌的毒瘾开始发作了,手也开始痒了。

我们知道赌博都是拿财物作赌注、蒙概率,想想就知道这是一件多么不靠谱的事。而且你一旦输钱,这种捞钱心理就会立马出来了。它会怂恿你接着去赌钱,不然本钱都输完了,这可怎么行?这时你心里就会想,本钱不捞回来不能罢休,结果可想而知,越捞越输、越输越多,形成了一个恶性循环。

很快,杜月笙就发现自己拿店里的钱去赌不行,因为所拿的钱财很快都被他输完了,钱都是有去无回,这到时可怎么向王国生交代啊?越想越急,头上直冒汗,得赶紧想好自己的退路才行。

左思右想,精明的杜月笙想到了赌场,他见来这里赌钱的人有输有赢,只有老板,什么也不用担心。稳赚不赔的买卖,干脆,去赌场给老板做打手?但又转念一想,还是算了吧,自己这个小身板,能打得过谁? 别人不把自己打趴下就已经是万幸了。还是帮会好,有人给撑腰,一想到帮会,杜月笙脑子里便冒出了"套签子福生"的形象,还不如跟着他加入帮会,这样说不定就能给自己谋条生路了。

陈世昌,人送绰号"套签子福生",这个人身无长处、胸无大志,最爱的是嫖赌两档子营生。而且人们常说的套签子,是当时上海街头一种非常小型性质的赌博,也就是少些人聚集在一起,比双方两副牌的大小,颜色的多少。其实,说穿了,这也就是些设赌者想方设法设局骗人钱财的流氓把戏而已。

杜月笙当时可没想这么多,也不可能顾得了这么多,一番思虑过后,就找到了袁珊宝,商量拜师陈世昌的事。两人就这样在路边稍带买些礼品之类的,一起要求加入帮会,成为青帮一分子。陈世昌抬头看了看眼前的毛头小子,有一种说不出来的欢喜,不知怎么就认定了这个人将来必定能成大器,有大的出息。二话没说就同意了他们二人加入帮会。

入帮的仪式在上海市郊区的一座小庙内举行,从对话、暗语、规矩、辈分都很有讲究。比如:被人追杀时,无论跑到什么码头,只要找到青帮的人,亮出牌号,就一定会被认作自家人,得到救助。别看这只是加入一个帮会,但正式着呢,入帮会时每一位帮会成员拜师帖的背后还有誓词:"一主流传,万世千秋;水往东流,永不回头"。

此时,杜月笙的心情很是激动,他自幼苦命,虽然很想干出一番名堂来,但一直没有机会,准确说来是没有可以让他出人头地的机会。现在,他终于加入了青帮——上海滩里最有实力的帮会,这是他梦寐以求的事,眼看自己飞黄腾达的机会就要来了,想想就会很兴奋。

黄公馆初露峥嵘

经过之前这几年的闯荡,再加上由于此时的杜月笙已经加入青帮,成为青帮中的一员,所以杜月笙在十六铺一带的众多小混混兄弟中已经小有名气。身边的很多同龄兄弟都称他为"军师",这些人无论是遇到什么大事、小事都要找杜月笙帮忙,所以说很多事都是由杜月笙出面摆平。

杜月笙也慢慢地发现,自己是要干大事的,水果行这种小生意实在是小事一桩,不能让这些水果挡了自己以后的飞黄腾达。一天,杜月笙正在街上闲逛时,不时听到背后有人叫:"月笙,月笙……"待他回头一看,原来是马祥生,在后面已经是追得满头大汗。

"听说你又回潘源盛卖起了水果,做起了老本行生意,年纪轻轻的,要想着干大事,这样下去哪成啊?如果你还想有大的出息,我可以推荐你去一个地方。"

"真的?什么地方?"

"八仙桥同孚里,那可是黄金荣老板的黄公馆啊。"

当杜月笙一听到"黄金荣"这三个字,眼睛瞪得圆圆的,整个人也变得呆滞了。恍惚间他还以为是自己的耳朵出了问题,听错了。因为这个名字早就已经如雷贯耳、众人周知了。对于杜月笙这样的生活在下层的人来说,黄金荣这位法国巡捕房里的华探头目是端坐在青云里的大人物,有钱、有权,还有势力,那可真的是八面威风,让人高不可攀,望而生畏啊。

民间有人传闻杜月笙这人很有义气,当时有位兄弟为帮里做事,不幸死去了,家里留下了孤儿寡母,日子过得甚是艰难,按常理说这帮会的老大总要出点安家费、赔偿抚恤金之类的,可这做老大的,愣是一分钱也没有拿出,事情就当是没发生过一样,这哪成啊,杜月笙是个什么主?这事情他能看下去吗?他肯定要出面帮忙讨公道了,于是杜月笙就去赌场找到了黄金荣,去问他要钱。当然,老大的钱是那么容易要的吗?

杜月笙也是个聪明人,他开口不说问黄金荣要赔偿抚恤金之类的话,而是很委婉地说了出来:"黄老板,我想到了一个刀切豆腐两面光的办法,就当我在赌场里预支三百块大洋做薪水,往后我好好干,您看行不行啊?"按照江湖规矩,讨钱的人都要躺在桌子上不还手地让一群人打五分钟,杜月笙也不能幸免,被一群人暴打。就在人们准备下狠手时,林桂生出现了,她只说了一句:"我的表已经到了。"正是老板娘的抬举,杜月笙逃过了一劫,留下了小命。由此投入了黄金荣黄老板的名下。

自从老板娘林桂生救下了自己，杜月笙是看在眼里，记在心里。这重大的发现使杜月笙明白，也慢慢知道了黄金荣老板生意之所以能做大，很多事情都是林桂生给他出的主意，林桂生掌握黄公馆的大权。所以，黄金荣比较惧内，也就是人们常说的怕老婆。这下，杜月笙知道了，要在这黄公馆生存下去，就要处处找机会讨林桂生的欢心。只要是林桂生这边没问题，黄金荣自然是容易交代的。只有讨到了林桂生的欢心，才能有重用升迁的希望。

人这一生出现的机遇其实并不多，能不能在这为数不多的机遇中及时抓住，就看本事了。杜月笙就是这样幸运，他能很好地把握住身边的每一次机会，再加以充分利用。所以，杜月笙日后能称霸上海滩，靠的不仅仅是聪明、机灵、义气，这还和他善于把握机会有很大关系。

其实，初入黄公馆，杜月笙也只是一名普通得不能再普通的伙计罢了，黄金荣喝茶、看戏，甚至沐浴，杜月笙都得跟在后面，打个下手。即便是这样，杜月笙也没有半句怨言，相反，做事倒更加小心谨慎了。

人心都是肉长的。黄金荣看到自己身边这个小跟班还比较勤快、听话、有眼色，再加上杜月笙的机灵、会说话、会做事，慢慢地，黄金荣愈发注意起了杜月笙。就这样，杜月笙由最开始的小伙计变成了黄金荣的跟班随从。林桂生看杜月笙比较机灵能干，开始给他派一些差使，让杜月笙去黄金荣开的"共舞台"那里收盘子钱。所谓的盘子钱就是戏馆里的前排座位和花楼包厢座位前，摆上的一些果品，让看戏的人享用。这些东西摆在上面就要收钱，不管你吃还是不吃，这是一笔很可观的收入。

杜月笙在收到这些钱款回到黄公馆以后，把收来的钱如数上交师母，一分不差。过了一段时间，林桂生觉得杜月笙比较可靠，就把自己的私房钱拿出来交给杜月笙，并让他参加"抢土"的班子。事实证明，起点低，并不可怕，只要你耐着性子，好好做事，总会有人发现你的付出，你的一切努力都不可能白费。

善于洞察的杜月笙在黄公馆里观察着一切，在这里的每个人他都会仔细揣摩。每个人的生活习惯、嗜好、脾气，还有性格，他都会用心记下，随时准备投其所好。此时的杜月笙清楚地知道，待在黄公馆里他就离自己的平步青云又近了一步。这样，杜月笙就完成了自己身份的一次转变，由最初的小混混到现在金碧辉煌的黄公馆里黄金荣的随从，这不能不说是一次飞跃的进步。

智擒土贼显本领

一天晚上八九点的时候，有人匆忙从外面跑来，报告林桂生，说是有些货，装在麻袋里，已经得手，也交给了人雇黄包车拖到黄公馆来了。谁知，到了之后，问外面守门的，运货的人却不曾见到，可能是出了什么问题，还请桂生姐派人去查看查看。

林桂生一听说竟然有这样的事发生，非常生气。

恰好，黄金荣已经出去了，不在家，黄公馆里的保镖们都不在场。由于这件差事是拼性命的差使，家里的仆人佣人都面面相觑，不说一句话。这一时找不到人，林桂生急得像热锅上的蚂蚁团团转，非常焦虑。

一旁的杜月笙觉得这是天赐良机，终于有了自己大展身手的机会，于是自告奋勇走上前来，对林桂生说：

"师母，您看我行吗？我能不能去一趟？"

林桂生看了杜月笙一眼，觉得此人瘦得像个电线杆一样，根本就不是打人的料子。可是现在身边也没别的人，这小伙子能站出来，已经很需要胆识了。林桂生一方面很赏识他，另一方面却又担心他解决不了问题，出什么意外，不想派他去干这差事。

但是，此时的确无人可派，林桂生也是个敢做敢为的角色，于是又说："好吧，那你这次去，要不要再派些人手？"

这一次杜月笙摆出一副久在江湖的无所畏惧的样子，摇了摇头，说道：

"不必了,我自己一个人就够了,我马上就去。"

杜月笙问清了运送"装货物的麻袋"的黄包车所走的路线,然后,匆匆向林桂生借了一支手枪,自己又拿把匕首,插在裤腿里疾步就消失在夜色中。

此时的杜月笙找了一辆黄包车,然后跳上车,只说了声:"快!"

黄包车师傅赶紧飞奔起来。

杜月笙坐在车上,脑子也在不停地思考。他想:这偷烟土的贼竟然不要命了,敢打黄金荣的主意,想必也不是什么等闲之辈。但是,这年头的上海滩,谁都知道一麻袋烟土,就像一颗不定时炸弹,实在很是危险。三更半夜的身上带着值钱的烟土,随时都有挨刀子、吃枪子的可能。于是杜月笙很肯定,偷烟土的这家伙一定会在附近找一个藏身之地,绝对不会跑远,也不敢跑远。

此时的上海县城一到夜晚就四门紧闭,偷烟土的人肯定也进不去。想必他一定会冒险穿过法租界,再去赶往英租界。因为英租界不是黄金荣的势力范围,再加上毕竟偷的是黄金荣的烟土,而且那有很多人在做烟土生意。偷烟土之人只有逃到英租界里,才有可能保全性命,保住这些偷来的烟土。

想到了这些,杜月笙立刻吩咐车夫:"快点,往洋泾浜那边跑!"

法租界和英租界的接界就是洋泾浜,那里是一道小河沟,南面是英租界,北面是法租界。

已经到深夜了,天暗暗沉沉,只听得到风声。

此时的杜月笙没有什么担心害怕,他耳眼并用,在夜色中搜寻着偷土贼的蛛丝马迹,不放过任何一个出现的人影和声响。

果然,他发现了走在自己正前方的一部黄包车艰难地向一条胡同拐去。

杜月笙推测着:一麻袋烟土再加上一个偷土贼,重量也不轻了,看样子十有八九就是那个偷土贼了,于是杜月笙催促黄包车车夫快跑追上去,转过一个街角,终于追上了。杜月笙叫车夫把车横在他的车前面,跳了下来。

夜色中,杜月笙拿枪指着车上那人,说:"兄弟,还想往哪跑!快下来吧!"

偷土贼已经被吓得魂飞魄散。他知道此时的自己已经插翅难飞,无法逃跑了。

"你是什么人?你想要干什么?"偷土贼颤抖地问。

杜月笙拿出枪在那人眼前晃了晃,然后插回腰间,对车夫说:

"师傅,没你的事。可以走了,还请麻烦你把车子拉到同孚里黄公馆。"

两位黄包车夫一听可以走了,赶忙奔跑起来。

偷土贼知道等自己到了黄公馆会发生什么,想到了这些,他已经完全吓破了胆,几乎都要瘫痪在地了。"大哥,我错了,我是一时糊涂,财迷心窍。大爷,这些烟土全在这里,您就网开一面,让我走吧。大爷,求求您,您大人有大量,高抬贵手,饶了小的这条小命吧,家里上有老下有小,一家人还等着我养活啊,求求你,放了我吧,我做牛做马都会报答你的。"

杜月笙问:"你只想保全这条性命,其他什么都不想要了?这事我做不了主,只要你跟我回去,我保证你能保住性命。挨打受骂是免不了的,不过一出大门,你就得离开这上海另找生路。"

在杜月笙的命令下,偷土贼为了保命只得跟着杜月笙一同前往黄公馆。

杜月笙这次行动,一个人,没有帮手,一样人赃俱获,干得既干净又漂亮,林桂生很是满意。林桂生也觉得自己可谓是慧眼识英雄。她以为杜月笙一见到她,肯定要绘声绘色、滔滔不绝地向她夸耀一番如何和贼交手拼杀的经过。没想到,杜月笙却表现得很平淡,什么也没说,也不邀功。见到林桂生的时候只是说:

"师母,这些烟土找回来了,也已经搬进去了,偷土贼还在客厅里面,顾掌生他们在看着呢,请师母发落!"

看到杜月笙这么会说话会做事,林桂生心中一阵欢喜。她觉得自己的眼光很好,这杜月笙果然是个能成大事的料。

林桂生便匆匆走下楼去,亲自发落那个胆大包天的偷土贼。林桂生大骂了偷土贼,发了一顿大火后,没有让人打板子,也没有要动手杀他的意思,只是叫他不许再到上海来。

当天晚上,黄金荣带着保镖回来了,林桂生赶忙对黄金荣说了杜月笙单枪匹马人赃俱获的事。黄金荣大为赏识,也觉得杜月笙可以独当一面,也就是从这一天起,黄金荣越来越看重杜月笙了。

纠合同伙捞钱物

在黄公馆的这些日子,杜月笙一改自己之前的浪荡习性,不再去赌场赌钱了,烟花胡同也不去了。在很长一段时间里,杜月笙都努力克制自己,好好表现。

一次,林桂生突然得了一场病,请医问药了好几天也没见好,杜月笙主动请缨,得到了黄金荣老板的许可后就去床前守护。守护病人可不是什么轻松的活,你得学会察言观色,你得面面俱到,百倍细心才行。更何况这是自己的老板娘,这就更得周到了,所以,这杜月笙好几日都是废寝忘食的。

后来,林桂生的病慢慢好了。想着杜月笙没日没夜守护,比较辛苦。再加上这人比较眼疾手快,想你所想,所以,就接着派一些差事交给他去做。

杜月笙凭借着自己的机灵、圆滑、会做人,很快就接近了黄公馆的重要工作。他在心里暗暗想:原来吧,自己总想着赌钱,那都是一些小钱,而且输赢无常,常常是血本无归。现在知道了,来钱最快的还是贩卖烟土。两块烟土,别小看了这玩意儿,就这区区两小块就能换个房,真的是值钱的主儿。

当时,在我们国内流通的上等鸦片主要来自国外,英国为了扭转对外贸易逆差,大量向我国输入鸦片,清政府无法禁止鸦片,更无法限制鸦片的使用,人们吸食鸦片,骨瘦如柴、精神萎靡,因而许多中国人成了"东亚病夫"。有需求就会有市场,再加上鸦片的暴利,更多的鸦片交易转入地下,其身价也加倍上涨。常言道:人无歪财不富。在当时,只凭一门心思公正地做正经生意,想要做大做强那可真是难于上青天。

　　是啊,钱真是件好东西,它就是有着神奇的魔力。上海滩的很多地痞流氓为抢劫烟土常常以性命相搏,那可真是争得脸红脖子粗的。黄公馆也不是吃闲饭的,自然也加入了争抢当中。一麻袋一麻袋烟土被送进黄公馆,经黄金荣这么一倒腾,凭借着他的各种人脉、钱路,很多人都会买他的账。自然大把大把的黄金白银就回到了黄金荣的手里。钱滚钱,利滚利,生意越做越大,钱也是赚得越来越多。

　　一天,黄金荣回到黄公馆之后,径直走到了林桂生的房间,"桂生,又有一笔买卖。一大客户,不知道在哪发了点财,现在又想着贩卖烟土了,在法租界有两百斤上好烟土,要走水路运出去,今晚周家渡上船。这老家伙,想在我的地盘做生意,还不想让老子知道哪成。"

　　"那派几个人去吧,带上月笙。"

　　杜月笙和黄公馆的几个伙计一同埋伏在周家渡,等到押货的人装好货物准备走时,只听黑暗中杜月笙喊道:"不许动,识相的就站好了。"那些押货的人看到明晃晃的刀子,都心生胆怯,哪敢出声啊,一个个都被吓得魂飞魄散。

　　杜月笙吩咐众人去前面树林里把车上已经装好的烟土分装到其他两个小一点的麻袋之中。商量好地点,再分头逃跑汇合。半个多小时过去了,几个伙计清点下数目,便匆匆回到了黄公馆。一帮人回去之后向师母告捷，纷纷领到了一笔赏钱。

手指换来好前程

参加这次劫土的头头是一个叫作"歪脖子"的阿广。

歪脖子阿广同黄公馆里的一些手下人七手八脚地把押送烟土的几个大汉和车夫绑起来，然后从车上翻滚下来一包包烟土，用麻袋一装，扛上肩膀，匆忙逃走了。

半小时后，当他们来到徐家汇一间小屋里聚头的时候，一清点烟土数目，竟意外发现多了两包，变成了十二包。

阿广眼明手快，脑子也转得飞快，拔出匕首，把这多出来的两包烟土切分开来，保证每个兄弟都有一份。杜月笙站在一边不敢去拿，歪脖子狠狠地说道："黄老板给我们说的是要我们抢十包，现在我们也抢来了，发现是十二包，想必黄老板肯定不知道会多出来两包。有了这多出来的两包外快，我们几个兄弟不分白不分，再说弟兄们辛苦，赚点外快也没什么。'水果阿笙'你怕什么，放心，拿着，只要我们都不说，保证黄老板不会知道！"

歪脖子阿广说着说着就赶忙把剩下的一块烟土，用纸包了包,塞到杜月笙手里,接着又说:"我歪脖子也没多得,你们每人一份,谁都是一样的。要是有人不服或是敢去黄老板那里打小报告,老子让他吃不了兜着走。"

这些抢烟土的人很快就回到黄公馆,林桂生吩咐厨房做些好肉好菜,要犒劳这些兄弟。不大一会儿,餐桌上已经摆好了酒菜点心。然后,林桂生让这些人将麻袋里的烟土取出,一包包放在桌上,林桂生一一点数、过目。没错,十包都齐了,林桂生十分满意,一边招呼大家坐下吃喝,一边挑出一包烟土,叫杜月笙切成几份,接着说道:

"这次辛苦你们几个了,这趟买卖干得漂亮,每人拿一份吧。阿广你分给他们吧,吃完了赶紧休息。——月笙,一会儿把货送到我房里去。"

说完,林桂生就上楼去了。

不大一会儿,杜月笙将烟土搬进房间,放好之后,走到林桂生面前,说:"师母,有些话我想给你讲,不知道当讲不当讲。"

"什么事?有什么当讲不当讲的,这也没别的人,你说吧。"林桂生说道。

只见杜月笙从怀里掏出一包烟土,双手交给了林桂生,随即把徐家汇小屋里歪脖子阿广私分烟土的事情悄悄地和林桂生说了一遍。

林桂生听了,非常生气,眼睛一瞪,桌子一拍,立刻要传歪脖子问罪。

杜月笙赶忙相劝,连连说着这样使不得。

林桂生想了一下,对杜月笙说她知道这件事情怎么处理了,杜月笙随即也就下楼了。

第二天晚上，林桂生与黄金荣在家里吃饭，身旁有金廷荪、马祥生等几个手下。

黄金荣说道，今天刚知道烟土有多少斤重，分成了几个小包装每个麻袋装多少斤，后来麻袋有些小，结果装了十二包，多出了两包，现在你们怎么才找到十包，这重量上也对不上数，剩下的那两包呢？

忽然，只见黄金荣一声大吼："你们说说这是怎么回事。"

候在门外的歪脖子阿广赶忙进屋里来。林桂生看门外还有四五个人，便发话道："都进来吧！"

歪脖子阿广还有一同分赃烟土的几个人，都低着头站在黄金荣夫妇面前。

黄金荣说："歪脖子，你胆子倒不小，敢在老子跟前耍花样！原来我以为只有十包烟土，可是后来发现竟然有十二包。你吃了熊心豹子胆啊，手脚做到我的头上来，你可真会钻空子，我看你是不想活了？"

歪脖子阿广扑通一声跪下，浑身发抖，连忙承认自己千不该万不该，还请黄老板宽宏大量，饶自己一命。

黄金荣一巴掌拍在桌子上，只听"砰"的一声响，黄金荣吼道："家有家法，我黄公馆也有黄公馆的规矩。拖出去宰了！"

其他一旁的几个人也赶紧跪下求饶。歪脖子阿广吓得慌了神，乱了手脚，爬到林桂生跟前喊："再给奴才一次机会吧！奴才下次不敢了。"

林桂生继续盘问道："这多出来的两包烟土，你是自己占为己有了,还是私分了?这主意是你自己出的还是别人给你出的?"

"都分了,分给他们每人一份,我独得三份。主意是我自己想的,是我一时鬼迷心窍。我对不起黄老板,对不起黄公馆。"

林桂生说:"歪脖子,念你跟师父多年,你走吧!离开上海,走得越远越好。一人做事一人当,其他人都起来。"

歪脖子见事已至此,也没有了回转的余地,只得叩谢黄金荣夫妇后起身离开。此时的房间里一片沉寂,谁也不说话。

这时,只见黄金荣猛吸了几口烟土,然后缓缓地说:"以后由顾掌生主管这些事。"

"好的,我看也行,还有让杜月笙也帮着干吧。"林桂生马上跟着建议。

黄金荣看了看身旁的杜月笙,说:"月笙还是挺能干的。对了,歪脖子死罪可免,活罪难逃。月笙,你去一趟,取下他的一个手指来。"

杜月笙在一旁支支吾吾不敢动,此时的他也没了主意。

"怎么,是下不了手,还是不敢去?"

"不是,都不是。我是想,歪脖子肯定已逃出上海滩了,这我要到哪里去找。"杜月笙看到黄金荣怒气冲冲地板着脸,立即改了口。

"歪脖子是江苏青浦人,航船的末班车早开走了,要等也只能到明天。他一时还跑不掉,你给我马上去。就用这个,你要不要带几个人去?"说着,黄金荣找出一把短柄利斧,递给杜月笙。

"不用带人,黄老板请放心,我一定能办好。"

杜月笙从黄老板手里接过斧子,披了一件衣服,匆匆忙忙就走了。

外面夜色苍茫，秋风萧瑟，寒气袭人。杜月笙忍不住打了个寒噤。他一步步来到歪脖子的那间江边小屋。

歪脖子阿广正躺在床上垂头叹气，他一见杜月笙推门进来，立马从床上跳下来，头上直冒冷汗。他知道情况不妙，肯定是黄老板派人来取自己的性命，一时间心里十分惊恐。

黄金荣

进门后，杜月笙没有表现出凶神恶煞的模样，也没有拿出刀枪之类的，而是先把熟食打开摊在桌子上，再拿出酒，拨亮油灯。

歪脖子阿广直到杜月笙坐在板凳上，他才赶紧去门外张望了一下。没有别的随从，只有杜月笙一人。看到了这些，他也有点放了心，关上门，和杜月笙喝起闷酒来。

一会儿，两人喝下了几杯酒，杜月笙知道火候到了，就拿出白花花的八块银圆，说："我们两个兄弟一场，现在你被赶出了黄公馆，赶出了上海，小弟没有什么好相送的，兄弟我也没多少钱，这几块大洋送给大哥作盘缠，你收下来路上买碗酒喝。……"说到后来，声音呜咽起来。

"这不行，怎么能要你的钱呢。月笙老弟，师父、师母待你不薄，你在黄公馆好好干，将来我再来讨口饭吃。"歪脖子阿广说道。

"唉，我现在也是自身难保，大祸临头了！本来，我是要和你告别的，不瞒你说，临行前师父亲手交给我一把斧头，让我来取你的一截手指，说黄公馆规矩不可坏。我已经想好了，大不了我不在这里干了,也回家去。"

歪脖子说:"月笙老弟,我不让你为难。"

阿广说完之后立马转身过去,左手叉开三指,咬住牙,拿起斧头咔嚓一声,斩下一截无名指来。

杜月笙赶忙过去阻止,已来不及了。

阿广指着那根血淋淋的手指,转身对杜月笙说:"拿去交差吧!"

杜月笙取回歪脖子的无名指后,回到黄金荣和林桂生那里交差,黄金荣夫妇满心欢喜。虽然杜月笙仍然在众人面前谦让、谨慎,但他相信,自己总有一天要凌驾于这些人之上。这两个小时的经历使他知道,自己没有什么不能得到的东西。哪怕是最不可能的东西,也是一样,一定能够得到。

第三章

游走黑道买人心

他为人机灵诡诈，善解人意，很快就获得时任法租界华探头目、黑社会头面人物黄金荣的赏识，成为其亲信。由于他在上海善待下台总统黎元洪，黎元洪的秘书长特撰一副对联："春申门下三千客，小杜城南五尺天。"因此也被其党羽吹捧为"当代春申君"。

追随大佬黄金荣

　　眼看杜月笙在黄公馆里也已经有一段日子了，平日里办事、做人都很不错，于是黄金荣夫妻二人更加觉得杜月笙比较让人放心，也更加欣赏他了。俘获人心是很困难的，也正是因为艰难，所以人一旦获得了别人的青睐，机会也就随之而来了。黄金荣决定多让杜月笙参与一些大事，他心想此人是个人才，得进一步好好地培养。小伙子既聪明又机灵，以后能用的地方多着呢。

　　1910年，黄金荣的巡捕房遇到了一件棘手的难题：法租界出现了一起牵连到驻沪法军的抢烟土案子。事情的经过是这么回事，当时在上海走私烟土的一些商人中，有些为了躲避检查，竟然与驻守在上海的法国军人相互勾结在一起，商人首先把烟土交与军人，再由军人伪装成其他货物，护送到码头上，双方再去码头接应。这样一来，这些所谓帮忙运送烟土的军人就会得到丰厚的回报。这也就是双方相互勾结牟取暴利。

　　要说这帮人胆子真是不小，也不想想这是什么地方，竟敢在太岁爷头上动土。世上没有不透风的墙，事情早晚也会被人发现。说来也巧，一次，双方刚刚交易完毕，突然出现了几个人不分青红皂白抢去了两箱烟土。法军头头一听说出现了这样的事，气得直咬牙跺脚，这还怎么了得，便以军需品被抢的名义通报了公董局，公董局也只好下发，责令总巡捕处理这个案子。限期破案，追回赃物。

　　黄金荣接了这烫手的山芋,一时间不知如何是好,没有见过这帮人的模样,自己凭空也想不出这几个盗贼的来历。吩咐下人去查案抓盗贼,但是已经好几天过去了,愣是一点动静也没有,这不是存心让人恼火吗?自己手下的这群人平日里没事倒好,真有事了没一个能够派上用场。黄金荣整日里为这群盗贼的来历一筹莫展。当他拖着疲惫的身子回到家之后,赶紧问了问自己足智多谋的老婆——林桂生,看看她有什么高见,能不能从她那里得到点帮助。

　　其实,黄金荣虽然在上海混得风生水起,能够呼风唤雨,但谁都知道他的很大一部分家业,其实都是林桂生帮忙打理出来的,虽说黄金荣当时是法租界巡捕房的,但是烟土生意主要还是靠自己的贤内助林桂生。

　　此时的林桂生听完自己丈夫黄金荣的描述,一时间也拿不出什么主意,真的不知道如何是好。但她转念一想,对着老公黄金荣说道:“不如咱把月笙叫过来,这小伙子别看年纪轻轻的,鬼点子可真不少,人机灵着呢,咱们现在没了主意,说不定他就能想到一些其他的主意呢,多个人毕竟多点门路,三个臭皮匠赛过诸葛亮,权当死马当活马医了。”黄金荣听完林桂生这么一说,也立马同意去找杜月笙碰碰运气。

　　杜月笙这次听明白了黄金荣夫妇的难事了,心想这事闹得可不小,万一自己接过去了,再办砸了可怎么收拾,到时候没抓到盗贼,自己的小命还不得赔进去啊。这赔本的买卖我可不能干,自己绝对不能随便揽过去,于是转而对黄金荣说道:“黄老板，你想这么大的烟土，存放在哪都会觉得不安全，这帮人竟然还敢去抢，我觉得这帮人现在肯定还没有离开租界，我先前在码头上混过，对那里也比较熟悉，我先回去找几个兄弟打听打听，他们经常在十六铺，说不定就会听到什么风声了，看看他们能不能帮上什么忙。"

在得了黄金荣的肯定后，杜月笙赶紧行动，别看杜月笙没上过几天学堂，没念过几天书，没多少文化，但头脑挺灵活，很多事情还真的能够想得到。凭着这么多年的直觉，他知道自己还得先回十六铺一趟，也许，自己去了那里还真的就可以打听到什么消息了。

杜月笙首先找到了顾阿根，顾阿根也叫顾嘉棠，曾在上海首富的花园里当过花匠，所以人们都称他为"花园阿根"。无巧不成书，阿根一次闲谈时，曾无意间得知英租界的沈杏山最近刚得手一笔烟土，也随口问了问那烟土的来历，才知道是一群盗贼半夜里抢过来的。杜月笙这下找对了人，刚一遇着顾阿根就得知了烟土的动静，心想这英租界的沈杏山和黄老板要找的案子有关。杜月笙几经周折，很快查到了抢土的流氓团伙沈杏山，通过各方周旋、扣押人质、放出话来，最终为驻沪法军顺利找回了烟土。

案子侦破了，烟土也顺利追回，黄金荣对上头也终于有了交代。烟土的查获解决了黄金荣的一块心病，同时黄金荣在法国人那里也找回了面子。黄金荣此时是说不出的高兴，对杜月笙真的是打心眼里喜欢，此后夫妇二人更是把杜月笙当作自己的得力助手。现在，杜月笙成了黄公馆里的红人，上上下下的人都觉得杜月笙真是风光。

在黄公馆,杜月笙现在也有了点小面子,回头想想:自己初来乍到,日子也过得很艰难,能有人肯收留自己已经很不错了。在水果行自己也就是一个勤杂工,没人会看得起自己。整天扫扫地,端茶倒水的也没什么出路,跟着黄老板那是不一样,黄老板那可是上海界响当当的人物,谁人不知,谁人不晓啊,跟了黄老板,自己的出路就有了。想着今后自己也能在上海滩立足,干出一番名堂,杜月笙心里是乐开了花,别提有多兴奋了。

这正如人们讲的平台,平台决定未来。尤其是在我们这个注重人情的大国,平台决定了你今后的成就。由此可见,杜月笙很有自己的战略眼光,因为在最开始的时候,他为自己找对了人,恰恰是黄金荣改变了杜月笙一生的命运。

经营赌场发横财

由于杜月笙获得了黄金荣夫妇的好感,所以杜月笙在黄公馆的地位也就自然而然获得了提高,细心的林桂生慢慢地发现了:杜月笙每天都穿着这一身青布裤褂,洗了穿,穿了洗,未曾见到过他穿别的衣服,这黄公馆人人都穿得光鲜亮丽,锦罗绸缎的,唯独杜月笙总是这般光景,这是怎么回事?

俗话说,无规矩不成方圆,偌大的黄公馆自然也有规矩了,不然这上上下下这么多人岂不是要乱成一锅粥了?黄公馆规定:除了公馆里的佣人,其他人都没有工钱,只是在逢年过节或是老板高兴才发一点赏钱,除此之外,就没有别的任何收入了。

原来,"黄公馆"这三个字就是一块金字招牌、一棵摇钱树。这就好比是通行证,有了这张通行证,办什么事都会很方便。生活在这个社会,总会遇到很多无法预料的事,人不可能一点事也没有,说不定哪天就碰上一些自己棘手或是解决不了的事情,这就得求人办事。办事需要啥啊,当然是钱了,你要想疏通关系,笼络人情,就得往外砸钱。每过一个人,每打通一层关系,你就要往外掏出些钱财来,这就拿见黄金荣来说吧,黄金荣老板手下仆人、随从、跟班、保镖众多,所有的事情不可能亲力亲为。许多事情可能都交给了他的随从跟班,这些人自然就会帮他解决掉,所以你想见到黄金荣,首先需要先把他身边的人打点好了,他们得到了好处才会通报给黄金荣。假若你想大大小小的事情都要黄金荣点头应允,他哪有这么多时间和精力,肯定是顾不过来。所以黄金荣手下的小混混,有时收到别人"孝敬"给老板的银子,就会有很大一笔。

其实,要说杜月笙不爱钱,那是不可能的。一个年纪轻轻的小伙子,来到这五光十色、到处都充满诱惑的上海滩,这里的一切对他来说都那么新鲜,都那么趣味无穷,什么事情不需要钱啊。也不是和黄金荣说不上话,黄金荣对待自己也比较宽厚,很多事情都交给了自己去办,这也说明人家黄金荣黄老板看得起自己。

杜月笙通常只是帮别人说话、办事,从来不接受人家钱财。他觉得人家自然有事才找你帮忙,你若再收人钱财,那不是趁火打劫吗?可是,这不收人家的钱,自己又没有别的收入来源,在黄公馆青云直上的杜月笙,私底下生活过得却是很清贫、寒酸得很。

林桂生凭借着一双敏锐的眼睛终于洞察了杜月笙的一片苦衷,认为这个小伙子比较心诚,也不贪小钱,由此对他更加赏识。于是就和自己丈夫黄金荣商量了一下,决定派给他一个可以揩油水的美差。

"月笙,你去巡捕房隔壁头的'公兴记'赌台,找到他们那里的老板,说是我派你去那里帮帮忙,拿一份俸禄,贴补下自己的生活,知道了吗?"有一天,林桂生叫住杜月笙说。

"成,谢谢师母。"杜月笙虽说表面不露声色,心里头却是高兴得很。

"公兴记"是当时法租界三大赌场之一,整日车水马龙,聚集了很多人,很是热闹。杜月笙原来也曾经路过,但都只是羡慕地在外面看看,从来没有进去的份。如今林桂生居然派他到那里寻一份差事,自己心里比吃了蜜还甜,看来,这段时间好事不断,真是好运来了挡都挡不住!

起初黄金荣只是把这个赌台给他,也就是抱台脚。每月会给杜月笙三十块银洋,不用杜月笙来这里取钱,赌台会亲自派人送过去,账房先生赶紧给杜月笙登记入册。其实黄金荣一开始并不是直接叫杜月笙去经营赌场,这是因为在上海滩经营赌场的都是一些有大资产的老板。

经营赌场这可是个责任极其重大的差事,把这么大的差事派给刚刚出道的年纪轻轻的毛头小子杜月笙，就算他再怎么机灵聪明，可是毕竟是没有经历过赌场上的历练，黄金荣对杜月笙还是不会放心的。再说，这赌场里关系复杂得很，官、商、地痞无赖，鱼龙混杂，要是这其中任何一个关系摆不平，到时候真的出了什么事情，把这些大商人、大官僚给得罪了，这到头来塌的是他黄老板自己的台，更会影响到自己以后的财源。黄金荣想到了这里，不能不三思而后行。

让杜月笙在公兴记先干着，毕竟是年轻人，历练历练总是好的。

由于在公兴记赌场里每天都会出现突发事件，很多人都束手无策，都选择忍气吞声、息事宁人，不招惹是非，生怕影响赌场生意。可杜月笙就不同，碰到赌场里赌客之间出现的矛盾纠纷、刀枪相见，他总能无所畏惧地快步上前，调解双方矛盾，化解争执。由于杜月笙有智谋，敢说敢干，经常在赌场展露峥嵘，自然而然地，他就成了公兴记赌场老板和赌场保镖的中心人物。

黄金荣看杜月笙在赌场里干得很有起色，也很为赌场生意着想，于是就寻思着把这个赌台交给他。

"怎么样？在赌场里做事还习惯吗？"黄金荣问道。

"托黄老板的福，一切都还顺利。"杜月笙说。

"打明儿起，你就不用在这赌场做抱台脚了，这赌场就交给你打理，好好干，将来会有出息的。"

杜月笙得到了这个赌台，自然和刚开始帮忙时的心情大不一样。你想想，这当店员的能和做老板的心情一样吗？听到了这个消息，杜月笙那可真是"春风得意马蹄疾，一日看尽长安花"。

有了赌场得好好经营,这赌场原先也没人好好打理,只是简单地开门做生意。

赌场也需要管理,如果长时间不去打理,久而久之,一定会积累很多弊病,虽说不至于给赌场造成严重后果或是什么致命打击,但总归是影响着赌场今后更广阔的发展。说干就干,杜月笙先找到赌场面临的两大难题。首先他摸清了赌场周围存在的一些抢劫赢钱的赌客,有时还扒掉赌客身上衣服的一群混混。要说这事也不是什么新鲜的了,自己的兄弟顾阿根以前也干过这一行当。杜月笙经过几日细心观察,找到这些人当中最厉害的几个混混,并想办法请来这些厉害角色,去一家餐馆吃饭。让他们不干老本行,转而去赌场里做事,给他们发薪水。

这些人本来也没什么职业,整日在街上游荡,运气好了就会捞些钱,运气差了就一无所获,还有更差的就只有挨打的份了,有时被打得鼻青脸肿,只能认栽。一听说杜月笙让他们去赌场做事,还发薪水,就像是天上掉了馅饼一样。这当然行了,这群人想都没想,觉得可以,立马同意。

还有一大难题就是租界里面的洋人虽然允许开办赌场,却又会过来抓人,有时还会突然袭击,让赌场防不胜防。起初,这些被抓的赌客也只是交些罚金,人很快就能出来。后来,哪知这些法租界当局不知道从哪想出了新花样,抓到的赌客都要去游街,人们也都把这些游街的人叫"大闸蟹"。这些人,赌钱输赢是无所谓,但被抓后要去游街,这样一来,路上的人都知道了,人要脸,树要皮,以后出门面子往哪放啊。所以,几次下来,赌场的客人还真少了很多。

杜月笙找到林桂生，说道："师母，您看黄老板人脉广，认识的人也多，能不能让他给洋人说一声，通融一下，就说以后如果再去抓人，能不能只白天抓人，晚上就不抓了。"原来，杜月笙自有妙计，白天找一些小瘪三，充当"大闸蟹"，给钱肯定有人愿意干，谁会和钱过不去啊。赌场可是发横财的绝好机会，稳赚不赔。很快，在杜月笙的一番苦心经营下，赌场的生意越来越好，这钱也就越挣越多。

散尽千金结良缘

　　林桂生介绍杜月笙到了"公兴记"，刚入赌场杜月笙就过足了一把赌瘾，几个钟头过去了，竟然赢下了两千多元钱。很快这一大笔钱就花得差不多，所剩无几了。

　　其实，林桂生早就已经把杜月笙的花钱去向掌握得一清二楚了。对杜月笙的这种花钱方式，林桂生很满意。她觉得，杜月笙花大笔的钱去还债、结交朋友，就是在树信义、树招牌，也就是说，杜月笙想要做个堂堂正正的江湖人。

　　林桂生觉得这样的人是黄公馆里最需要的得力助手。

　　尽管如此，林桂生仍故意问杜月笙："月笙啊，最近是不是交女朋友了？哪个地方的？那女孩家里怎么样？"

听到林桂生这样问自己，杜月笙也很明白，自己的行踪又被她知道了。但是，林桂生没有追究自己钱的事，想到了这里，杜月笙缓缓松了口气，如实回答："这几天，往日的朋友介绍了一位苏州姑娘，名叫沈月英，现在随同母亲闲居在南市，我们已经见过一面。"

"那你觉得怎么样？你喜欢吗？"

"还行，挺好的！"杜月笙点点头。

"既然喜欢，那就讨回来吧。"林桂生说。

当天晚上，林桂生回房以后在黄金荣的枕边说起了杜月笙。"我看杜月笙这个小子有肚量，有志气，眼光远。以后也可以做你的得力帮手。月笙要结婚了，你当老板的总要意思意思吧！"

"那需要怎么帮他的忙呢？用钱，让账房去拿！需要面子，我黄金荣出面。"黄金荣想了想应道。

林桂生却比黄金荣高明得多。林桂生劝黄金荣说："人都有老的时候，现在趁年轻不捧个贴心人出来，以后再提拔就来不及了。再说，杜月笙机灵聪明，又很忠心，总不会过河拆桥的！"

由于林桂生的百般照顾，杜月笙的人生发生了很大的改变。

1916年，在林桂生的安排之下，杜月笙要结婚了。

开始的时候，杜月笙觉得捧场做客的朋友很多，由于自己老家没什么人，所以亲戚也很少，但毕竟总要来几位。

杜月笙自幼失去了双亲，唯一的妹妹也被送人。所以现在他家已无至亲的人，自己就要结婚了，这多大的日子啊，想来想去，自家人中最亲的也只有姑母一人了。因此，他派人到高桥，将他的姑母接来。

把姑母接来后，杜月笙在法租界栈房里找好了房间，杜月笙给姑母买衣料，请裁缝，要让姑母穿得整齐体面，来吃自己的喜酒。

在同孚里，黄金荣亲自让手下人拨出了一套房子给杜月笙，让他放心居住，又给他置办家具，订做衣服。杜月笙成家，办喜事，由于他平时人缘好，心肠热，对待朋友很费心，除了黄金荣、林桂生之外，还有许多朋友都亲自跑来帮忙。林桂生把自己能为杜月笙所做的全办到了，黄金荣老板亲自出马担任大媒，到沈家去提亲。

沈月英的母亲沈老太太非常高兴，认为杜月笙是一位乘龙快婿，有声望，也有家当，连黄金荣这样的大老板都来出面，还有一套房子，很是满意。但是，沈老太太对大媒人黄金荣提出了一个要求：

"黄老板，我就这么一个女儿，我要跟女儿过来，住在女婿家，将来等我老了，也好有女婿为我养老送终。"

黄金荣心想杜月笙住的还是我的房子呢！但此时他也不好多说什么，他还是代表杜月笙答应了。后来，沈老太太又两次修改自己嫁女儿所提出的条件，沈月英有两位亲戚，大点的叫焦文彬，小点的叫华巧生，都想来找碗饭吃。这一点，杜月笙也答应了。因为他刚刚成家，反正家里面也需要人，于是，杜月笙让焦文彬给他管账，华巧生做小听差。

当所有的条件都谈妥之后，沈老太太连连催着问杜月笙什么时候结婚。

这之后没几天婚礼就举行了。

杜月笙和沈月英举行婚礼虽然规模不算很大，但是很热闹。一顶宁波龙凤花轿出现在迎亲行列中，那是花了很多钱租来的，花轿抬进同孚里，爆竹喧天，一片欢声。

喜筵吃的是流水席，设在同孚里，等到客人差不多凑齐一桌就开饭，吃完了客人就离开了。杜月笙这次婚礼开销很大，从自己高桥老家浦东来的亲戚住在客房里，整整吃了十天酒席，十天过去了他们也都一个个高高兴兴地辞别杜月笙回到了家乡。

在黄老板和林桂生的资助下，杜月笙给每家二十块大洋的路费，人人都觉得称心满意，欢喜得不得了。

沈月英是苏州南桥人，都说南方水养人，这一点也不假，沈月英生得十分漂亮，一头乌黑亮丽的头发。杜月笙和沈月英两人结婚之后，十分恩爱，小日子过得有滋有味。外有焦文彬当账房，内有沈老太太操持，沈月英不必费什么心，整日过得很清闲。

成家后的杜月笙，事业一天天的发达，收入一天比一天多，尽管才刚刚组建家庭，就已经有了欣欣向荣的兴隆气象。

很快有一天，沈月英悄悄告诉杜月笙："你就要做父亲了。"

杜月笙一听，高兴得跳了起来，第二天赶紧向朋友报告喜讯。黄金荣和林桂生得知这个好消息时，也是欢喜得很，林桂生笑着说："月笙，我说天天见你乐呵呵的，原来要做父亲了，恭喜啊，要抱儿子了，怎么你们结婚也是黄老板做的媒人，你把这个孩子过继给我们，好不好啊？"

杜月笙自然也很高兴,他笑着点点头,认为这是黄老板和林桂生在攀亲眷,心里觉得十分荣幸,但是当他兴冲冲地跑回去跟太太一讲,沈月英不太乐意了。沈月英虽然有点不高兴,但是黄老板的话杜月笙也不敢不听。

　　杜月笙的长子杜维藩,是一个虎头虎脑、啼声洪亮的男孩,他福大命大,不久黄金荣就收他做了干儿子。在这层关系之下,黄金荣和杜月笙就以兄弟相称,杜月笙改口喊老板为"金荣哥",称老板娘为"桂生姐",这样也拉近了杜月笙自己和黄金荣之间的辈分,不再像原来喊着师父、老板了。

　　黄金荣和杜月笙来往也一天比一天更加密切,沈月英常常抱着杜维藩去看林桂生,渐渐地,这两人就像同胞姐妹般,无话不谈。

　　黄老板和林桂生觉得同孚里的房子太旧了,决意改造翻新,于是让杜月笙一家搬到钧福里的新宅,两上两下,格局要比同孚里大些。搬进新宅的那一天,黄金荣在新宅大开酒筵,设宴招待亲朋好友。

赌场巧识戴雨农

　　戴笠,字雨农,族名春风,1897年出生于浙江省江山县保安乡一个殷实家庭。戴春风刚5岁时,他的父亲得了一场急病,不久就辞别了人世。他6岁读私塾,14岁入江山县立文溪高等小学,17岁考入浙江省立第一中学,由于年幼丧父,缺乏父亲的教诲,所以戴春风从小就养成了一种放荡不羁的习性。

　　戴春风自幼好强逞能,常常为人打抱不平,经常替一些受欺负的小伙伴出头,在他上中学时,由于在学校经常捣乱,好生是非,整天给学校惹麻烦,后来学校再也无法忍受了就开除了他。很快他又以第二名考入联合师范,但还没有去上学就去了浙军第一师模范营当学兵,后部队作战失败,流落宁波。

　　之后的戴春风为了谋生,也曾经去过店里面打工,当过保镖,在赌场里干过跑堂。后来又去杭州、浙江、上海一带,由于在那里,没有母亲和学堂老师的束缚,很快地,戴春风就染上了一些坏毛病,吃喝嫖赌,无所不能。别看就是这样一个不良少年,但不得不承认他在赌钱方面还真是有些门路。

　　1924年,戴春风并没有取得什么成绩,在上海还只是一个赌场里的小混混。有一次戴春风在杜月笙的赌场里掷骰子,技艺超群,让赌场出血不少,赌客们觉得这小子是不是背后有什么问题,戴春风被指控出老千。看场子的人要收拾他一顿。结果,戴春风大声指名道姓喊着要见杜月笙,要让杜老板主持公道。

杜月笙就到赌场见了戴春风,杜月笙说:听说你让赌场出血不少,有什么本事,表演一下吧! 戴春风凭的是真本事,他多年练出来的,不是吹的,于是当场就表演了起来。随便杜月笙喊出几点,骰子在戴春风手里那么一转,就能打出来几点。纯粹是一挥手的事,小菜一碟。杜月笙看过之后惊呆了,对戴春风的掷骰子的绝技那是赞不绝口,认为此人心思手腕非常灵活,这绝技不是一般人能够练成的。而且谈吐不凡,器宇轩昂,日后必定能成大器。于是当场就要和戴春风结拜,以兄弟相称。

戴春风心想,杜月笙是谁啊? 那是上海滩赫赫有名的大亨,整个一老大,那是大人物啊,无人不知,无人不识。再看看自己,还是一名无名小子,靠混日子为生,现在龙头老大杜月笙要和我结拜成兄弟,我是走了狗屎运了吧,感谢祖宗保佑。此时的戴春风那是欣喜若狂,高兴坏了。于是,两人就在杜公馆内举行了结拜仪式。摆了个台子,台子上面放上三炷香,两碗酒,两人歃血为盟,表示今后要患难与共。

我们知道,杜月笙最喜欢交朋友,也最讲义气,每每遇到朋友有事相求,他必定竭尽所能,鼎力相助。

"兄弟,今后有什么打算,有没有别的去处?"杜月笙问道。

"不瞒大哥,小弟现在也没什么事做,整天无非是混迹赌场,讨口饭吃。"

"如今这个年代,大局未定,群起而争之。男人就要干一场大事,小小赌台哪是什么长久之计?"

"自从小弟被赶出了学堂,我就想着有一天能够参军,到部队去，1917年，我回到家乡，也在周凤岐的部队里当过几天兵，后来离开了部队。小弟又听人说孙中山先生在广州创立了黄埔军校，也报考过黄埔军校，但是最终落榜了，没有考上，所以也就没有了资格前去。"

"放心，现在军阀割据，大上海的局势这么动荡，各个军阀势力你争我夺，都需要用人，这事，包在大哥身上。"

杜月笙后来又麻烦黄金荣黄老板给当时黄埔军校的校长蒋介石写信，大意就是戴春风这人可以一用。戴春风得到了这样一个莫大的恩惠，对杜月笙那真是说不出来的感激。

杜月笙见到戴春风，两人酒逢知己千杯少，聊得很是投机，一见如故，临别时，杜月笙又赠给戴春风一些路费，两人就此告别。

1926年夏，戴春风在自己的家乡见到了同学毛善余，也就是日后的毛人凤，这时的毛善余已经是黄埔军校里的一名学员了，也劝说戴春风报考黄埔军校，投身革命。后来，戴春风二次报考黄埔军校，终于被录取。

由于算命先生说戴春风"六阴朝阳、杀重无制、五行缺水，名字中带水方大利"，所以就改名戴笠，字雨农。亦出自晋周处《风土记》中的"君乘车，我戴笠，他日相逢下车辑，君骑马，我步行，他日相逢为君下"，是指言交不以贵贱而也，用以来纪念生活贫贱的好友。

由于在校期间成绩突出，戴笠毕业后任蒋介石的秘书、保镖兼副官，从此踏上了民主革命的大道。1928年戴笠开始进行情报工作。1930年建立国民党第一个特务组织调查通讯小组——

"十人团"，蒋介石对此宠信有加。1932年3月，蒋介石为了巩固和加强特务机构统治，先组织力行社，后来又在南京秘密成立"中华复兴社"，戴笠被任为特务处处长。后来，因政治需要，到了1938年特务处扩大为国民政府军事委员会调查统计局，也就是后来人们说的军统，戴笠任副局长。

戴笠号称"中国的盖世太保""中国最神秘人物""蒋介石的佩剑"，同时，在国民党队伍中，戴笠也绝对是个权力无限，令人谈虎色变的人物。戴笠称他一生所做的一切都是为了"继续孙中山和革命烈士未竟的事业"，他也一直要求自己和部下要忠于"国民革命的理想，不计个人名利得失"。

杜月笙也算是慧眼识珠，没想到今天与他拜把子的兄弟戴春风日后竟然成为军统特务头子而且是蒋介石最信任的心腹。杜月笙的势力发展壮大，很大程度上得益于他和戴笠的这种特殊关系。

善待下台黎总统

　　此时的杜月笙，由于在黄公馆得到了黄老板的赏识，再加上开赌场赚了些横财，已经小有成就，干出了些名堂。这派头自然也是越来越大。慢慢地竟然能够独当一面了，他自然在黄公馆也有了举足轻重的地位。常言道：人怕出名猪怕壮。很快，杜月笙便组建了"小八股党"，这又是干什么的呢？说白了就是一些亡命之徒。这些人一个个身怀绝技，还什么都敢去做，关键的是，这群人都是杜月笙的兄弟，都和他一条心，拿今天的话来说就是死党。

　　20世纪初的上海滩，各个军阀明争暗斗，争权夺势，真的是风起云涌、时局动荡、变化莫测，这角色变换自然也快。昨天还是好好的总统，今天说下台就下台了。在这个局势中，你要学会洞察，洞察周围的局势，并且还要和各派军阀搞好关系，说不定什么时候就能派上用场，所以你谁都得罪不起，也不能得罪。

　　杜月笙就比较会把握时局。你方唱罢我登场，对于各路军阀，杜月笙都好生招待，即使是已经失势或者已经下台的官员政要途经上海，杜月笙都倾力结交，而其中的善待下台的黎元洪总统就是经典的例子。

　　当时，被奉系军阀捧上总统宝座的黎元洪被直系军阀赶下台来，为了能够东山再起，惶惶如丧家之犬的黎元洪思前想后决定来到上海,由于当时皖系军阀将领卢永祥势力占据上海,黎元洪便想和皖、奉合作,借助皖系实力派卢永祥的力量,在上海组织政府,并与之结盟。

其实还在黎元洪总统在职的时候,就曾经听说过赫赫有名的上海滩三大亨黄金荣、张啸林、杜月笙,所以,黎元洪在抵达上海之前,他早就派人拜见过了三大亨,真心希望得到他们的照顾。

三大亨知道了这件事情后,便聚到一起商量商量看如何是好。最开始的时候,黄金荣和张啸林都不赞成接待照顾黎元洪,怕因为照顾下台的黎元洪总统惹上了麻烦,得罪了其他军阀,自己以后的日子不好过。

杜月笙开始劝说两位前辈说:"这是黎元洪黎大总统啊,即使现在已经退位了,但怎么说也是前大总统。这么一个大人物派他在上海的代表找到我们,寻求帮助,想让我们保护,怎么说那也是一件很有面子的事儿。所以,我们一定得全力护驾,而且上海滩时局这么复杂,险象环生。正所谓三十年河东三十年河西,得势失势转眼间的事情,这以后的事谁也说不准,多给自己留条路总是没错的。"

黄金荣和张啸林听了这一番话,都称赞杜月笙有着长远的见识以及深谋远虑,也都同意好好保护这位下台的黎元洪总统。

杜月笙此刻并没有选择落井下石,相反却是雪中送炭,这在那个"城头变幻大王旗"的时代,是非常难得的,由此,我们也看到了杜月笙身上的人情味和做人的智慧。

由于黎元洪总统此时已经下台,所以不能享受总统的待遇,在上海也没有公馆可以居住，眼明心细的杜月笙此时连黎元洪的住处都安排好了——就在杜美路26号，这一幢小洋楼是杜月笙不久前刚刚买的，美轮美奂，院内非常清静幽雅，别致非凡。杜月笙为迎接黎元洪总统的到来，又去吩咐工人们重新把楼房装修一番，里面的家具、日用品都重新购买。

黎元洪和夫人黎本危来到上海，黄金荣、杜月笙、张啸林，以及"小八股党"前往上海车站迎接，黎元洪夫妇受到了三大亨的热情款待。黎元洪在上海的这段时间里住的是宽敞别致的小洋楼，吃的是豪华的大宴席。如果黎元洪外出办事，则由杜月笙及在他带领下的"小八股党"轮流保护，如：顾嘉棠、高鑫宝，由于"小八股党"个个勇猛非凡，黎元洪在上海的安危自然是万无一失。

黎元洪总统在上海一共住了三个月，由于英法租界以及江浙一带的一些人士为自身安全和利益着想，反对黎元洪在上海从事"足以引起军事行动"的一切政治活动，黎元洪不得不选择离开上海。同时，黎元洪对杜月笙所安排的这一切充满感激。人在危难的时候最容易记住别人对自己帮助。饱尝人间冷暖，黎元洪不由得感慨：在自己落难之际，还有人对自己伸出援手。这般照顾，实在难得。

黎元洪将要离开上海前，他特意赠送给黄金荣一套陆军上将军服和一套名贵的鸦片烟具，以此来表达自己的感激之情。对于黎元洪大总统赠送的这两个礼物，黄金荣尤为喜爱，如获至宝，特别是那身上将军服，他经常穿在身上，在客人面前，迈着八字官步，大摇大摆，好好显摆一番。黎本危送给黄老板的鸦片烟具，纯银镶钻，价值不菲，极尽观赏性，黄金荣对之爱不释手，经常在手里把玩。

不光这些，黎元洪总统还请人专门打造了几十面金牌，上刻"义勇"二字，分赠给了三大亨，以表示他们在上海这段时间对自己的照顾。同时还感谢杜月笙率领的"小八股党"以及其他负责他人身安全的小兄弟们。

这些似乎还不足以表达黎元洪的感激之情，后来，黎元洪又让他的秘书长饶汉祥写了一副对联赠给杜月笙。上联是：春申门下三千客，下联是：小杜城南五尺天。

黎元洪的这副对联对杜月笙不吝赞赏，给了他很高的评价，仿佛只有这样才能够表达杜月笙在上海对自己的照顾。黎元洪大总统不仅将杜月笙比做交游广阔、仗义疏财、养着三千食客的春申君，同时还把杜月笙的杜公馆与唐朝京城长安南郊的贵族住的府宅相提并论，赞叹杜公馆气派不凡，金碧辉煌。

得到了黎元洪如此的对联，杜月笙自然也是满心欢喜、如获至宝，这等于是黎元洪送给了他一块金字招牌，杜月笙赶紧命人篆刻装裱起来，挂在会客室两楹，成了一种可供炫耀的无上荣光。

黑帮老大会做人

杜月笙通过贩卖鸦片、开设赌场等活动,大量聚敛钱财,聚集了大量财富,善敛财的同时也会散财。然后,杜月笙又用这些不义之财,笼络社会上各种人物。

按照中国传统的道德观念,不忘故土、孝敬老人就是正人君子,就是正派人物。杜月笙因此很注意收买人心,以改变人们对他的印象。1918年以后,杜月笙每年都要自己出钱购买大量的"雷允上行军散""施德芝痧药水"。派自己的弟兄们赶紧运往上海浦东高桥,特意安排每家每户都要发放,并且叮嘱当地的人们"盛夏时节,易染疾病,一定要注意卫生,严防流行病的传染"。此后的冬天杜月笙还购买棉衣,免费赠送给高桥故乡的穷苦贫困人家。他还出资在高桥乡修石桥,重建观音堂。

也许是因为杜月笙小的时候家中比较贫穷,父母早早地离开了他,自己早些年也只能流浪街头,从最开始的在水果行做一名小小的学徒,再后来到赌场混日子,所以,杜月笙一直对穷苦人有着真切的同情。他的这些善举是一种心理安慰或是补偿,同时,花钱做义举、办些善事也能为自己扳回些形象,博个好名声。

关于杜月笙黑帮老大的"会做人"流传着很多"杜氏名言",比如:钱财用得完,交情吃不光;不要怕被别人利用,人家利用你说明你还有用;所以别人存钱,我存交情;锦上添花的事情让别人去做,我只做雪中送炭的事情等等,也正是因为杜月笙坚信这样的信条，再加上他的足智多谋、隐忍薄发、坚韧不屈，可谓朋友遍及天下，从政要商贾、文人墨客到帮会骨干、三教九流，应有尽有。

杜月笙眼光长远，不计较眼前得失，不论是当权的抑或是在野的，他都肯折节结交。甚至对于当时社会上有些落魄的名士，他都可以接济和收养，以笼络人心。这需要有大的胸襟和气度，一般人是根本做不到的。

据说当时有一个姓杨的，曾任福建督军的秘书长，到卸任时，他便将历年搜刮民脂民膏所得，装满了六只大皮箱。其中全是一些珠宝古玩，价值连城，异常珍贵。于是这位姓杨的便派人押运来上海，准备在租界当寓公。不料船到上海后，负责押运的人突然发现六只箱子全不翼而飞了，于是赶忙通知杨姓先生。这位姓杨的得讯后，立即请淞沪镇守使代为查找，结果一无所获，毫无结果。万般无奈之下，周围人给他出主意，让他去请杜月笙帮忙看看，结果只用了短短三个小时，这些宝物就全部追回来了。杨姓先生万般感激之余，拿出四千元，请杜月笙收下，权当犒劳这些辛苦找寻的部下。杜月笙一直推让，坚持不受，并说："都是自家人，太客气了，谈钱伤感情。"

见杜月笙执意不接受，杨姓先生说："好，既然杜先生执意不肯接受，我也就不再勉强了。你这位朋友我交定了，今后有用得着兄弟的时候言语一声，不管是什么事情，只要我能做到一定倾囊相助。"

杜月笙对待知识分子一样比较敬重，非常谦恭有礼，同时也爱附庸风雅，广结名流。比如当时的著名大学者章太炎、"生平愿为帝王师"的名士杨度、律师秦联奎、以及"一身傲骨、目空四海"的章士钊都是他的座上客。沪上报人如汪松年、唐世昌、余哲文、姚苏凤等人，都曾经向杜月笙敬执弟子之礼。由此，杜月笙的社会地位不断得到提升。

杜月笙还供养着一大批军政界失势的名流，如筹安会六君子之一的杨度，在袁世凯帝制失败以后避居上海。由于杜月笙一直对杨度很敬重，于是请他做秘书，每月供奉大洋五百，还送住宅一栋，杨度当时在法租界住的洋房就是杜月笙的。杜月笙认识杨度的时候，杨度已经是晚年了，杨度对当时上海小报说他是杜月笙的徒弟很不以为然，义愤填膺地说："我一没递过帖子，二没点过香烛，我称他杜先生，他叫我皙子兄，老实说，我不是青帮，只是清客而已。"

1931年6月杜月笙在浦东的祠堂落成，杨度亲自写了一篇《杜氏家祠记》，并请郑孝胥书写，作为他们两人的贺礼送给杜月笙；此外，杨度还写了一篇《杜氏家祠落成颂》，勒石立碑。杨度在清末民初可是"帝王师"一流的人物，很有来头。杜月笙十分倚重杨度，并请其担任落成典礼文书处主任。杨度深表感激知遇之恩，朝夕忙碌在办事处，所有的事情他务必亲力亲为，很为朋友尽责，两人惺惺相惜。杜月笙自然也很关心杨度，当他得知杨度鸦片瘾非常大，经常特意嘱咐下人预备一副烟具，一张烟榻，好让这位忙在办事处的杨度能在忙中过一把烟瘾。

由此可见，杜月笙善于结交当时的名人志士，为自己这个拜师青帮，跟随黄金荣出身的粗人增添一点文人气息，也好稍微能熏陶些文化来。

此外，原北洋政府的教育总长章士钊先生，在政界失势之后也成了杜月笙的法律顾问，上海滩的名律师秦奎联也是杜月笙的法律顾问，同时跟随袁世凯多年的心腹秘书张一麐也曾经接受过杜月笙的接济。如果杜月笙遇到了什么事情需要打官司，就会找到他们两个人，只要他们两人出面，没有打不赢的官司。虽然这两位贵为上海滩的一流大律师，但却都心甘情愿为黑帮老大杜月笙效劳，为杜月笙出面解决纷争。自然，杜月笙也不会亏待他们，逢年过节都会有红包。此外，如果是为一些富翁打官司、敲竹杠，这些律师是可以获得更多报酬的，而杜月笙向来与富翁打交道，这门子生意自然也就多了，帮富翁了断家务的纠纷也全由杜月笙接手，到时候杜月笙再转交给这两位律师出面，既体面又实惠，何乐而不为。

总之，无论南北军阀与官僚政客或是一些外国名人到上海，杜月笙都想方设法通过各方面关系去联络应酬一番。其中他最得意的是日本元老西园寺到上海时，杜月笙殷勤招待，由此，获得了西园寺的好感。有一次杜月笙和范绍曾闲谈，说他和西园寺关系很好，两人现在还一直保持联系，范绍曾将信将疑，后来范绍曾的儿子去日本留学，杜月笙写了封信交给范绍曾的儿子带给西园寺，果然得到了西园寺的慷慨照顾。范绍曾这才深信不疑，大开了眼界，想着杜月笙竟然和日本元老西园寺成为朋友，更是对杜月笙广阔交友的本领佩服得五体投地。甚至连李顿调查团来到上海，也得到了杜月笙的盛情招待，不仅如此，主持中国海关与邮政的外国人也同杜月笙经常保持往来。

浙江兴业在新总经理——徐新六的主持下，发展平稳，很快便在金融界名声大震，成为银行业的"新兴人物"。徐新六对金融政治兴趣浓厚，学问多、见识深，上海许多银行界人士都对徐新六尊崇有加。同时，徐新六远离上海莺歌燕舞、纸醉金迷的夜生活，私生活比较严谨，人送外号"圣人"。

但就是这样的一个人渐渐地和杜月笙走到了一起。一次街头偶遇，两位上海界的大人物碰了面，很快，徐新六就为杜月笙折服，两人英雄惺惺相惜。徐新六说道："俗话说英雄不问出身，白相人里竟然出现了杜先生这样的人物，一心想着振兴国家银行业的发展，赤子之心，实在难得，佩服，佩服！"就是这样被人公认为"圣人"的徐新六，没有把杜月笙当作外人，反而经常说说知心话。一次，徐新六竟然对杜月笙说出了自己埋藏多年的秘密：原来他除了正妻以外，在外面还有一个女人，并且已经有了两个儿子一个女儿，如果他将来遇到了什么不测，还请杜月笙代为负责，将他的薄产分给他们一些，这是他们应得的。

后来徐新六真的不幸遇难，徐氏家人来分财产时，杜月笙亲自到场，拿出徐新六的委托信，让徐新六的外室妻儿分到了一份遗产，留作未来的教育和生活费用。

因为杜月笙看重友谊、有侠义心肠、能为朋友分忧解难，渐渐地他在金融界的朋友也多了起来，而且很多朋友都彼此心照不宣，成为一生的挚友。

没有十恶不赦的恶人，善恶都是相对的，别看杜月笙是一名不折不扣的黑帮老大，在对待朋友，做人方面还真的是令人称道。

有事就找杜先生

1924年，杜月笙在上海滩的青帮中早已脱颖而出，已经是当之无愧的领袖了。杜月笙在黑社会中的手段及其掌握的黑社会的力量使他在整个上海滩的帮会中变得举足轻重，他的势力已经延伸到或是说正要延伸到各个领域，他已成为上海滩一个地地道道的黑帮教父。

当时的上海有这样的说法："有事，就去找杜先生，一说一个准！"

1924年春天，浙江省发生了水灾，孙宝琦等人在公寓里不甘寂寞，于是乘机发起了一个名为"救助乡亲赈灾会"的组织。

孙宝琦，字慕翰，浙江人，前清的时候也曾经是一名达官贵人。在北洋军阀时期，也曾经担任驻外公使、国务总理，在上海滩多多少少也算是一个名人。但自从"救助乡亲赈灾会"成立以后，前来回应参加的人很少，寥寥无几。孙宝琦千辛万苦、声嘶力竭地喊了一个多月，才收到一千多块钱的捐赠。

想当初"救助乡亲赈灾会"成立的时候也算是轰轰烈烈地开场，如今却要草草地结束，孙宝琦觉得脸上没了面子，实在过不去，整天愁眉苦脸，唉声叹气。

"不如我们还是找找杜先生吧。"有人向他献策。

"哪个杜先生？是不是杜月笙？"

"是啊。杜先生最爱急公好义，如果能请得动他，肯定会有人来响应的。为受灾地区募捐也是好事,相信杜先生肯定会来的。"

"杜月笙会来吗?他肯帮忙吗?"孙宝琦将信将疑。

"怎么不会来?如今的上海滩杜先生说话很有用的。而且他人又不坏,挺仗义的。一定会来的,这你就放宽心吧。"

于是,孙宝琦赶忙准备了几个印度产的烟土,乘车到华格桌路216号的杜公馆拜访。

杜月笙看到这位"孙总理"亲自登门来访,心中不免感到困惑:自己和他素不相识,平时也没什么过节,"孙总理"此次来访,也不知道所为何事?杜月笙自然也不敢怠慢,马上命人把孙宝琦热情地迎进客厅。

孙宝琦见到杜月笙之后也很客气地寒暄一番坐下,接着请教杜月笙:"杜先生您看,就按照现在的行情,一个印度大烟土值多少钱?"

杜月笙想了一下,说:"你有所不知啊,现在烟土已经管得很严了,印度的大烟土更是好长时间不见了,没有行情了。"

"哪里话,我这就有几个。"孙宝琦说着,立即吩咐自己的随从到汽车里取来。

孙宝琦接着说:"很早就听说杜先生有时喜欢'香'两口,古人常说:'宝剑献于烈士,红粉赠之佳人',这些就献给杜先生吧。"

"哪里的话,实在是不敢当,不敢当。"杜月笙说,"让我照价买下来,送给时疫医院,救济病人,为伤者造福罢。"

孙宝琦听杜月笙这样一说,赶忙接着说:"那么,就算捐给救助乡亲赈灾会吧!"他连忙取出捐款簿,摊开放在桌上。

杜月笙赶紧吩咐秘书:"开张一万元的支票给孙先生。"

孙宝琦接过支票后,心中万分感激,一番表示之后,兴冲冲地告辞。

谁知孙宝琦刚刚上了汽车,开车的司机却对他说:"孙总理,这几只印度大烟土,杜先生已经送回,放在车后座上了。"

孙宝琦看着这已经送回来的烟土,也更加感激杜先生的慷慨解囊了。

除了达官贵人、社会名流外,去找杜先生的人,还有一些普普通通的老百姓。

一家王姓居民,一天,家中不幸被窃,两箱子衣服全被偷走了,不仅如此,其中有几件是祖传的"传家之宝",非常珍贵,一家人不知如何是好,急得像热锅上的蚂蚁。

王姓居民情急之中,想到了杜先生,杜先生的名声,王姓居民当然知道。可是自己一介平民百姓,没权没势的,杜先生愿意帮忙吗?王姓居民觉得实在难说,管不了这么多了,他决定"去找杜先生",碰碰运气。

当他几经辗转找到杜月笙,并把自身的情况告诉杜月笙的时候,杜月笙说:"好吧,能找得到我一定会帮忙,让我想想办法吧。"

第二天清早,姓王的居民起来准备去买菜,开门一看,石头下压着一卷纸。他拿起一看,原来是一沓当票和几十块钱。

他顾不上去出去买菜,拿着当票跑到当铺,结果,那些被盗走的衣服和传家宝全在那里,他知道是杜先生帮他找回了这些,于是,又亲自登门去杜月笙家表示感谢。

这一时期的法租界中,大多数职工是中国人,他们出力最多,但工资却少得可怜。那些法国籍员工,月薪有200多块,而华工平均只有12块。差别不是一般的大。虽然公司每次都答应员工改善待遇的要求,但说来说去,始终是空头支票,没有兑现过。

1924年,水电公司工人实行总罢工,要求兑现增加工资的诺言。法方不但不理会,相反却在第二天关上公司大门,不让这些工人上工。

法商水电工会于是决定实行罢工,提出每人每月增加八元工资,废除罚款制度,法商方面拒不接受,双方僵持不下。

淞沪护军使何丰林几次邀请劳资双方进行调解,法国方面却拒绝参加,不仅如此,法方态度也非常蛮横。没过几天,法商方面宣布,一律开除参加罢工的工人,另外又雇用了一批白俄工人和新工人工作,双方矛盾进一步加剧。

眼看协商不成,工作也没了,以后的生活就更没了着落,为了使罢工取得胜利,工会里的人说:"我们实在是无路可走了,去找杜先生吧,他一定会帮我们的。"

杜月笙接到工人们的求援信后,立刻吩咐管家:"墨林,你先送到法商工会两万元钱,对他们说,先让他们支持住。就说我杜月笙说的,我一定会给他们讨回公道。"

万墨林前脚刚走,法国资本家的代理人、法商水电公司买办沈叔眉后脚就已经来到了,沈叔眉说:"杜先生,你也知道,这工潮越闹越大,将来可怎么收场啊,请你无论如何一定要设法制止。"

杜月笙忙说:"沈先生你只管放心,这事我不会不管不问的。你就说我杜月笙说的,工人工人,就是做工的,不做工,绝对不行。"

罢工最初仅仅是机务部门,自从法国人指使巡捕开枪打死一名去参加开会的工人后,其他部门的工人也参加了罢工。这样一来,罢工的部门多了,人数也多了,弄得法租界内一片混乱,灯、车、水全都供不上。

后来法国巡捕又枪杀工人,二十多人当场死伤。全市工人对法商更加愤怒,其他工会的工人也纷纷行动,支持罢工。罢工浪潮席卷整个上海滩。

眼看情形越来越严重,已经到了无法控制的地步。法国总领事请杜月笙出面,想方设法不让工潮继续闹下去。可是,法商对工人提出的要求仍然不肯接受。杜月笙叫来门徒陆京士等人说:"你们去组织个'罢工后援会',处理工人的各项有关事宜,切记,无论如何一定要做到既要让法国人给工人长工资,又要迅速让工人上工。"

但法国人态度十分蛮横强硬,根本不理睬陆京士等人提出的要求,法国人依旧宣布法租界实行戒严,同时加派车辆巡逻,继续逮捕领导罢工的工人,前前后后又抓去了几十人,但是,尽管一直这样强势打压工人还是无济于事。

工人罢工的浪潮一直坚持到8月中旬,法租界的水电供应形势一天比一天严峻。法国当局再也无法坚持下去了,只好重新回去去找到陆京士:"给工人增加工资也可以,不过,涨八元钱是不可能的,每人每月增加两元四角。但是,领导罢工和那些带头闹事的人要开除。"

杜月笙听到这一消息,说:"要的就是这个效果,看来这法国人,不给他点颜色看看,他就不知道上海滩还是我们这些中国人的。京士,通知他们,立刻复工。"

"那法商要求的被开除的四十五名工人怎么办?"

"就按法国人的意思办。"

陆京士又赶忙说:"不行啊,杜先生,这四十五个人都是积极分子,如果开除了他们,工人们是不会也不同意复工的。"

杜月笙想了想,说:"好吧,你去对那四十五个人说,让他们一定要同意复工。我负责安排他们的工作。"

罢工的工人最终同意了复工。但是,就在准备签字的时候,又有了一些波澜。

工人代表说:"让我们复工也可以, 不过法国方面首先要释放被捕的四十五名工人。"

法国人说:"一定要让工人先复工,复工过后我们再商讨。这四十五个人全是捣乱分子,如果这时候放他们出来,无异放虎归山。"

"不行,一定要先释放被捕的四十五个人我们才复工!"

"先复工,再看情况决定。"

双方争来争去也没争出所以然,工人也没有签字。

下午,杜月笙亲自开车来到工会,说:"怎么还不签字?不是都已经谈好了吗?"

"杜先生,法国人什么事都能干出来。还有几十个工人关在里面,等我们复工后,他们就会用这些工人的性命安危要挟我们。再说，这几十个兄弟是为了所有工人的正当权利才被他们抓进去的，虽说现在我们的工资增加了，但我们怎么忍心看他们还在牢房里面受苦呢？"

杜月笙频频点头道："好，好，你们都很有情有义，这才是真正的好男儿。我现在就去找法国方面，要他们放人。"

杜月笙表明来意之后，法国领事甘格霖说："杜先生，你能保证这些人出去后能不惹事，不再找工厂的麻烦？这些人吃了苦头，出去后会继续煽动工人罢工来报复我们的。"

"放心，这件事情交给我吧，我能保证。如果这些人出来后再闹事，造成的损失，我愿意双倍赔偿。"

既然杜月笙把话都说到这个份上了，其他人也不好多说什么，立刻同意放人。第二天，罢工的工人全部复工。

仗义资助打官司

这一时期，杜月笙还做了一件震动上海滩的大事，那就是资助有着"江北大亨"之称的天蟾舞台的老板顾竹轩与洋人打赢了官司。

顾竹轩，江苏盐城人。清朝末年，民国初年的时候，逃荒到上海,后来当过工部局巡捕,也曾经拉过黄包车,当过黄包车车夫。几年后,顾竹轩攒了点积蓄,开了一爿车行,拜"大"字辈曹幼珊为师。后来,顾竹轩也学着收徒弟开香堂作威作福,人称"顾四爷",因其祖籍是苏北,所以也称他"江北大亨"。

早在顾竹轩刚刚开车行不久,就认识了一个叫王月花的小寡妇,此人有财有貌,扬州人。一开始顾竹轩经常以老乡的身份找她聊天,这一回生二回熟,时间久了,两人也就有了感情,成了相好。

后来,顾竹轩车行里陆陆续续地添置新车,王月花便在家发起了施令,俨然以老板娘自居。车行生意越来越好,钱自然也是越赚越多,顾竹轩开车行发财以后,便常常和王月花一起到丹桂舞台听戏。

这时,京剧在上海已经慢慢走红,戏院里的客人几乎天天客满。

看到了京剧在上海的发展势头,顾竹轩的心开始痒了。顾竹轩想,开车行毕竟整天和黄包车车夫打交道,和社会上那些上流人物根本接触不到,不如开个戏馆。这方面正好也有熟人,曾经和顾竹轩一起当过巡捕的马小六子已经升了巡官,南京路到福州路一带的茶楼、戏馆、妓院、书场全都归马小六子管。

一天,顾竹轩恰好遇到了小六子,便邀请他一同吃饭,两人一边吃饭一边畅谈。

小六子说:"老四,戏馆现在真是一个赚钱的行当,比你现在的车行赚钱多了,而且又很轻松,接触的也都是有头有脸的人,你完全可以开一个!"

顾竹轩说："算了吧,现在的上海是寸土寸金,我哪来的钱够买地皮买房子啊,这一算怎么也得上万元。我到哪儿去弄这么多钱啊?你肯定喝多了!"

小六子接着说："我不是酒后胡说,也不是信口开河,就丹桂斜对面的那块空地,怎么样?地段不错吧。这块地工部局已经圈了,现在想标价卖掉,这块地我能弄下来,花个几千块钱,造个戏院肯定是没问题!老四,我从不开玩笑,对你绝对够朋友,一片真心,你说钱不够,我指点你一条路。"

顾竹轩赶忙问道:"找谁?"

小六子笑着说:"找你的情人王月花啊!"

当天晚上,顾竹轩果真和王月花商量了一下投资开戏园的事。

顾竹轩说,咱们把车行全部盘出,专门开戏园,这样下来收入也很多。王月花听过之后,立即表示不同意,她说:"戏院和车行都要开,这样赚的钱就更多了,你看上海大亨黄金荣、杜月笙他们,人家不知道干了多少行,这车行咱不盘出去,这么多年,我也攒了点钱我帮着你,一定要干出点名堂来!"

顾竹轩听了,接着说道:"车行和戏院我肯定都想接管,哪个也舍不得扔,不过,现在我没有这么多钱,只要以后全心全意经营戏馆,一定不会有太大闪失。用你的钱,别人会说闲话,假如到时候真的赔钱进去也对不起你。"

王月花说:"别人爱怎么说就怎么说,咱们俩还分什么,你去张罗吧。既然决定要开戏园了,就好好地大干一番!"

顾竹轩赶忙到巡捕房去找小六子,商量那块地皮的事情。小六子拍胸脯表示乐意帮忙，接着顾竹轩又亲自找了季云卿，打通关节，所有的事情都安排得妥妥帖帖。不久，一座崭新的大戏院就在丹桂舞台对门盖了起来。

顾竹轩兴致勃勃地给戏园取名天蟾舞台，我们都知道刘海戏金蟾，从戏园这一名字我们也可以看出这蕴含了顾竹轩渴望发财的意思。

戏园开张第一天，顾竹轩聘请了当时社会上有名的文武老生、花旦、丑角演出《开天辟地》。这是一出神怪戏，再加上机关布景十分奇妙，吸引了很多人的眼球，场场客满。慢慢地，来到天蟾舞台来看戏的人也多了起来，戏院的生意自然是红红火火，顾竹轩因此也很快财源滚滚。

正当顾竹轩踌躇满志，而且戏园又财运亨通的时候，有一天，杜月笙派了自己的随从来告诉顾竹轩说：

"你那个天蟾舞台现在很危险，快要保不住了！"

顾竹轩听了神色大变，急匆匆赶往杜公馆，一见杜月笙就问："杜先生，这是怎么回事？我的戏台怎么就要保不住了？莫非这里面有什么事？"

杜月生赶紧解释说："你戏园子旁边不是有永安公司吗？现在他们公司要你这块地方，准备盖十层大楼，开一个旅馆，永安公司是在英国注册的，连工部局都要买他们的账，听说准备给一些钱收回天蟾舞台的地皮。"

"那怎么办？杜先生，我所有的家当可都全砸在了天蟾舞台上，到时真出了什么问题，我可怎么办啊？你可要赶紧想想办法救救我。"顾竹轩一下子慌了神，失了主意。

"这件事情我和黄老板都帮不上忙,插不上手。租界是人家洋人的,我们的力量仅此而已,有心无力啊!"

"杜先生,您认识的人多,你要帮我啊!"

"我看还有个办法,你可以试一试。"

"什么办法?"顾竹轩赶紧问道。

"和洋人打官司。这样才有可能赢,不然真的一点办法也没有了。"

"那到时候万一打不赢怎么办?"顾竹轩又有些胆怯。

"不拼也不能拱手相让呀,死马当作活马医,说不定还有一线希望!如果坐以待毙,可真的没有希望了。"杜月笙鼓励他说。

眼看戏园要保不住,顾竹轩万分着急,坐了一会儿,他便匆匆告辞。在回去的路上,顾竹轩又想起情人王月花。如果戏院关门,怎么对得起她?不一会儿,又自言自语说:"事情既然已经这样了,大不了官司打不赢,自己另谋出路。无论如何我都要拼一下,不能就这样便宜永安公司!"

不久,工部局下令限天蟾舞台一个月内拆迁,也没有说明赔偿的各项事宜,只是简单象征性地给几百两银子的迁移费。并且派来一个叫阿华的巡官执行命令。

阿华走到戏园里面,见到顾竹轩,坐下来说:"老四,我毕竟是在人手下办事,很多事情不是我自己一个人说了算的,为什么这倒霉的差事偏偏派在我头上。我尽力给你拖延时间,你再多想想办法。"

顾竹轩拍了拍一下阿华的肩膀:"放心吧,阿华,我知道,不会怪你的。不过我顾老四也不是好惹的,不管怎么说,我都要和永安公司打官司。"

阿华有点胆怯地说："老四，永安公司背后可是有英国总领事撑腰，你拿什么跟英国人斗？到时候吃亏的还是自己。"

顾竹轩说暂时也没有主意，走一步算一步了，不过还好，杜月笙倒是很支持。前两天自己又去找了一次杜月笙，杜月笙表示一定会全力支持他与洋人打官司。不能让这些洋人在我们中国人的地盘为所欲为，洋人今天能挤掉"江北大亨"，明天就能挤掉他这个"上海大亨"。

没过几天，杜月笙又带着顾竹轩去找"三北大亨"阿德哥虞洽卿。

虞洽卿听了顾竹轩讲了天蟾舞台事件的前因后果，就说："放心吧，竹轩，事情没想象的那么糟糕。和洋人打官司与和中国人打官司不一样，洋人有时只认理不认人，而我们中国人却只认人不认理。现在只要理在你手里，你就不用怕。官司还是很有希望的，我们一定要有底气。不过，打官司需要很长时间，而且不知道要打多久，你有没有这么多钱？舍不舍得把钱花在未知的官司上面？"

"没问题，钱的事不用担心，还有我呢。"杜月笙说。

顾竹轩赶忙说："虞老，我准备把自己的全部家当赔光，一定会坚持到最后，我顾老四争气不争财！"

虞洽卿说："有志气！你这忙我是帮定了。我再给你联络两位外国律师，这样官司打下去，一定会有好消息！"

于是，官司先告到了英国驻上海的总领事馆。天蟾舞台做原告，控告工部局违反合同，强迫迁让。总领事馆看到了这样的诉讼,顿时目瞪口呆:因为在中国民告官实在是太稀奇了。这简直是个笑话。中国人告工部局的事,他还是第一次见到。他心想:"万万不可助长这样的风气,以后租界里的中国人还怎么管?"

总领事馆马上叫来工部局,经办这件事情的人,问清了前因后果之后,半天没说一句话,只是摇了摇头说:"你们办事实在是太草率了,这块地方怎么能卖给那个中国老板来开戏院呢?你卖给了顾竹轩,顾竹轩就有了产权,这样一来就会很麻烦。不过,绝不能让那姓顾的打赢官司。"

半个多月过去了,英国总领事馆的批文终于下来了。顾竹轩急忙拿着它去找外国律师穆安素。穆安素拿来这一纸英文一看,皱皱眉头说:"这批文太滑了。里面说天蟾舞台的地皮一开始是工部局产业,虽然卖给天蟾舞台使用,但如果决定收回现在也可以收回,双方可以议价赎回。顾先生,他们的意思也就是说工部局会赔偿你的地皮钱数。但按照惯例,赔偿款项只限地皮款,不包括地上建筑,地上的建筑他们完全不予理会,完全由你自己另行处理!"

顾竹轩听过之后气不打一处来,很气愤地说:"这些人真是胡搅蛮缠,只收地皮,不管上面盖的房子,绝对不可能。穆大律师,既然事情已经到了这个地步,什么退路也没了。现在不打赢,我是绝对不会善罢甘休的。"

穆安素知道顾竹轩已是孤注一掷了。他接着说:"按照法律程序,总领事只是最初层次的裁决,如果没有公使或大使一级外交官的指示,他的裁决也不会发生效力。"

顾竹轩接着问："那公使裁定，算不算是最后判决呢？"

穆安素摇了摇头说："还不能算是最后裁决。因为根据英国法律规程，伦敦大理院的裁定才是最后的裁定。如果告到伦敦，花费也很大，但我不能保证裁决对你一定有利。当然，如果你执意要把官司打下去，我愿意为你效劳。你慎重考虑一下。"

顾竹轩从穆安素那儿出来，心中有些不安。当他路过天蟾戏园门口的时候，天已经黑下来了，此时的顾竹轩心潮起伏。打官司是个无底洞，自己现在已经陷在洞里出不来了。

不大一会儿，冷静下来的顾竹轩又拿不准主意了，他径直来到了杜公馆。

杜月笙听了顾竹轩的一席话，然后不假思索地说："官司是一定要打的，不过具体的事，还是要多去问问虞洽卿。"

两人随即坐上杜公馆的汽车，直驶虞洽卿家。

虞洽卿刚刚吃完晚饭，见杜月笙和顾竹轩进来，便示意他们在旁边椅子上坐下，问道："官司你们打算怎么办？"

顾竹轩把穆安素说过的内容大致和虞洽卿讲了一遍，最后顾竹轩说："虞老，您也知道，现在官司已经打到这个地步，我已经到了骑虎难下的地步了，您看怎么办呢？"

虞洽卿坐直了身子说："竹轩，这官司你没别的退路了，只能打到底，如果半路撤退，恐怕连那赔偿的地皮银子都会拿不到了。破釜沉舟，这仅说不准还能打赢。当然我绝对不会袖手旁观，我一定会尽最大可能帮你，我是工部局华董，可以给你制造一些社会舆论，让工部局有点理亏。"

"行，我也不会闲着，我看也有必要采取行动了。这段时间，我也多派一些弟子放出风去，就说工部局的人接受了永安的大量贿赂。"杜月笙赶紧接着说道。

很快，顾竹轩和穆安素签订了委托书，接着向北京英国公使上诉，理由为裁判不公，应赔偿损失，不迁让。

北京英国公使接到这份诉状，觉得十分棘手。认为虽然地皮最开始是工部局的官产，但是既然已经卖断立契，就应当属于个人的私有财产，不可侵犯，顾竹轩当然有权不让。可是，永安公司在香港政府注册，工部局并未就此事与顾竹轩协商，就答应把地皮给永安，还签下合同。于是，公使命令秘书通知总领事和姓顾的商量，给予顾竹轩一定代价迁让。

这一天，顾竹轩正在家中休息，忽然佣人来通报说："有一个洋人，带着翻译来找你，说自己是工部局的。"顾竹轩赶忙迎接，只见洋人缓缓走来了，说道："顾先生，关于天蟾舞台的案件，公使已通知总领事，反复要求工部局妥善解决。工部局授权让我和您磋商，想听听您的意见。"

顾竹轩平常见了外国人还都有着三分恐惧，但自从开始打官司，也接触了不少洋人，由于此时自己这一方占着理，所以对他们不怕了。

顾竹轩提高嗓门说："我的要求一共有两条，首先是不拆迁，你们也不需要任何赔偿。这对双方来说是最省心省事。还有就是如果一定要拆迁也可以，一定要在市中心，给我盖一座三层楼的大戏园。"

史密斯接着问："顾先生，难道就没有别的第三种办法解决吗？"

"其他办法我是不能接受的。"顾竹轩想了一下说。

史密斯悻悻然地站起来说："天蟾舞台案件，不能给顾先生提出更好的解决办法，我很遗憾。不过，我想说的是，恐怕将来也不一定就能达到你的要求。"

几天后，穆安素打电话给顾竹轩，北京英公使表示天蟾舞台这个案件公使馆无法解决，可以上诉到伦敦大理院作最后裁决。然后，他征求顾竹轩意见，是不是按原来商定的步骤，向伦敦上诉。

顾竹轩赶紧回复说："穆大律师，向伦敦上诉吧，就这么办！"

正当顾竹轩在家愁眉不展的时候，他的一个亲信匆忙跑来，气喘吁吁地说："四爷，四爷，杜先生找你！说伦敦大理院的判决下来了。"

顾竹轩赶紧接着问："判决下来了？结果呢？结果怎样？是好是坏？"

"好消息，杜先生说你赢了。"一听说官司赢了，顾竹轩欣喜若狂，赶忙跑到天蟾戏台，到了之后，发现杜月笙和穆安素正在那里坐着。

顾竹轩急忙翻开判决的文件，正是判决书的中文副本。上面写着："顾竹轩先生，你的上诉经本院终审裁定，工部局拆迁违约不合法，应当赔偿十万元损失费，由你择新址，重新修建。"

顾竹轩打赢了官司，名气一夜之间传遍了整个上海滩，杜月笙由于在背后为他撑腰策划，积极资助钱财，身上的光环也更加耀眼了。

第四章

提运鸦片恶名扬

由"佣差"升格为鸦片"提运"后，杜月笙开始负责经营法租界三大赌场之一的"公兴俱乐部"。因善纠合同伙，勾结军阀，很快成为鸦片提运中最具势力的一个响当当的人物。1925年7月，杜月笙在租界与军阀当局庇护下，成立"三鑫公司"，垄断法租界鸦片提运，成为与黄金荣、张啸林并称的"上海三大亨"之一。

巧施计谋拉军阀

　　杜月笙在上海名声大噪之时也正值北洋军阀混战时期。一时间皖系、奉系、直系各派军阀，整日开战，闹得不可开交。总统、内阁人选的安排也是如走马灯般转换。由于上海这一特殊的地位，因而在政治、经济、外交方面，都不可避免地被置于这一巨大漩涡之中。当时有很多的名人雅士、军阀政客都在上海滩留下了他们的活动足迹。

　　在这动荡不安的政治局面之中，杜月笙表现得极为机巧善变，他既能巴结刚刚上台的新贵，同时又能很好地安抚下台失势的旧要。虽然官员政要经常变换，可杜月笙非但毫发无伤，自己的势力反而得到了壮大。

　　上海早先曾经是皖系军阀卢永祥的势力范围。杜月笙曾经千方百计地通过何丰林，与卢永祥建立了关系。但直系军阀齐燮元对皖系军阀卢永祥独占上海这块宝地，早已耿耿于怀。1924年，随着卢永祥越来越直接地暴露出对直系的不满，直系和皖系这两大军阀之间终于走向了战争，爆发了齐卢之战。

　　杜月笙在这两派军阀的对垒之中，充分施展了他八面玲珑、狡兔三窟的交际手腕。他首先力图全力支持皖系军阀卢永祥取得胜利，这样也就可以保全自己在上海的现有局面。齐卢之战的第一次战役发生于浏河前线，齐燮元部下团长冀汝桐，率军突破了卢军在太仓方面的防线。杜月笙赶紧动员黄金荣、张啸林等人，通过分头奔走，多方联络，大量卡车在法租界里集中并且首尾相接，一字长龙般地开往龙华，供卢永祥运兵遣将，急援太仓，使得浏河前线转危为安。

但是不久，另一直系军阀、福建督军孙传芳应齐燮元的请求，乘机袭取浙江，在齐燮元和孙传芳的双面夹击下，卢永祥腹背受敌，很快就不能坚持下去了，被迫和淞沪护军使何丰林一起通电宣告下野。随即杜月笙立刻转变态度，向孙传芳频送秋波，多次表示愿意接受孙委令，担任督署咨议。与此同时，杜月笙仍然与卢永祥之间有着藕断丝连的联系，在孙传芳到达上海之后，杜月笙还悄悄将卢永祥的儿子卢筱嘉藏在自己家中避难。

早在皖系军阀兵败以后，段祺瑞就曾通电下野，时任总统徐世昌下令通缉祸首，指斥徐树铮"称兵畿辅，贻害闾阎"，命令全国上上下下的军警齐心缉拿。

徐树铮一开始只得藏身于北平东交民巷日本军营，并且在那里住了两个多月。后来由于美、英、法三国公使表示愿意帮助直系，给直系提供资助，全力"驱逐罪魁"。于是，徐树铮只好躲进一个柳条箱里，经由日本人在天津的驻屯军司令的帮助，逃到了上海。

来到上海后，他先是住在英租界麦根路，借用前皖系军阀大将卢永祥部下的一名师长陈乐山的房子，后来又搬到英租界南洋路九号。再之后，徐树铮又辗转到了广州，由广州去了桂林，和孙中山先生会晤。再到福建延平，会合他的老部下旅长王永泉，通电成立建国军政制置府，徐树铮还担任了总领；没有料到的是王永泉又把徐树铮撵走，徐树铮没有办法只好回到了上海，随即去了日本。1923年9月21日，徐树铮又再次回到上海，仍旧在南洋路住着。徐树铮在福建轰轰烈烈的那一幕,对于国民革命军消灭陈炯明叛军,以及往后的北伐革命事业取得的成功,都有很大的帮助。

1924年齐卢之战,卢永祥兵败,三天以后,英租界巡捕房下令要立即软禁徐树铮。之后,派人强迫徐树铮登上达达鲁斯货轮,妄图把他遣送到英国利物浦,同时规定徐树铮一路不许下船。徐树铮离开没多长时间,北方政局又发生了很大的变化,直系军阀走向了垮台,段祺瑞出任临时执政,立即给徐树铮"考察欧美、日本各国政治专使"名义。

杜月笙所有的交情没有白做。1924年年底,卢永祥势力在奉系军阀的支持下,又开始东山再起。宣抚军第一军军长张宗昌为奉军统兵前锋,军队继而南下江苏,驱逐齐燮元和孙传芳。张宗昌直指北京上海,一路收缴齐燮元败兵的军械,孙传芳从浙江援助江苏的部队也退到新龙华,双方划地而治,暂时安定了一段时间。

张宗昌是山东人,长得人高马大,腿长胳臂粗,因此人送绰号"张长腿",坐在汽车里面,常常伸不开腿脚,都是蜷身缩脚。再加上张宗昌酷爱赌博,最喜欢玩北方人称之为"吃狗肉"的赌牌九,于是张宗昌又有个"狗肉将军"的称号。辛亥革命时,张宗昌曾经投身上海光复军。现在他又要卷土重来,也算是旧地重游。自然有许多老朋友,争先恐后地想着为张宗昌洗尘接风,张宗昌在上海整日里花天酒地,一掷千金。

上海滩人也称张啸林"张大帅",可是一听说张宗昌要到上海了,自己很快就可以见到八面威风的真的张大帅了,张啸林比谁都高兴。因为他觉得这些北洋军阀时期的将军都是响当当的真英雄,这些才能真正称得上大帅,自己算不得什么,于是也真心崇拜这样的人物。所以张啸林在一旁怂恿杜月笙,一定要盛大热烈地欢迎,杜月笙也很同意张啸林的提议,其实,杜月笙的心里却有着另外的打算。

事先,杜月笙和张宗昌的驻沪代表单先生,因为平时交往走动较多,他们成了好朋友。这次张宗昌来了要怎么招待,应该怎么样办,杜月笙赶忙询问了交好的单先生,单先生把张宗昌的性格、脾气与喜好,跟杜月笙交代得清清楚楚。

1925年1月29日,张宗昌亲自率领一万余名奉系军队,缓缓开入上海华界。他部下的这些兵痞性格非常凶猛粗暴,而且军队里风气纪律也非常坏。他们个个头戴皮帽,身穿灰棉军装,个子高大,穿得臃肿,见人总是张口就骂。上海人没见过这样的人物,居民都被这群人吓坏了,争先恐后地搬进租界里。

民国上海滩都会三巨头:黄金荣、张啸林、杜月笙

但是，和那些躲进租界里面的人相反的是，上海仍有几家阔佬在豪华酒楼，忙着布置灯彩，安排山珍海味、牌九麻将，盛大热烈地欢迎张大帅。

张宗昌原来是李徵五的手下，现在李徵五的声望地位相当的高，已经是上海商报的老板。老部下张宗昌亲自率领"雄兵十万"来到上海，李徵五这位曾经的老上司自然要抢在前头尽地主之谊。这一天，李徵五亲自准备了五份请帖，请杜月笙和张啸林一同到席作陪。

这一次的宴会非常隆重，杜月笙记起了单先生供给自己的情报，已经看得出来张宗昌对于宴会上的那些繁文缛节，丝毫不感兴趣。张宗昌尤其喜欢打牌和女人。

于是杜月笙请张宗昌到长三堂子富春楼里吃饭。借富春楼香闺设宴款待欢迎张大帅，总算是投其所好，见张宗昌比较喜欢，杜月笙又特别要求十大美人作陪。

晚宴到十点多以后结束，不大一会儿，张宗昌赌性大发，杜月笙他们又接着陪张大帅打了一夜的麻将。

张宗昌在上海待了半个月，随后他便以北上磋商军事的名义，在上海人民的唾骂中，率大队撤走。张宗昌走后不久，徐树铮又来到了。

1925年11月，徐树铮回到了上海。由于段祺瑞执政能力不足，张作霖、冯玉祥手握大权，其他的军阀都不愿意看到段祺瑞、徐树铮两人携手合作，进而促成国民革命军的南北呼应。所以人们看到徐树铮，都能感觉到背后隐藏着的杀机。

就在徐树铮来到上海之前，杜月笙的老朋友曾经来到杜公馆。他直接向杜月笙提出请求，徐树铮这次到上海，关系重大，希望杜月笙能够公开加以保护。

杜月笙最初得知这个任务时也觉得非常不安全，可以说带些危险的性质。当时的政治形势也很奇妙，徐树铮在意大利时，曾经和墨索里尼订立协议，供给大量军火。如果徐树铮能够回到段祺瑞的身边，段祺瑞就不再是傀儡而能够重新掌握军事实力。

由此可见徐树铮的到来对连年征伐的军阀来说，意义非常重大。

所以，很多人认为徐树铮这次回到上海，随时都有可能遭到暗杀。要想保护这样一位处在人们视野范围之内的政治人物，真是谈何容易？

杜月笙思来想去赶忙去找黄金荣、张啸林商量，黄金荣和张啸林两位一听说是这事都不赞成。黄金荣首先表明了自己的态度说不行，张啸林当时和奉系军阀走得很近，也非常不同意地说："皖系军阀早就已经没有了实力，只是徒有其名，亲自出面替皖系军阀做事还是很冒险的，我坚决表示反对。"

可是，杜月笙却独持异议，有着他自己的想法和考虑，他接着说道：

"卢永祥督军和何丰林，这么多年我们和他们的关系还很不错。现在人家落难了，特意派人来上海找我们出面保护，人家这是看得起我们，所以我们也不好推脱。再说，虽然徐树铮现在住英租界，但这不妨碍我们继续保护他，也许这正是我们露脸的机会。"

说完，杜月笙又望了望黄金荣和张啸林说："锦上添花的事让人家去做，我们多来几次雪中送炭，这才是江湖上所讲的义气。"

黄老板和张啸林听完杜月笙的一番话，一时间哑口无言，杜月笙心里很欢喜，想必他们两人已经同意了。于是，杜月笙赶紧说道："船到的那天，我们一块儿去接。这是件大事，我们三个一定要同去。"

　　当轮船缓缓到达吴淞口的时候，黄金荣、杜月笙和张啸林，上海滩上威震八方的"三大亨"，事先登上大轮船，先行迎接徐专使，徐树铮同样满面春风地望着熙熙攘攘的上海和前来迎接的三大亨。

　　码头上的人很多，摩肩接踵，到处都是。有的是官方派来为了欢迎、敷衍段祺瑞的官员；也有的是报社记者；还有很多跑来看热闹的小市民，以及杜月笙事先安排好的来进行保卫的青帮流氓打手。

　　很快地，徐树铮出现在人们的视线范围之内。只见他身穿西服，微笑着在甲板上出现，徐树铮在人群中一眼就看到了上海滩赫赫有名的"三大亨"。黄金荣、杜月笙和张啸林一块露面，站在徐树铮的身边，不离开半步。"三大亨"亲自出面保护徐树铮，凭借着这三个人在上海的实力，简直胜过十万雄兵！

　　黄金荣、杜月笙和张啸林一直护送徐树铮到英租界南洋路，并且派人日夜轮班守护。这时，已经统一东南。自称五省联帅的孙传芳在听说此事后匆忙从南京赶来上海，迎接徐树铮。于是，第二天上海各民众团体，在市商会举行大会，隆重欢迎徐树铮与孙传芳。

　　第二天，孙传芳和徐树铮，一起去了南通，拜访中国第一任实业总长张謇。

此时的张謇，已经七十多岁了，尽管年纪已经很大了，但仍然是一位举足轻重的政治人物。张謇和徐树铮、孙传芳两人谈论了很长时间，并且，邀请他们到东奥山庄游玩。

12月初，徐树铮从南通回上海，说一定要到北平去见段祺瑞。段祺瑞叫徐树铮先不要动身，时局这么紧张，还是小心为上，以免危险。徐树铮不肯听，19日，徐树铮乘顺天轮离开上海。徐树铮走了，杜月笙保护的责任自始至终也算是结束了。24日，徐树铮到北平，见到了段祺瑞，力劝段祺瑞下令讨敌。

29日，徐树铮忽然有了南下的想法，段祺瑞以及其他皖系人都劝他暂时不要去，但是徐树铮不予理会。30日，在廊坊车站，徐树铮最终被冯玉祥的部下杀害。

杜月笙尽心尽力保护徐树铮，招待张宗昌，皖系奉系都觉得杜月笙为人豪爽，很看得起他。直系将领孙传芳和杜月笙的交情则是依靠建立利害关系。同时，范绍增师长和杜月笙在业务方面经常会有往来，杜月笙的触角越伸越远。

1925年，陆冲鹏特地从北京带来段政府财政部的两张委任状，聘请杜月笙、张啸林担任财政部参议。

开土行名为三鑫

　　20世纪初期，国内各地动荡不安，连年战乱。上海作为重要的通商港口，鸦片也随之络绎不绝地涌来，于是出现了许多抢劫烟土的事件。后来这些抢土的人不再下手去抢，而是转变成为收取保护费。这其中以"大八股党"最为出名，有沈杏山、季云清、杨再田、谢堡生等人。他们长期占据在英租界，把持着巨大的财路，所以很快聚集了很多的钱财，由于长时间的合作，血腥暴力的流血事件逐渐转变为温和地收取保护费。所以他们纷纷与上海界的缉私营走上了合作的道路，再向英租界靠拢，最后便捞到很多油水。

　　"大八股党"声势壮大之后，就不再把法租界放在眼里，认为法租界地方小，人少，即使收了烟土商的保护费，只要在法租界打声招呼，分点钱也就没事了。"大八股党"的活动开始由地下转向地上，除了收保护费还包接包运。这样一来，那些小的抢劫烟土生意，靠烟土发财的各路朋友们的财路也就变得岌岌可危了，眼看养家糊口都成了问题。杜月笙看到了这样的情况，很是着急，于是他找到黄老板和林桂生商量。咱们也要组织自己的小分队，和他们对着干，很快，黄金荣夫妇听完了杜月笙的想法之后欣然同意，顾嘉棠、高鑫宝、芮庆荣等人纷纷加入，这样杜月笙便组建成了队伍的核心，也就是后来上海人称呼的"小八股党"。

　　"小八股党"训练有素、布置妥善，杜月笙每次带领"小八股党"都能抢到烟土,这样便隔断了"大八股党"垄断烟土生意的路。这些抢到烟土的当然不能再次进入黄公馆,要重新找一个安全的藏身之所,于是很快就辗转到了三马路潮州会馆。

这地方比较偏僻,会馆的后面就是一处殡房,这里摆放着很多棺材,有的里面装着死人,有的是空的。杜月笙和"小八股党"很快选中了这里,买通了会馆管事,三更半夜把抢来的烟土运来放在空棺材里,然后,等有人来买的时候他们再取出来去卖。

最开始的时候,"小八股党"抢烟土主要是想灭一灭"大八股党"的气势,告诉英租界的沈杏山不要垄断整个烟土利益。没想到,这一连几次都很顺利,没有出现一点差错,杜月笙也尝到了甜头。这样几次下来抢来的烟土越来越多,眼看潮州会馆里的地方也不够用了,哪里能存放这么多呢?

杜月笙在出售这些替黄公馆抢来的烟土时,由于比英租界土商们卖的烟土价格低,于是一些客户就找到杜月笙,希望杜月笙能长期提供烟土货源。

这客人也有了,市场需求也有了,杜月笙此时有了一个十分大胆的新创意:我们为何不成立一个经营烟土的公司呢?这样就能获得更多的利益。

"我们能抢得到烟土,手里有货源,很多人也需求烟土,不愁销不出去,能不能开一个土行呢? 这事人家就能做,为什么我们做不得? "杜月笙很快向桂生姐提出建议。

"偷偷抢来烟土拿出来卖影响黄老板的声誉,老板恐怕不会同意的。黄老板最忌讳别人的闲言闲语,事情摆明了就难看了。"林桂生说出黄老板的担心。

"那如果不以老板的名义，行不行？"杜月笙又想出一个变通方案。

"听起来不错，那倒可以试试。"林桂生说，"先不要告诉老板，开公司就以你的名义。做生意需要本钱，你需要多少本钱？"

杜月笙听桂生姐这样问自己，赶忙算了一下，心想这以后要是我当上了老板，大干一场的机会就来了。想到这里，他说："如果为了以后长期的发展，咱的公司成立之初规模不能太小，加上买地、买房，装修和办货，都需要不少的本钱，好在我们手里已经有一些存货，所以两三万就够了。"

"那你打算找谁合作？有没有这方面的人选？合资人的情况怎样？"桂生姐接着问道。

"人还是少了好。毕竟刚刚要成立公司，人多了花销和开支各个方面都太大了。"杜月笙探询着说道，"黄老板虽不知情也要算一股，桂生姐一定要算一股，我一股，金廷荪算上一股，这样算来一共四股，每股五千块钱，你看怎样，桂生姐，还行吗？"

林桂生听后笑了笑说："一笔写不出两个黄字，黄老板和我只能算一股，你一股，金廷荪一股，每股1万块，一次凑足本钱三万，盈利分红也好算。"

"钱多肯定是好些，只是我手里现在没那么多钱，实在是拿不出来。"杜月笙既高兴又有点为难。

林桂生看了看杜月笙，说："我还以为有什么难事呢，钱是小事，不用担心。放心，你钱不够我先替你垫上，等你公司什么时候赚钱了再还给我就是了。"林桂生说完便拿出两万元的银票交给杜月笙。

杜月笙看了看手里的钱，对桂生姐那是说不出来的感激，道谢告辞后，立刻去找金廷荪。

金廷荪，浙江宁波人，1897年，金廷荪只身一人从宁波来到上海。到上海以后，金廷荪曾在八仙桥一个鞋匠作坊里当过学徒，这期间受尽老板的白眼和指责。第二年，金廷荪实在不愿意继续受老板的气，便逃出作坊，由于没有地方可以去，只好浪荡街头，人称"金牙齿阿三"。金廷荪为人伶俐，精明强干，善于应对，很快结交了一批三教九流的朋友。

后来经人介绍，金廷荪获得黄金荣的信任与重用，与杜月笙同为黄老板身边的心腹大将。杜月笙组建"小八股党"，凭着武的本领脱颖而出；金廷荪一直是黄公馆的"文"角色，可以说是黄公馆中唯一的"理财专家"。

杜月笙找到金廷荪，两人找到一处僻静的地方开始长谈。只见两人头耳相接，不时一阵阵叫好声传来，金廷荪十分兴奋，很快公司的流程便有了结果。

"公司要成立，开始经营了，总要有个名字吧，那叫什么名字好呢？起名字一定不能马虎，要好好选。"金廷荪提出了最后一个问题。

"不如就叫'三鑫'吧。"杜月笙很快就想出了这个名字。

"三鑫？难不成这里面有什么讲究吗？"金廷荪又问。

"'三'很明显就代表咱们三个人，三个'金'字便组成了'鑫'。黄老板的名字里面有一个金，你的尊姓也是金，我杜月笙虽然没有金，但是托你们的福，也算一金吧！"

金廷荪一听哈哈大笑欣然同意，使劲夸赞这个名字起得好。

"三鑫公司"的赫赫大名就这样定了下来。杜月笙出任三鑫公司的董事长，金廷荪出任总经理，黄金荣和林桂生，是背后的公司董事。"三鑫公司"于1925年正式挂牌成立了。

不久，黄金荣得知三鑫公司成立的传闻，于是赶忙回家问林桂生这是怎么回事，林桂生一五一十讲给了黄金荣听。黄金荣随后把杜月笙、金廷荪叫来询问。两人来到黄金荣跟前没有解释什么，而是先把公司每天营业的流水账拿给黄金荣过目。黄金荣看到了账本上的营业额突然愣了一下，看到这么多的营业额，黄金荣也被吓呆了，他没想到这两个人经营起公司来还有声有色。

看到这样多的业绩，黄金荣也不再多说什么了，认可了他们的公司成立的事实，后来黄金荣还亲自参与到公司的日常经营之中，由最开始的不知情人到支持，最后当起了幕后董事长。

杜月笙因善于纠合同伙，勾结军阀，用他的机灵和干练织成一个十足牢固的关系网，很快成为鸦片提运中最具势力的一个。随着"三鑫公司"的成立，杜月笙很快垄断了法租界鸦片提运。在此之后，全法租界的烟土批发零售，全都集中到规模宏大的三鑫公司，有了这大规模的烟土买卖，公司每天都有很多的进账额，赚来的钱自然也是越来越多。

斯特林·西格雷夫在《宋家王朝》中十分生动形象地刻画了杜月笙鸦片销售这条通畅的"全球销售网络"：杜月笙首先通过官方渠道让更多的海洛因进入法国大市场，由于上海法租界不是直接由巴黎管理，而是由河内管理，这就构成了一个由上海到河内进而直到法国马赛的黑社会阴暗的海洛因销售网，并且这个网由"科西嘉联合会"控制。这个联合会也就是传说中的"黑手党"。据西格雷夫的记录,有人甚至认为当时全世界的八包海洛因中,就有七包出自杜月笙之手。

由于三鑫公司的成立,租界和军阀的庇护,杜月笙成为与黄金荣、张啸林并称的"上海三大亨之一"。

找来同伙张啸林

由于杜月笙非常机灵且能够很好地洞察人们的心思, 很快获得黄金荣大老板的赏识。当时的黄金荣是法租界的华探头目、黑社会一号人物, 是很多小混混们如雷贯耳的名字和今后的靠山。杜月笙在黄公馆做事很努力,俗话说自助者天必助之,在众多的小混混中,杜月笙一跃成为黄金荣的亲信,迅速地由黄金荣的佣差提升为鸦片提运。同时因为杜月笙非常善于纠合同伙,勾结军阀,杜月笙逐渐成为在鸦片提运中最有势力的一个。

就在杜月笙、金廷荪野心勃勃,准备大干一场的时候,从杭州来了一位好帮手,那便是日后成为上海三大亨之一的张啸林。

张啸林,1877年生于杭州,这个人比杜月笙略微年长一些。他中等身材,圆圆的脸大大的眼,他两颧高,脖子看着稍微有些长,看起来威风凛凛的模样。初见面时你会觉得光是看着他就会有点不寒而栗的感觉，人不可貌相，其实接触时间长了你便会知道张啸林心肠热，性子急，说话算话，也是豪气仗义的一个人。

张啸林原是杭州的白相人，成年后他做机房工人，但总会不时纠众滋事，和别人挑衅打架。所以，他每到一个机房，机房的老板都会觉得他十分麻烦，头疼得很，暗中约好，不让他再到机房吃饭。张啸林迫于生计，曾专门以诈赌骗钱为生。后来他成为杭州白相人的一霸。

张啸林早先曾经到过一次上海，由于杭辛斋的介绍，张啸林认识了早已赫赫有名的大亨黄金荣黄老板。黄老板当时没把他看在眼里，只是把他视为泛泛之交。

现在又到了上海，这一次张啸林准备大干一场，他索性把家安在这里，不给自己留退路。再叫上几个自己的哥们朋友，准备在大上海共创一番事业。他的其中一个名叫翁左青的朋友，那可真是了不得，文武全才，社会上的人脉资源也很多。另一位是陈效岐，是他的过房亲家。陈效岐是个唱滩黄的，滩黄是杭州当地的地方戏，由于陈效岐唱的是丑角，人送外号马浪荡。经过杭辛斋一手提拔，张啸林渐渐发达，1819年秋天，张啸林迁到上海以后，陈效岐也带着一家老小同行，老兄弟俩一道去上海看一看那花花世界。

张啸林为什么要来到上海呢？其实张啸林也非池中之物，当他看到上海人事安排一系列的变化之后，他仿佛看到了一条发财的道路——赶紧到上海去倒腾鸦片，做烟土生意。再加上有周围的关系网，张啸林在烟土生意上极有把握。但是转念一想，他自己又赤手空拳，一无所有，像他这种三无人员，没启动资金终究竟是不行。此时，他唯有争取和黄金荣黄老板以及杜月笙的合作。

张啸林

经过沈敖奇的介绍，张啸林穿着长袍马褂，手拿一支旱烟管，大摇大摆地拜访黄金荣、杜月笙。黄金荣见他傲气凌人，目空一切，一句话说得不合他意就破口大骂，实在不想和他合作。是啊，求人合作，就要谦卑有礼，像这样子哪成啊。唯独杜月笙很是欣赏张啸林，与其说是欣赏，还不如说是看到了他身后的浙江新贵。几次见面交流后，两人惺惺相惜，从此成为生意上亲密的好搭档。

杜月笙此时找到黄金荣黄老板，极力向黄老板推荐重用张啸林。

"张啸林对于官场交际应酬，有他自己摸出来的一套，用不着搭架子，看起来都蛮有派头。同时，张啸林是杭州人，卢永祥由淞沪护军使升任浙江督军，继任的护军使何丰林是卢永祥的心腹大将，何丰林以下的军警头目，俞叶封也是籍隶浙江。虽说这些军阀将领和张啸林并无直接关系，但张啸林此人和江浙新贵极为交好，如果我们和张啸林在生意上合作，想必对我们的烟土生意大有好处。"黄金荣听完了杜月笙的一番讲说之后，也同意和张啸林合作，由此开始了上海三大亨的通力合作之路。

由最开始的明争暗夺式的抢土，到后来三鑫公司的成立，独占法租界的烟土市场。这时候的黄金荣、杜月笙早已牢牢地掌握了整个上海的烟土事业，看着上海的一片金山银海，他们打心眼里欢喜。但是，摆在他们面前的还有一道关卡，这一条路，都是淞沪镇守使衙门的天下，到处都是水警、缉私营、警察厅，抑或是各级队伍，一群群都虎视眈眈，这个至关重要的关卡如果不能打通，运输方面就还要走水路，水运常常危险重生，并且码头人员比较杂，盗贼也多，很容易损失货物，严重影响烟土生意。

杜月笙古灵精怪地突发奇想，这次一定要来一惊人之笔，杜月笙请张啸林凭借他广阔的江浙新贵人脉，打通烟土生意的关节，如果成功的话，鸦片烟土生意就可以直接进上海，这样一来化暗为明。有了军阀警察的保护，沿途运输就会很安全，也不会出现什么岔子了。

当时上海的军阀，大多数以鸦片为主要的经济来源，他们的经验比杜月笙丰富。鸦片烟土的利害所在，他们自然很容易看得见，在租界上经营鸦片，有百利而无一弊。打通关卡需要资金，杜月笙给了张啸林大笔的交际费，自下而上，由外而内，一步步地向何丰林、俞叶封二位进攻，他们两位早就对烟土垂涎三尺、虚席以待，自然很是乐意。

这样在张啸林打通帮会与租界势力结合以后，很快租界、帮会、军阀凝为一体，一拍即合。有了这层关系，为了更够更牢固并且长久地结合，他们又攀上了姻亲。首先是林桂生的一位妹妹，过继给何丰林的老太太做干女儿。后来，俞叶封又和张啸林成了儿女亲家。

随着这烟土流通关卡的打通，整个烟土生意的局面广阔了很多，三鑫公司事业蒸蒸日上，杜月笙心里也乐开了花。各大烟土行全都搬到了法租界,光是保护费,三鑫公司每年收取的至少在几百万银元之上。再加上三鑫公司自身也做烟土贸易,具有很明显的垄断性,所以,它可以很随意地操纵控制烟土货色的进出流通,烟土价格的跌涨。中国有史以来,除了邓通得汉文帝的宠幸,准予他自铸邓氏钱,恐怕再也没有像三鑫公司这种一本万利的好生意了。白花花的银洋滚滚而来。

黄金荣情场风波

正当杜月笙如鱼得水、风生水起的时候,黄金荣老板却摔了个大跟头。

事情还得从一位名叫露兰春的京剧演员说起。

露兰春生于1897年。在她九岁那年,父母感情不和,闹得不可开交,她母亲偷偷地带着她离家出走,跑到扬州,然后又到上海,投奔她的一个姨母。不久她母亲病死异乡,姨母家境也很贫苦,就把她送给了张师家做养女。张师是扬州人,在上海法租界巡捕房当翻译,是黄金荣的学生。当黄金荣娶了林桂生、势力已雄霸上海法租界的时候,露兰春还只是一个几岁的小女孩。

因为张师和黄金荣的特殊关系,在露兰春很小的时候,张师就常常带她到黄公馆玩。露兰春虽然年龄不大，但已经显出美人胚子的模样儿了，一双大大的黑眼睛，粉嘟嘟的圆脸，天真无邪的稚气。露兰春在黄公馆里里外外蹦着跳着嬉戏着，天真无邪，很是可爱，管黄金荣叫"公公"，管林桂生叫"奶奶"。全公馆上下的人都喜欢她。

杜月笙来到黄公馆不久，也认识了露兰春。当时杜月笙正在厨房里当差，和师兄马祥生在一起，每次碰见露兰春来黄公馆玩的时候，总要去逗逗她，叫声："乖，小囡。"她就立刻笑着跑过来，甜甜地叫一声："叔叔好！"

因而在露兰春还很小的时候，就已经和黄公馆的人混熟了。等到露兰春稍长大以后，她的养父张师带她去剧院看戏，发现她很喜欢京剧，而且声音戏文都很好，是块唱戏的好料，就在家里请老师教她学戏，唱文武老生，练刀马功夫。

聪明伶俐的露兰春一点就透，一学就会，再加上露兰春自己很勤奋，没多久，就已唱得有板有眼、有模有样了。这时候正时兴女唱男角，露兰春唱生角，尤其是武生，口里唱腔、身上功夫，都很好，没得挑，学了几年，可以登台了。于是，她开始了优伶生涯。

1912年6月，露兰春入宝来坤班，首次在天津茶园登台演出。以《文昭关》《战蒲关》等老生戏崭露头角，当时年仅十四岁。

张师不想看到女儿在戏台上受人欺负，想给女儿找个后台，想来想去决定找到自己的老板，便带她来拜黄金荣。

几年没见露兰春的黄金荣，再次见到她时，突然惊呆了：好一个绝世美人！昔日里孩童般的露兰春已经长成的少女娇躯，恰似一朵出水荷花。

露兰春跟在张师的后面,一步步走到黄金荣面前,甜甜地叫了声:"公公好!兰春向您老问安!"一口地道的京腔足以让黄金荣倾倒。

这时,黄金荣哪里顾得上说话,已看得两眼发直,半天才对张师道:"张师,没想到你把女儿调理得可够水灵的!"

自打黄金荣再次见到露兰春,心就再也放不下来了。正当露兰春在艺术上光芒四射时,黄金荣却对这亲手培养的摇钱树起了色心。

此时的黄金荣霸势已成,再加上林桂生早已人老珠黄,黄金荣寻思着林桂生也没有什么用处,也就乐得把她踢开,好自由自在地寻欢作乐去。但是毕竟林桂生心思缜密,行事练达,为黄金荣出谋划策,立下了汗马功劳,在黄公馆的地位举足轻重,是一个主事的内当家。黄金荣被林桂生管束得太久了,自从见到了露兰春,黄金荣心里装满了她,就整天想着怎样讨好她,以博得美人的芳心。为此,黄金荣也常常眉头不展。

足智多谋的马祥生,善于见风使舵、洞察人的心理,他看出了黄老板的心思。一天,他向黄金荣献策:

"师父,咱们的'九亩地'可是个好地方,师父何不一用呢?"

"那儿的四周不是咱们的店铺吗?还要做什么用?"

"师父您没想到,原来那是个破舞台,若拆了改个新大舞台,就凭那个繁华热闹的街面儿,生意肯定错不了。"

"修舞台有什么好?费钱、费功,没什么意思!"此刻的黄金荣还没有意会到马祥生的意思,不耐烦地说,"我看不用了。"

"师父,目前露兰春露小姐正没有什么好地方登台,只是在外面搭别家临时的班子，离咱们家又远、来回又不方便，要是让露兰春露小姐来咱们家的舞台唱戏不是更合适吗？"

刚刚还不耐烦的黄金荣听到了露兰春的名字立马兴奋起来了，特别是最后这几句话说得黄金荣眉开眼笑，连连叫好。一番筹划之后，他特地在华法交界的"九亩地"上建造了共舞台。由于当时戏剧舞台上男女合演还不很普遍，取名"共舞台"，意思就是男女可以一起在舞台"共"演。

在黄金荣的不住催促下，几个班子不分昼夜地加班加点，很快，共舞台就建好了。1919年1月，黄金荣开办的上海共舞台修缮一新，露兰春应聘充任台柱。此时，她的武戏表演技艺亦趋成熟，因文武兼擅而声名显赫。

黄老板让露兰春在共舞台登场，挂头牌，竭力捧她出道。与此同时黄金荣也开始对露兰春大献殷勤，每次露兰春登台唱戏，黄金荣亲自带一帮人到戏院为她喝彩叫好。

露兰春不仅人长得亭亭玉立，明艳照人，嗓音也比较甜润嘹亮，唱功沉稳，学艺精湛，唱念做打皆有独到之处，是一名出众的文武老生。很快就已经唱红，名声响遍了法租界乃至整个上海滩。

共舞台从此场场满座，生意兴隆，人们远道而来争相一睹露兰春的风采。黄金荣更是得意非凡，他派一些手下到报社活动活动，要他们着意吹捧露兰春。

在黄老板的特意关照下，报纸上每期为露兰春登的戏目刊登广告，都放在最抢眼的位置。露兰春摇身变为一流红星，身价倍增。

同时，每次露兰春去戏院，黄金荣都会交代手下派车子、出保镖,车接车送还有人保护。露兰春需要休息,黄金荣就在共舞台边为她修建了休息室,独门小院,装点有如行宫一般。

黄金荣的种种表现已经十分清楚了,那便是要把露兰春纳为己有。露兰春心里也跟明镜似的,她尽管很不情愿,但此时也无可奈何。黄金荣一脸麻子,这么一张丑陋的嘴脸,以往自己把他作为祖辈,而现在要与自己的青春联系在一起,这就使露兰春无比厌恶了。可在当时,她抵触反抗又能如何呢,又有什么用呢?伶人在那个年代里是受欺凌的弱势群体。大多的红伶都逃脱不了被人玩弄的命运,更何况她露兰春是被赫赫有名的一方霸首黄金荣一手捧红的呢?张师夫妇秉承黄金荣的旨意,加紧做露兰春的工作。露兰春只能顺从地做了黄金荣老板的外室。

黄金荣讨好露兰春期间,浙江督军卢永祥的儿子——卢筱嘉,也在一直追捧露兰春。卢筱嘉年少气盛,倜傥风流,是一位翩翩公子。与孙科、张学良、段宏业被当时的人称为"民初四大公子"。这卢公子游手好闲,年轻气盛,长期居住在上海,带着三两个跟班整天出入于酒场、舞厅、剧院。卢筱嘉非常喜欢听戏,对当地旦角名伶了如指掌。他一听说报上捧露兰春,当即轻车简从,专程前往共舞台。露兰春虽唱的是生角,但风情做派,一吟一唱都带有一种媚人的娇柔。卢公子一眼就看中了露兰春。于是卢公子戏台上下,频频送花、邀约,展开了猛烈的攻势。

看到了这一情况黄金荣对这个卢筱嘉就不满意了。一次卢筱嘉还公然在共舞台挑衅,由于卢筱嘉看到黄金荣,肚子里憋着一股闷气,有意在露兰春唱戏的时候在台下"喝倒彩"。黄金荣的手下没搞清楚状况,以为卢筱嘉是对露兰春表示不满,冲过去打了卢筱嘉两记耳光。两记耳光不要紧，关键是打在谁脸上，这下可麻烦了。年轻气盛的军阀少爷怎么也咽不下这口气，没过几天，卢筱嘉带着几个便衣军警，假装又到"共舞台"看戏。等到黄金荣坐在观众席里正满心欢喜看着露兰春在台上演出时，卢筱嘉随行的几个人忽然冲出来拿出手枪捉住黄金荣。虽然说"共舞台"是黄金荣的地盘，但是人家手里有枪，也无可奈何。黄金荣就这样在自家的地方被卢筱嘉的人绑架走了。

黄金荣在"共舞台"上被绑架的消息迅速传遍了上海滩。第二天各大报纸相继报道了这件事情。上海滩赫赫有名的黄金荣、大名鼎鼎的黄老板，竟然在自家的一亩三分地上遭人绑架。不说他的徒子、徒孙们觉得脸上无光，就连那些小混混们，过去靠在黄金荣门下吃饭的，不自觉地也将黄老板低看了三分。至此，大亨黄金荣真是丢尽了面子。这一次黄金荣在上海滩的显赫声名、一方霸主地位一落千丈。

最后是黄金荣的老婆林桂生与杜月笙一起想尽办法将黄金荣救回家。但大亨为了女人争风吃醋被"收作"，这颜面丢得严重。

林桂生领着被关押了几天的黄金荣回了家，黄金荣这次也老老实实待在公馆里休养了几天。林桂生这次营救黄金荣也可以说是几经周折、尽心竭力，立下了汗马功劳，指望黄金荣从此收一收心。

可是谁曾料到黄金荣在家待了没几天，就坐不住了，推说公司里有事，就又出去了。林桂生觉得黄金荣出去肯定没什么好事。身旁的佣人阿四姐也扯起了闲篇。

"不怕太太生气，依我看哪，老爷恐怕又是去拈花惹草了。

唉，太太，您以为老爷去公司了？其实根本就不是。去公司怎么不带人呢？而且他还带了一包蜜枣去了。太太请想，老爷何曾爱吃过蜜枣？这不是那个小戏子爱吃的吗？"

听了此话，林桂生非常生气，她叫来杜月笙，说："月笙，你是受命来的，我不难为你。你告诉老板，露兰春可以进门，但从今后，我与他一刀两断。不过，我有一个条件，要他拿出五万块钱做赡养费。"

杜月笙觉得他们半世的夫妻，老板娘林桂生一手策划替黄老板打下的江山，难道他们就这样分手了？实在觉得黄金荣老板这样做有些对不住林桂生。

在隔壁偷听的黄金荣深感欣慰。他美滋滋地出来送杜月笙下楼，并当即派人拿了一笔现款交给了林桂生。

第二天一早，林桂生便搬出了黄公馆。杜月笙对黄金荣表示非常不满，对林桂生的遭遇感到不平。亲自在西摩路为林桂生租了一幢房子，里面的家具摆设也尽量保持原来黄公馆的样式，算是报答林桂生的知遇之恩了。

不过黄金荣的第二次婚姻并没有维持多长时间，不到三年，露兰春就坚决地提出和黄金荣离婚，传言是与德孚洋行的买办薛恒产生了恋情。黄金荣如今看着这个败落的家，感慨万千，长叹一口气说："我黄金荣成也女人败也女人。"

设计救黄也为己

　　卢筱嘉带着便衣军警在"共舞台"将黄金荣绑架，随后黄金荣身旁的保镖让人解开身上的绳子，一个个都低着头，垂头丧气、诚惶诚恐地回到了黄公馆。

　　这些人回到公馆，求见林桂生，说有要事禀报。

　　林桂生传话："让他们到楼上来讲。"

　　"老板娘，不好了，黄老板他出事了……他被绑架了！"

　　"什么？到底怎么回事？谁这么大胆？"林桂生一下子从沙发上跳了起来。

　　保镖阿才赶紧把黄金荣在"共舞台"看戏、卢筱嘉带些军警闯入，将老板打倒绑架等经过，详细地给林桂生说了一遍。

　　林桂生哪里遇到过这种情况，她狠狠地甩了随同保镖两个耳光，骂道："一群笨蛋！要你们有什么用，连个人都保护不了！平时耀武扬威的，一个个都很威风，到正经时候却一点用也没有！"

　　林桂生此时也急得像热锅上的蚂蚁，一时想不出主意来。家里的其他佣人和仆人也都束手无策，一个个也不敢劝，一声不吭地低着头，生怕一说错了话反而招骂。林桂生越看越气，冲他们大吼：

　　"都给我滚下去！你们这帮蠢材，没用的东西！去，赶紧派人把月笙、啸林叫来。"

杜月笙和张啸林接到了林桂生的通知,急匆匆来到黄公馆。刚一进门,一抬头,林桂生已经快步走出,迎了出来:"月笙、啸林,你们可来了,急死我了! 这可如何是好。"

　　两人看到林桂生今天竟然是跑出来接他们, 就觉得今天的事情不寻常,一定发生了什么十万火急的事情。平时的林桂生运筹帷幄、决胜千里,沉稳有余,是非常令人叹服的。现在看着她那焦急的样子,两人都心中暗暗一惊。

　　"出了什么事,这样着急? "两人恭恭敬敬地行了礼。

　　"你们先上楼,进客厅再说。"林桂生领两人上了楼,到了客厅里。林桂生往沙发上一坐,示意杜月笙和张啸林也赶紧坐下,顾不得多说些什么, 着急地说道:"黄老板今晚在共舞台被人绑架了,这可如何是好! "

　　黄老板被绑架!这是件非常令人震惊的事。堂堂黄老板被人绑架,就是栽了个大跟头了。上海滩大大小小的帮派、团会一旦知道了这件事情,黄老板日后的面子往哪里放?他还怎么有威望领导他的众多弟兄,称霸上海滩?

　　"谁他妈的有这么大的胆子?"张啸林脾气暴躁,他一听林桂生这样说道,十分气愤,瞪圆了眼珠子问。

　　"是卢筱嘉这个小崽子。他仗着他老子卢永祥是浙江督军,就横行霸道,欺负到黄老板头上来了。如今黄老板被他们抓去了,我一个妇道人家又有什么办法? 所以赶忙把你们叫来,也好商量商量,请你们给拿个主意。"

　　张啸林一听绑架黄金荣老板的是"四大公子"之一的卢筱嘉,也不由得一惊。他知道卢筱嘉后台的这尊瘟神可不好惹,自己又如何动得了卢筱嘉势力。于是，他转脸看看杜月笙，看看平日里足智多谋的杜月笙此时能想到什么好主意。

这时，杜月笙也不知所措，半天没作声。林桂生着急地说："亏得你们一个个在上海大大小小的场面上玩得很开，黄老板平时最倚重你们。可如今一出事，你们就干瞪眼了，一个主意都讨不出来。"

杜月笙站了起来，坦诚说道："桂生姐，你先不要着急，依老板在上海的名望，没人敢拿他怎么样。不过，这件事非同寻常，我们一定不能掉以轻心，我们还没有摸着底细，不能盲目瞎撞。不如让张啸林先去探探虚实，再对症下药去救出老板。"

林桂生点点头，就决定这样做了，张啸林首先来到俞叶封家，等第二天再去何丰林家。

何丰林接到卢永祥的命令，为了给卢筱嘉出气制造出了"共舞台"的风波。沪南地区是军阀的地盘，军阀控制这里的一切，即便是流氓地痞也不例外。何丰林俨然成了这里的土皇帝。

何丰林做人比较世故圆滑，虽然刚刚到上海短短几个月，他便已经知道了租界里很多不为人知的事情。但凡是称得上"亨"的，都要以洋人为靠山的。对这些纠纷，何丰林信奉中庸之道，以不偏不倚为准则。

这次何丰林接到了卢永祥的命令为卢筱嘉出气，绑架黄金荣到淞沪护军使署，也只是给黄金荣点厉害和颜色看看。趁机敲这个"大亨"一笔，并没有真的想置黄金荣于死地。否则，他这个淞沪护军使也不会太好做。

虽说是这样,可大牢的滋味哪里是人待的,过惯了山珍海味衣食无忧的日子的黄金荣一进了大牢,就要开始受苦受难了。

何丰林公馆的后花园里的假山下面就是他的私人大牢。里面看不到太阳,常年阴暗潮湿。每次一到下雨的时候,石头上还不时往下流水。几日下来,黄金荣实在过不惯里面的生活,整日心情烦躁、精神也不好,吃饭也不能吃好。看管牢房的卫兵态度很不好地端来一碗米饭,往地上一搁:"喏,吃饭!"

黄金荣抬眼望了望给他送来的饭食:碗里盛放着一点米饭,也没有菜,上面只放了一点萝卜干,算是菜了,外加一双筷子。是啊,上海滩八面威风赫赫有名的大亨何曾见过这等饭食,尽管黄金荣已饿得头眼昏花,可是看到这些饭菜顿时没了胃口!黄金荣喊道:"你们就给我吃这个? 这是人吃的吗? "

"能有的吃就不错了,你以为你这是在哪里呀? 在牢房还挑三拣四! "那卫兵班长冷笑一声,"你以为你是黄公馆里的黄老板,我们就要好生招待给你大鱼大肉吃?省省吧,这里是何公馆,可不是你的'共舞台'。"

刚刚说完,只听一声门响,几个人扬长而去。

黄金荣十分气愤,这人是吃了熊心豹子胆了,敢在我黄金荣面前放肆,放在以前,他们早都没了活路。但是,这里不是他的黄公馆,自己还在牢房里,没办法,人在屋檐下,不得不低头。黄金荣再怒冲冲也没有办法,只能干瞪着眼睛。再看看自己眼前这些饭菜,真想一脚踢开。可是自己已经两天没有吃东西了,如今肚子里不由咕咕作响,实在忍不下去了,黄金荣终于端起了饭碗。

刚开始吃的时候黄金荣紧紧皱着眉头，好像吃不下去的样子。后来他也不管三七二十一了，狼吞虎咽地把这些饭菜全部倒进肚子里了。之后，黄金荣拿起这个饭碗，用力地往墙上砸去，然后吼道：

"何丰林，快放老子出去，不然等老子出去了有你好看的！"

黄金荣在牢房里不停地大声喊叫，旁边的卫兵听得不耐烦了。他们也朝着黄金荣骂道："在牢房里还不老实，再叫也没有用，没人能听到。"

林桂生在黄公馆也正千方百计想着怎么营救黄金荣。尽管张啸林答应去找何丰林，但是林桂生觉得张啸林不一定能把事情办好。于是，第二天一早，林桂生就亲自前去拜访黄金荣的好友——大买办虞洽卿。

上海滩的流氓、买办、军阀之间，都有着很多不为人知的交情，大家平日里相互照顾，才能一同平安发财。虞洽卿看到林桂生亲自登门来访，自然好生招待。

虞洽卿毕竟是只老狐狸了，早就知道了黄金荣被绑架的事，这又见到了林桂生登门拜访，也便猜出了林桂生此行的目的。尽管如此，虞洽卿仍表现出毫不知情的模样，殷勤招呼道："黄夫人可是稀客啊！什么风把您给吹来了？"

林桂生没有了昔日的指挥淡定、谈笑风生的气魄，因为这次前来的目的主要是求人。虽是满面愁容，但很坦率地说："虞先生，我们金荣这次出了点事情，现在还在何丰林的牢房里，我一个妇道人家不认识什么人，说不上什么话，只有求您来帮我这个忙了。虞先生如果这次能救得了金荣，改日我们一定登门拜访表达谢意。"

虞洽卿赶紧接过话说："哪里的话，黄夫人您太言重了，我和金荣兄是多年的好朋友了，只要我能帮上忙的，我一定竭尽全力帮。不过，金荣兄一向春风得意，不知会有什么危难。"

"唉！一言难尽，说来话长了。"林桂生长叹一声，就把昨晚黄金荣在"共舞台"看戏、和卢筱嘉一伙人发生冲突，卢筱嘉便绑架了黄老板的情况讲述了一遍。

虞洽卿听了林桂生的这话说："黄老板他们还敢抓？黄夫人，依我看，此事须向何丰林讨个人情，让他放了黄老板。"

"这我也知道，可是我们家与何丰林向来也没什么交情，不然也不会发生昨天晚上的事。还请您多多出面帮忙。"

"黄夫人太见外了，黄老板的事情就是我虞某人的事情，黄老板遇难，我虞某人岂有不帮之理。你只管在家等我消息，我这就去何丰林府上，向他求情！"

林桂生突然觉得像是抓住了救命稻草一般，一番感谢之后便回到黄公馆。

林桂生一走，虞洽卿就坐车前往何丰林公馆。

何丰林见到虞洽卿来自家拜访，态度不冷不热。虞洽卿知道：自己的面子不够大，他们不会看在自己的面子上说放人就放人，如此容易放人，何丰林的面子往哪里放。何丰林摆着护军使的架子说："卢筱嘉受了委屈，督军老爷也很生气，这件事很不好解决。必须要达到各方面的满意，才能圆满解决。"

虞洽卿听完何丰林的这一番话就悻悻地回去了，因为他觉得多说也没多少用。

俞叶封是何公馆里的常客，对何公馆的情况十分熟悉。张啸林便赶紧去找亲家俞叶封讨主意，看如何能接近到何丰林，为黄金荣说上话。俞叶封知道了张啸林的想法后，赶紧说道："我知道还有一个办法，或许可行，跟我来。"

俞叶封带着张啸林走向深院内宅。由于俞叶封常常去何公馆，因此对深宅门径也比较熟悉，很快来到一座堂楼跟前。张啸林只觉得堂楼高雅幽静，他惊异地问："亲家，这是什么地方？ 谁会住在这里？"

俞叶封很神秘地对张啸林说："这里面还能有谁，当然是何老太太的佛堂。"

"那我们不是要找何丰林吗？找何老太太干吗？你是不是走错了？"

"这你就不明白了，何丰林是孝子，只要我们恳求何老太太，等到老太太开金口，这扇门就不敲自开了。"俞叶封放低声音轻轻地说，张啸林这才恍然大悟。两人一前一后走进了佛堂，只见何老太太正在闭目静修，手拨着佛珠，嘴里念念有词。俞叶封和张啸林看到这一情景都屏住了呼吸，一声不响，在旁边静静等候。

一个多小时过去了，老太太睁开眼，看到俞叶封，有些惊讶："俞统领，怎么来到了这里？ 有什么事吗？"

"叶封今天特来向伯母请安，打扰伯母清净了，有件事情想请伯母给帮个忙。"俞叶封又介绍说，"这是'三鑫'公司的总经理张啸林先生。"

张啸林连忙向何老太太问好，同时又把黄金荣的事情描述了一遍。

何老太太还没听完就很不耐烦地说："我一个老太婆，哪里还管得上你们政治上的事情。"

知道再和老太太说下去也没用了，俞叶封赶忙接过来说："伯母，我们还有点事，先行告退了，就不打扰您了。"

说着，他就拉着张啸林告辞出来。

从何公馆走出去以后，张啸林问："亲家，这何老太太也不搭腔难不成我们要白跑一趟？"

俞叶封说："我们求人办事可不能来硬的。虽然咱们没说通何老太太，可是我觉得既然何老太太这么向佛，想必再想想办法，只要林桂生出面，这件事还很有希望。"

张啸林一想也是，匆匆来到黄公馆找林桂生商量。

林桂生听他们一说，也就知道该怎么做了。她得亲自出马了，何老太太不是信佛行善吗？林桂生投其所好，赶忙从自己的保险箱里拿出来一个精雕细刻的金观音，又将黄金荣珍藏着的竹节罗汉拿出来，用红丝绒包好，放进挎包。她相信何老太太见到这两件宝物一定会喜欢的，于是坐汽车到龙华拜访何老太。

何老太太原本就比较信佛，再一见到林桂生带给自己的"观音"与"罗汉"这两件极为珍贵的见面礼，笑得嘴都合不拢了。

林桂生知道有戏了，于是趁机说："何妈妈，我原本想早些来看你，可不知道给您带些什么礼物。刚好现在得到了这个观音、罗汉，放在我那儿也没什么用处，就拿来孝敬您了。我知道何妈妈一向喜欢行善信佛,有这两件东西供上香火,也算是功德一件了。"

何老太太得到了这两件宝物,高兴得眼睛都眯起来一条缝了,一直在说:"好,好!黄夫人,这是你的善根哪!善因结善果,你肯定会福寿绵长、福寿绵长啊!"

此时,林桂生赶忙拿起手帕擦擦眼角,悲凄地说:"可惜我这个人福薄,从小就没有了爹妈,自己一个人无依无靠的,没人亲没人疼的。老太太,如果您不嫌弃,我就认您做个干妈吧!"

何老太太看到林桂生挺会说话,何妈妈长、何妈妈短的,叫得老太太满心欢喜,何老太太当场便认林桂生为干女儿。这样攀上了亲戚,黄金荣的事情就好办多了吧。可是不知为什么,何丰林还是迟迟不放人。

黄金荣也被关在牢房好几天了,他手下的一些徒弟和随从着急了,生怕失去自己的靠山。他们赶紧去找杜月笙,想让杜月笙去攻打何公馆,救黄金荣出来。

杜月笙精明着呢,他也有自己的打算。老头子黄金荣被抓到龙华关起来,关的时间越久黄金荣的威望就跌得越惨。刚开始黄金荣被关在牢房的时候,杜月笙也很着急,后来自己琢磨着:老头子跌下去,我就可以趁机爬上来,关的时间越长,越对我有利。于是杜月笙整日里不慌不忙,按兵不动。

林桂生多方奔走,很多门路也都打通了,那么何丰林为什么迟迟不放人呢?他葫芦里卖的是什么药呢?精明的杜月笙很快摸透了军阀的心思,想来想去他马上意识到归根到底是一个字:钱。有了钱一切都好说,有钱能使鬼推磨,这句话一点都不假。

黄金荣在上海滩做鸦片生意,开赌局,开剧场,日进斗金,赚了多少黑财?所以人们称他为"黄老板"。这一次黄老板不幸进了何丰林的牢房,何丰林不会轻易放人,一定会狠狠敲他一笔。金观音、竹罗汉虽然名贵,但只是两件玩物,不算什么。他何丰林要的可不是这些,而是一大笔现钱。

杜月笙想到了这些以后,便带上10根金条,到龙华去见何丰林。到了何公馆外,杜月笙让卫兵进去通禀,"三鑫"公司董事长杜月笙前来拜访。

何丰林听说杜月笙来了,又看到了杜月笙送来的金条,暗暗笑着,不住地点头:"这年头,干啥不需要钱啊,光凭一张薄面办不成事啊!没人会买你的账。还是'水果月笙'会办事、明事理。——你去请杜先生进来吧。"

"我说今天怎么总是听见喜鹊在叫,原来是有稀客造访,我何某人有失远迎,失敬了。请坐,吃茶。"

何丰林双手抱拳缓缓走来,一边拱手,一边招呼。

杜月笙看到何丰林走来,赶忙鞠躬行礼,很恭维客气地说道:"将军在上海保一方平安,维持上海社会秩序,值得称颂。我杜月笙能见到将军风采,真是三生有幸!"

"杜先生说话太客气了。能为百姓做一点事,使百姓安居乐业,我也就没什么要求了。来,杜先生请坐,坐下谈。"

一番寒暄过后,杜月笙接着说:"何将军,您是个爽快人,我杜月笙也不绕弯子了,今天来拜访,是有件重要的事要和您商量。"

何丰林心想明明是求我放人，却说"有事商量"。但他仍然不露声色接着说："杜先生有什么事？"

"我们刚刚成立的公司想请将军入股。"杜月笙巧妙地避开了黄金荣的事情，不露声色地说："将军加入我们公司，无须出力就可以获利，我们公司有了将军的威风，也好发财。"

办公司、赚大钱，这些都是何丰林喜欢的。于是他伸长了脖子凑过来："不知道入一股要多少钱？"

"哪能要将军掏钱，将军的股份我们出，您只负责获利就行。"杜月笙一时间十分慷慨。

"那太不好意思了。"

"我们有了将军的名望，公司生意一定会好很多，将军也能每月都可以参加分红。"接着，杜月笙说，他已和黄金荣、张啸林每人筹集了一千万资金，准备开一个名叫"聚丰贸易公司"的烟土公司，主要从事鸦片买卖。

何丰林一听喜出望外，兴趣十足。

何丰林知道这件事情对自己来说是件天大的好事。军阀除了手握重兵，除了剥削榨取一些赋税之外，没别的发财之路。如果自己能在公司里加入股份，以后发财的机会多得是。更何况股份是白送的，并不要掏钱。这样一本万利的买卖当然可以做了，何丰林当场拍板成交。

何丰林很快替他的上司卢永祥答应了这件事，知道卢永祥肯定会同意。果然，没过两天，卢永祥就发来了电报，还派了卢筱嘉来到上海和杜月笙商谈。

卢筱嘉来到上海见到杜月笙之后,两人一见如故,交谈甚欢,成了好朋友。卢筱嘉报私仇扣押黄金荣的矛盾也随之不了了之。

此时何丰林也不能一直关押着黄金荣了。他马上派人去请黄金荣,以示修好。

不料杜月笙却摇手阻止道:"何军使,黄老板也算地方上的一个人物,当日威风凛凛的黄老板被押到龙华关了五六天,最后就这样悄无声息地放了出来,不是要把面子丢光了吗?而且你们也不好交代啊。"

何丰林暗暗佩服杜月笙比较有远见,想得周到。杜月笙接着说:我们在龙华寺请一次客,这样一来可以庆祝"聚丰"公司成立,二来也算是何、黄两家认干亲的家宴。何丰林觉得这都是些小事,好办,于是欣然答应。黄金荣在龙华寺吃了酒,也结上了亲,又接受了陆军部颁给的荣誉勋章,携夫人风风光光地回到了同孚里黄公馆。

三大亨重新排序

黄金荣因为露兰春的事情丢尽了颜面,摔了个大跟头。法租界很多流氓这才知道原来天外有天人外有人,黄老板并不能一手遮天,他还有无能为力的时候。

尽管黄金荣的势力和威望都不比往年了,然而公司规模和收入并没有受到任何影响,而是渐渐步入正轨。杜月笙随后搬进了华格臬路216号。如今他也有了自己的公馆,工作人员也有必要做重新安排。

在杜月笙刚来上海浪迹街头卖水果时,宝大水果行的黄文祥先生常常把好水果当作烂水果送给他,间接地给了杜月笙很多的帮助,使他渡过不少难关。如今,黄文祥的儿子黄国栋已经长大。得知杜月笙在上海已经站稳了脚跟,黄国栋便过来找杜月笙,给他说自己想在杜月笙老板这里谋一份差事。杜月笙知道,黄国栋跟他的父亲黄文祥学做过很多年的生意,理财不在话下,于是就决定让黄国栋前来做账房。黄国栋的工作是银行取款,支付各项开支,管理来信和分发事物,接待重要的来客。

不仅如此,杜月笙又找了杨筠心、邱曾受、赵琴波三个人让他们与黄国栋一起做账房。

杨筠心负责处理从各个地方发过来的婚丧帖子,每到过年过节的时候给各部回信送礼,写回单簿。协助管理水、电的修理装置和各种报纸，分发日常生活中的一些小的收入和支出，还有过年过节发的赏钱，客厅的清洁工作也归他负责，不仅如此还要招待来客的汽车司机和随从等。

邱曾受负责管理伙食，比如负责每月发放杜月笙救济贫苦孤老的"善折"金额，负责厨房里面的人员调动，并发信时写回单簿等。

赵琴波的工作比较清闲，负责带领"小开"们到外面玩耍，同时家里的电话费、水电费和所有大大小小的挂钟也归他管。

万兆棠原来是宝大水果行黄文祥的门生，自打杜月笙搬到了华格臬路后就让他来当管家。几年后，万兆棠攒了些钱财，开始吸上大烟了，后来管家的工作慢慢吃不消了。万兆棠把自己的兄弟万木林推荐给了杜月笙。万木林虽然没上过几天学堂，也不认识几个字，记忆力却极强，别看电话号码这么多数字，万木林只要听上一遍就可牢牢记住。杜月笙倒也乐意，就同意万木林来到杜公馆。但是，杜公馆上上下下所有的人都认为"木林"难听，就请杜月笙的老朋友杨度将"木"字改为"墨"字。从此，万木林也就成了万墨林。

万墨林负责管理厨司、卫队、门警之类的工作，如果家里的电话响了，他要先过去接听，然后才交杜月笙接；如果杜月笙要往外拨打电话，也都由万墨林先打通后再交给杜月笙接听。万墨林的记忆能力很强，能记住杜月笙门生、朋友、公司等一二百个电话号码，成为杜月笙的移动电话号码簿。

为了做好杜公馆的其他工作，杜月笙又请了邱访陌、王幼棠、胡叙五、翁佐卿等人做秘书。其中胡叙五是黄炎培先生亲自介绍过来的。

偌大的黄公馆当然也需要安全了，杜月笙思量再三又选了陈秦鹤、陆桂才、高怀礼、陈继藩四名近身侍卫做好防卫工作。陆桂才，是张啸林的门生，他曾经在旧部队里做军官，人称陆大麻子。他开设有大舞台和香烟批发行。

陈秦鹤，是台州白相人，也收有不少徒弟。陈继藩，还算是个文化人，会说一些法语，是法租界领事公馆华董张翼枢介绍来的。

高怀礼，北方人，曾在法租界巡捕房做过包打听，在淞沪警察厅担任巡官等职。

杜月笙为了自身的安全着想，因为这些人都有着不简单的关系，这样自己才能放心。

杜公馆的汽车多，驾驶员也多。不久，杜公馆又买进了几辆汽车，这些司机由王宝钰管理，由于汽车增加了，杜月笙又派给了他两个助手。

在烟榻房，还有专门为杜月笙装鸦片，供奉杜月笙抽大烟的人，此人叫郁泳馥。他原在十六铺摆水果摊，满身刺花。曾经担任过城隍庙总稽查、上海纱纺易所总稽查。他带两个助手，帮杜月笙烧鸦片膏。杜月笙认为能用这样的人给他装鸦片，怎么说来也是一件很体面的事情。尽管郁泳馥平日不拘礼节、随随便便、毫无规矩，但杜月笙对他也没太大的约束。

除此之外，杜月笙还广泛结交一些社会名人，章士钊、黄炎培、张翼枢、陈群等都是座上客。

另外,杨度、高士奎,工商界的钱新之、虞洽卿、潘公展、吴开先、杨管北、杨志雄等,加上杜月笙的门生陆京士、金廷荪、唐世昌等都常来常往,一时间杜公馆车水马龙、络绎不绝,好不热闹。

杜公馆装备齐全了,社会关系也有了,随后杜月笙的事业开始走向顶峰。

杜月笙本来就很聪明机灵,再加上善于和周围的达官贵人和知名人士打交道,很快在上海这"十里洋场"光芒四射,脱颖而出。他成了上海滩上炙手可热的大人物。

第五章

心狠手辣压革命

　　1927年4月，杜月笙与黄金荣、张啸林组织中华共进会，为蒋介石镇压革命运动充当打手。4月11日晚，他设计骗杀了上海工人运动领袖汪寿华，随后又指使流氓镇压工人纠察队。他因此获得蒋介石的支持。南京政府成立后，他担任陆海空总司令部顾问，军事委员会少将参议和行政院参议，虽是虚衔，但有助于提高社会地位。同年9月，任法租界公董局临时华董顾问，1929年任公董局华董，这是华人在法租界最高的位置。

组织中华共进会

　　洪门青帮，自成立之日算起，也已经有三百多年了，这期间一脉相承，延续至今。后来虽然青帮从洪帮中分裂出来，但两帮中人并不分彼此，仍然像一大家子一样，相处融洽。两帮中成员互帮互助，不分你我，遇到什么重大的事情或是不易解决的难事，两帮同心协力，一块面对，战胜困难。于是便以"共进会"的名义，团结两帮人士，集合在"共进"这面大旗之下，通力合作，完成任务。

　　1927年春，共产党在上海已具有一定的规模。黄金荣、杜月笙等人经过几次密议筹商，都认为应该有一个公开对外的团体组织，以资与共产党的"总工会"对抗。

　　张啸林对于帮会非常熟悉，他追述历史，引经据典。"帮会是旧社会民间秘密组织的总称。一般的帮会职称里都会有：帮主，副帮主，长老，内务使，工务使，精英，帮众等职称"，假如我们要成立帮会，首先要有一个名字，名字要响当当，有很大的号召力，这样才能把人心拢在一块。我们应该用"共进会"的名义，这个名称兼容并蓄，完全可以号召整个上海帮会里的所有人。

　　张啸林侃侃而谈，神采飞扬的讲说，赢得了周围人的一致通过，接下来便讨论人选的问题，也就是说由谁掌管。杨虎、陈群心中都很同意由杜月笙来做，但是这不方便说出口；杜月笙倒是一心一意要推举"金荣哥"，认为黄金荣资历老，并且钱、势都有，众兄弟都心服口服。黄金荣说自己不合适，这样不好，杨虎、陈群二位仁兄有身份，咱们三弟兄推谁当会长都是一样的。黄金荣主张为了多多争取洪门弟兄加入并且出力，这个共进会会长最好请一位洪帮的大哥来做。

张啸林笑了笑接着说："金荣大哥这个意思好是好，就是恐怕要想做到很难。上海是水陆码头，自古以来，咱们青帮要比洪门的人多很多。人多势大，不一定容易上手，不知道有哪位洪门大哥敢于挑战，肯做上海共进会的会长呢？"

是啊，这也是个问题，那么究竟请谁出来做会长会比较好呢？几个人思考了半天，最后还是杜月笙想起一个最为合适的人选——"阿水哥"浦金荣。

浦金荣，绰号"阿水徒"，成名以后，人人尊称他"阿水哥"。阿水徒是青帮通字辈，金廷荪、高鑫宝都和他是同参兄弟，他们的老头子则为上海大字辈前人王德龄。

"阿水哥"有着一身的蛮力，力大无穷，打小练过武功，老上海说他双手举得起千斤石担。浦金荣对钱财不看重，为人比较大气仗义，喜欢结交朋友，为朋友两肋插刀。他在法租界打抱不平几十年，徒子徒孙，纷纷慕名找"阿水哥"的排着长队。无论是人缘威望，浦金荣都能服众，请他当共进会的会长，确实是相当理想。

杜月笙推荐的阿水徒，大家都觉得这个人选很不错。阿水哥又建议把地址设在他家里，以后兄弟们有事来找也有个住处，也很方便。

浦金荣也有自己的公馆，在法租界西门路紫祥里，富丽堂皇的，恢宏大气，很有点现在大写字间的气派。这名称有了，地址也有了，就在上海的黄金荣、杜月笙、张啸林"三大亨"准备正式成立"中华共进会"时，却遭到了蒋介石的百般阻挠。结果，尽管"中华共进会"各方面都早已经准备就绪，蒋介石却始终不予批准，不让成立。

这是因为什么呢？当时的上海滩不也是帮派林立，怎么多一个就不行呢？原来蒋介石害怕"中华共进会"凭借着反共有功，趁机扩充成为全国性帮会流氓团体。也更加害怕"中华共进会"一旦正式成立，就很有可能以千百万帮会成员为基础。这些成员由于对帮会比较忠心耿耿，将来形成蒋介石更加难以控制的社会势力，进而说不定就会威胁到国民党的统治地位。

尽管杜月笙等人一再强调"中华共进会"筹备处要求各地同仁"警惕互勉"、"实行三民主义"、"循规蹈矩"，但蒋介石仍不批准。

1927年4月5日，上海市警察厅发出通知："已奉总司令蒋谕，'中华共进会'准予成立，并于4月3日呈奉军长周凤岐批示。据此，除准予备案外，并给以保护。"

同时蒋介石还拨款50万元作为"中华共进会"的活动经费，"中华共进会"筹备处通过洋行购买了大量的枪支弹药。帝国主义方面对"中华共进会"这一上海大帮派也很重视。蒋介石深知，尽管上海流氓组成的"中华共进会"颇有能量，但必须依靠正规军作后盾。随后，蒋介石在上海多次召开秘密反共会议。决定利用上海帮会流氓反共，以周凤岐的部队为后盾。

"中华共进会"的成员们助纣为虐，帮助蒋介石镇压中国共产党领导的革命力量，其中心人物黄金荣、杜月笙、张啸林发表了电文，也表现出了极度的反共情绪，污蔑中国共产党及其领导的革命运动,表示了他们疯狂反共的决心。

"中华共进会"里的这批帮会流氓在上海三大亨的带领下,在蒋介石"四一二"反革命政变中立下了汗马功劳。

但是,蒋介石对于帮会流氓的内情十分了解,他既要利用帮会流氓镇压共产党人及其领导的革命活动,同时又要防止流氓势力进一步发展壮大而自己无法掌控。此后,蒋介石禁止上海帮会流氓势力发展成全国性的帮会组织,始终不许"中华共进会"正式成立。

镇压革命露凶相

民国时候的帮派就是典型的黑社会组织。当时社会比较混乱,各派军阀此起彼伏,局势动荡,民不聊生。人们常说什么样的环境造就什么样的人,在社会这些黑暗面下生活的人,看得到的社会阴暗面就多,由此滋生出的黑暗因素也多。渐渐地,就会有一部分人染上了这种不好的习性,他们迈不进高雅的场合,为了生存,他们要拉帮结派,去营造符合其自身利益的社会"圈子"。

1927年3月中旬,蒋介石派遣北伐军总司令部特务处长杨虎、副处长温建刚联络青洪帮捣毁九江、安庆等地由左派主持的党部和工会,这一举动拉开了反革命政变的序幕。之后,蒋介石又派杨虎联络上海的帮会势力,杨虎来到上海之后,赶紧与上海三大亨也即帮会头子黄金荣、杜月笙、张啸林等搞好关系。与此同时,杨虎、陈群把他们的"清党"工作也扩大范围,步步深入。一时间上海风声鹤唳、草木皆兵。陈群在"清党委员会"成立后,赶忙给杜月笙打电话说:"关于清党工作之执行,我也需要你那边的力量,尽力支持。"

芮庆荣在杜月笙的推荐下,当天就扫荡了共产党的四大机关,捕获共产党及其相关人员一千多人。从此以后,杜月笙也投入了"清党"的工作。由于杜月笙的手下鱼龙混杂,三教九流,很多人都有。这帮人平时都经常做些鱼肉百姓的事情,如今赋予他们"清党"的工作,自然是狐假虎威、耀武扬威地镇压共产党人。

之后,蒋介石到达上海,亲自拿出了六十万大洋收买帮派充当其发动反革命的打手,同时蒋介石还利用上海帮会组织首领头子实行一些恐吓、流血事件制造反共舆论。就在4月12日这一天,蒋介石终于发动了蓄谋已久的反革命政变。14日,黄金荣、杜月笙、张啸林联合在各报署名叫嚷反共灭共,为蒋介石助阵,积极配合国民党当局镇压共产党领导的革命活动。

国民党武力镇压共产党人的组织纷纷成立,上海帮会流氓也在通力协助蒋介石破坏中国共产党地下活动和中共领导的工人运动。蒋介石为维持上海社会秩序,极力镇压工人罢工,一方面对"擅自罢工者,以扰乱治安论,由军警机关严行拿办"。另一方面利用杜月笙等人的帮会流氓组织,打击破坏工人内部团结,分裂工人的队伍。

1929年，杜月笙的门生陆京士控制了邮务工会，以陆京士为首的一批帮会成员采取勾结特务的手段把上海的工会拉到国民党控制的"工人总会"方面去。

陆京士控制的邮务工会妄图利用帮会、流氓势力来排斥共产党组织。如"工会选举时，他们把一百多人的车间分成10个小组，每个小组选举产生一个代表。再派自己队伍里的人员到各个小组里，这些成员都当上代表，在小组里有着绝对的举足轻重的地位，自然在选举理事时这些组织里面成员就占很大一部分优势，工会就被他们控制"。

由于当时上海社会局长、民运工作人员等组织中大多数人都是杜月笙的门生。杜月笙也适时寻找机会出面"调解工潮"，杜月笙的出现有力起到了分化瓦解摧毁工人斗争的作用。30年代成立的工人纠察队及工人运动遭受帮会的严重破坏，这成为工人运动最终走向失败的原因之一。

同时，上海青帮流氓组织大力协助以蒋介石为首的国民党当局追捕杀害共产党人。

上海青帮流氓组织在国民党当局残酷迫害共产党的活动中起了重要的作用。时任上海市市长的吴铁城曾说："共产党的一切活动尽管算得上是秘密组织，但终因杜月笙的交游广阔，帮派手下人员众多，耳目众多，被帮派人抓获的革命党人较多，革命以失败告终。"

打击工人纠察队

上海两次工人武装起义失败以后，中国共产党并没有因为失败而放弃革命，而是抖擞精神，以更加饱满的斗志积极地投入了第三次武装起义的准备工作之中。为了加强起义的领导，共产党方面派出周恩来具体负责上海第三次武装起义的军事组织和指挥。随着北伐军的胜利进军，以蒋介石为首的国民党认为，该是将昔日的好友一脚踢开的时候了，于是加紧了在革命阵营内制造分裂和摩擦，并趁机夺取革命果实。

为了寻求靠山，进一步稳定和扩大自己的势力，蒋介石一面派密使与日、美、英等帝国主义联系，并且——向他们保证：只要列强支持他反共反俄和镇压工农运动，那么国民党方一定保护他们在华的利益；一面则搜罗包括土豪劣绅、官僚买办、地痞流氓在内的各种反动势力。

由于工人们手里有武器，不能鲁莽行事。蒋介石暗中筹备着发动政变的各种准备，所有的这些准备都不动声色，甚至使用欺骗的手段麻痹着共产党人和上海的工人组织。同时不放松武力打压共产党领导的革命力量，打击工人武装纠察队便是其中的重要工作。蒋介石在很多的场合多次"诚恳"地赞扬上海工人响应北伐军举行的总同盟罢工。4月6日，蒋介石甚至派人给工人纠察队赠送了一面"共同奋斗"的锦旗。殊不知，一个充满杀机的行动正策划于密室之中。

在上海被蒋介石完全控制之后，上海已经听不到任何正义的呼声了，蒋介石的部下及其爪牙和一些由流氓组成的"中华共进会"紧锣密鼓地制造谣言诬蔑工人纠察队。与此同时，各帝国主义国家多次在上海增兵驻守，数十艘军舰在海上游曳。一时间，上海滩风声鹤唳，人心惶惶。有了帝国主义国家在

青年蒋介石

身后做后盾，蒋介石更加有恃无恐。当时的反动派和帝国主义都进入了戒备状态。4月9日，蒋介石在一切布置就绪以后悄悄离开上海，准备到南京成立南京国民政府。蒋介石临行前，命令白崇禧、周凤岐以淞沪戒严正司令和副司令的名义指挥上海的一切行动，执行"四一二"政策；同时命令陈群和杨虎协助上海青洪帮流氓充当反革命政变的先锋。

在蒋介石精心的策划下，以黄金荣、杜月笙、张啸林为首的上海青帮流氓头子，指使大批便衣党徒，统一穿上蓝布工装裤，胳膊上用白布缠着黑色的"工"字标志。每人的手里都拿着枪，从租界出发，向上海总工会会所、工人纠察队总指挥处、商务印书馆印刷所等处放枪，一时间南市、闸北等区枪声不断，划破了宁静的夜空。工人纠察队在听到枪声后立即予以还击。

蒋介石发动"四一二"后的大搜捕的时候，以上海"三大亨"为首的帮会流氓依靠帮会组织和租界当局的勾结，帮助

蒋介石继续残害革命力量,破坏革命。14日,蒋介石宣布顾嘉棠等人协助国民党当局搜捕总工会和纠察队。与此同时,国民党上海"清党委员会"也宣告成立,在杜月笙的推荐下芮庆荣担任了"清党行动大队"的大队长。杜月笙也对其好友陈群说自己所掌握的帮会势力一定会支持以陈群为首的"清党委员会"。"行动大队"积极配合着国民党的一切军事政治活动,立即采取行动搜查了与共产党有直接关系的或是相关的一些机关团体,前后逮捕了一千多名共产党人,这些被逮捕的共产党人全都被秘密送往军总指挥部。紧接着,在16日,黄金荣、杜月笙、张啸林在陈群的暗示下联名向新闻界发表了反共讲话。17日又印发了十万份极尽制造谣言、威胁和欺骗工人的《警告男女工人书》,企图使上海工人停止正在进行的一切革命活动。

董明德是黄金荣老板手下的一个门徒,也是"中华共进会"筹备处的骨干人物。由于在"四一二"政变中,曾帮助蒋介石镇压革命,表现出色,被任命为上海市公安局侦缉队分队长,负责把大批共产党员和工人从法租界押到龙华司令部。"中华共进会"出身的流氓头子张伯岐也在"三大亨"的保举下出任了二十六军义勇队的司令官和淞沪警察厅的副厅长,这些人,无一例外地采取高压手段,继续疯狂镇压上海革命党人的革命活动。

4月下旬,在杜月笙、杨虎、陈群的率领之下,有着二百多人的"清党"流氓队伍,一同前往宁波帮助蒋鼎文进行"清党"活动,开展了三天的大肆捕杀共产党人和进步人士的恐怖活动,制造了"宁波一城腥风血雨"。

以"上海三大亨"为首的帮会流氓头领在"四一二"政变之后，也一直在紧锣密鼓地筹备着配合国民党当局镇压共产党领导的革命活动。

设计骗杀汪寿华

早在"五卅"运动爆发时，汪寿华任上海总工会宣传部主任，协助刘少奇、李立三、刘华领导工人运动。"五卅"运动结束后，随着李立三、刘少奇同志的相继离沪，刘华的不幸遇害，汪寿华就任上海总工会代理委员长。

传说汪寿华从小就大胆机智，不怕死，在他十三四岁的时候，曾经双手拿着枪一个人径直来到杜公馆，前来索要一笔钱财。杜月笙的保镖看这小孩子竟敢跑来杜公馆撒野，正要去解决，这时杜月笙出来了，他很欣赏汪寿华人小鬼大，一身是胆，不仅送了他一笔钞票，还笑着让保镖放他走。从此以后，汪寿华便名扬上海了，成了敢将虎须的少年英雄。

当时，反动局多次查封上海总工会，四处搜捕革命党人汪寿华。由于革命党人都有着坚定的革命斗志，汪寿华没有选择逃亡,为了革命事业,只好被迫改名换姓,继续乔装深入到最基层的工人群众中做宣传,在上海白色恐怖横行中依然领导工人运动。最开始的时候,杜月笙曾接触到革命党人,也曾经给予资助。当共产党要去开会时,杜月笙便赶紧提供秘密场所;当得知当局要捕杀陈独秀时,杜月笙赶紧托人给陈独秀带口信。通过这些事情,也可以看得出杜月笙的巧妙。因为他这是在为自己寻找退路,当共产党问杜月笙为什么要这么做,这么做有什么条件时,杜月笙说现在谈条件还为时过早,因为他还在观望。

"由于准备不足和缺乏经验等原因,这两次起义都以失败告终,但失败并没有使汪寿华等共产党人气馁。"任何一种革命都不是一帆风顺的,都是在艰难困苦中成长起来的,失败不会浇灭共产党心中的热血,相反,在失败中寻求胜利的经验恰恰是每个共产党人心中坚定不移的希望。

1927年3月21日,上海工人第三次武装起义爆发,当起义最开始爆发的时候,汪寿华曾经派人请白崇禧的军队予以配合和支援。但是,白崇禧接到蒋介石下达的军令以后,仍然按兵不动。汪寿华知道白崇禧一无所动后十分气愤地说:"蒋介石不知道在玩什么花样,既然他们不来,我们谁也不靠,我们就靠自己!"

27日,汪寿华被推选为上海总工会委员长。

此时,杜月笙已经和蒋介石走到了一起,还有黄金荣、张啸林,他们利用各种手段诬蔑、挑衅工人纠察队。

4月11日,在蒋介石安排之下,杜月笙派亲信管家万墨林到闸北区湖州会馆总工会所在处向汪寿华送上一份请帖,邀请他于当晚8时到杜公馆"赴宴",说有机密大事相商。杜月笙邀汪寿华赴晚宴,汪寿华事感不妙也趁机向组织汇报。这时工人纠察队总指挥部也已经得到了密报:在租界里聚集的"中华共进会"流氓成员于晚间将配合军队袭击总工会和工人纠察队。工纠队总指挥部立即发函致二十六军司令部,发送请求万一发生冲突,希望给予一定的援助,显然还不了解二十六军是否已经和中华共进会流氓沆瀣一气。但是总部仍然通知各区工纠队加强戒备,主要防止"共进会"流氓袭击。

党内对汪寿华赴宴这件事情有不同意见,当时总工会常务委员李泊之曾反复劝告汪寿华不要去赴杜月笙的宴。因为这件事情比较危险,而且像杜月笙那伙人就是流氓头子,那些人的话太言而无信,一群反复无常的小人。特别是在现在这样险恶的环境之下,他们穷凶极恶,一定什么事都会做得出来,在这非常时期,他们肯定会对汪寿华不择手段的,所以"最好不要单独去法租界"。

汪寿华心想危险是肯定有的,不入虎穴焉得虎子,为了摸清敌人的动向,自己的安危又算得了什么。他接着说道:"杜月笙这个人我还算比较熟悉,我过去和青洪帮流氓也常常打交道,其实他们也不是十恶不赦,还讲义气。我现在去了可以趁机把话谈开,现在人家邀请我去赴宴,如果不去反而会叫人耻笑,说共产党胆小怕事,都不敢来。为了党和工人阶级的利益,我还是觉得这个险值得去冒。"

上海三大亨黄金荣、杜月笙、张啸林和杨虎、陈群、张伯岐等人正在杜公馆的大厅里急切等待着革命党人汪寿华的到来。同时,他们也担心汪寿华会临时不来,也或者是识破他们的圈套。

当天晚上20时,汪寿华乘坐一辆出租汽车准时到达杜公馆。本以为汪寿华会带几个随从一起去赴宴,但此时看到汪寿华自己一个人赶了过来,杜月笙等人暗自庆幸他们的阴谋终于得逞了,心里忍不住乐开了花。

这天杜公馆里里外外埋伏重重,生怕哪儿没安置好,汪寿华就趁机溜走了。大门外面有一机动部队,还有两辆汽车,另一侧门口汽车的后座上有一个麻袋,车里空空如也,连个鬼影都没有。

汪寿华发现情况不对,一时间周围情况不妙,想赶紧行动,但此时已经来不及了,早已埋伏在大厅周围的流氓打手蜂拥而上,将他打昏在地。

此时,只听到杜月笙在楼梯口身后高喊一声:"不要在我家里做。"

"好嘞,知道了,月笙,这你就放心吧。"张啸林回过头来说,"他们已经把汪寿华抬出去了。"

芮庆荣、叶焯山、顾嘉棠、马祥生四人手忙脚乱地将汪寿华装进麻袋,抬上停在门口早已预备好的汽车,直驶法租界与华界分界处的西郊枫林桥附近。路途上,芮庆荣和叶焯山又将苏醒过来的汪寿华扼住咽喉闷死。

高鑫宝、叶焯山、马祥生等人驾着车疾驰而过,汽车前座的顾嘉棠头也不回地提醒着身后的人"到枫林桥了"。几个人赶忙下车将汪寿华抬下,这是一道树林,密密麻麻的,四周人迹罕至,平时也没什么人来,阴森森的。如果是一个人半夜里在这里行走,不死也会被吓得半死。还好,他们同行的人多,往前走了一段,来到了他们事先找到的掩埋汪寿华尸体的地方,就在他们找好地方,准备把汪寿华的尸体埋在这里时,突然麻袋动了一下,他们发现汪寿华又活过来了,几个人被吓得面色苍白。

"不会是又活过来了吧。需不需要用铲子再铲几下?"有人胆怯地说。

原来汪寿华只是被他们打晕过去了,并没有死,这刚苏醒过来,不知道怎么回事,蜷曲的身子忍不住动了几下。

"管他死活呢,咱也不费什么力气,用不着再用铲子剁碎了汪寿华,这夜黑风高的,赶紧埋人吧,早点解决咱也能早些回去。"

说干就干,几个人此时也管不了三七二十一了,赶紧挖了个坑将汪寿华活埋在荒地里。

"好了,总算可以回去复命了,有的交差了。"

秘密处决了汪寿华,几个人火速离开,唯恐被什么人给盯上。

汪寿华是蒋介石发动"四一二"反革命政变时第一位牺牲的烈士。这位优秀的工人运动领袖就这样惨死在流氓的阴谋诡计之下。汪寿华之死,对还在成长中的中国共产党来说,是一个致命的打击,致使上海总工会八十万会员群龙无首,成了一盘散沙,数千工人猝不及防,被蒋介石杀害。

暗助蒋氏得虚名

　　杜月笙有句名言：可以不识字，但不能不识人。在蒋介石和戴笠都还混迹于底层的时候，杜月笙看出了两人的潜力，并介绍戴笠去黄埔军校投奔蒋介石。蒋介石上台，杜月笙与黄金荣、张啸林组织中华共进会，为蒋介石镇压革命运动充当打手。动用青帮势力，帮助蒋介石在上海缴了工人纠察队的枪。并趁机制造事端，设计杀死了上海工人运动领袖、中共党员汪寿华，在"四一二"事件中，杜月笙为蒋介石出了大力，也因此获得蒋介石的支持。

　　回到上海以后，以蒋介石为首的总司令部便任命杨虎为上海警备司令，陈群为东路军政治部主任，同时兼任警备特别军法处处长、上海宣传分会会长，头衔之多竟高达二十几个。杨虎没念过几天书，有勇无谋，贪财好色，喜欢享乐。在民国时代，很多人都混迹于社会底层，所以现在他好不容易捞到这个职位，自然得意忘形，飞扬跋扈，整天跑去花花世界寻乐。警备司令部里面大大小小的事情，他都让陈群代为处理，而陈群这人由于私下和杨虎交情很好，平时也非常敬重杨虎，经常为杨虎扩张声势，所以两个人合作，自然是密切无间，一对十足的最佳搭档。

　　"清党"是警备司令部的中心工作，很快在蒋介石的支持下，

142

警备司令部改组为"上海清党委员会"。杨虎、陈群分别担任正副主任委员,芮庆荣是行动大队长,"上海清党委员会"会址还在枫林桥淞沪交涉使公署。杨虎和陈群都掌握了大权,黄金荣、杜月笙、张啸林门下的很多人,都被安排了大大小小差事,薪水丰厚,职务还很轻便,最关键的是接触的还都是些权贵,所以很有发展空间。

一次,陈群因为公事要去趟南京。为了争取更多的时间,当天晚上就搭乘火车先回到上海,第二天中午他到嵩山路十八号俱乐部设宴,要去拜访上海滩的多位好友。当来客纷纷入席就座后,杨虎坐不住了,开口便问:"陈群,看你脸上神采飞扬的,这回又带来了什么好消息啊?"

陈群此时只是微微一笑,回答说:"大家不要心急,稍安勿躁,想知道有什么好事啊,那还是等金荣哥来了再说。"

不大一会儿,黄金荣就到了,只见他握紧双手,放在胸前,嘴里连说抱歉。杨虎赶紧喊道:"说曹操曹操到,正说等您呢,这就到了。不用什么抱歉了,金荣哥快赶紧坐下,我们好听陈群公布喜讯,这小子,非要等您来了才肯说。"

"啊,有好消息了啊,什么喜讯,说来听听?"黄金荣一边问,一边绕过台面,径自走到首席坐好。

陈群示意他的副官,让副官把他的公事皮包递给他,然后,咳嗽一声,缓缓站起来,很严肃地从皮包中取出三只牛皮纸的大信封,双手放在桌上。来客们都看傻眼了,不知道这陈群葫芦里卖的什么药,纷纷屏气凝神,陈群这才正色地向在座的来客报告。

前天我去北京面见了蒋总司令，蒋总司令提起上次"四一二"上海"清共"的那场战役，然后语重心长地给我说道："黄金荣、杜月笙、张啸林豪气仗义，作战勇敢，并且出力很多，正是在他们的鼎力相助下我蒋某人才能取胜。如今仗也打完了，能太平些日子了，但往后无论继续清党和维持上海的治安秩序，都还要倚重他们三位。三位大亨为革命出的力，我是不会忘的。因此，我决定委任他们为少将参议，今年国庆佳节，还要给他们颁发勋章，以资激励。"

不等陈群把话说完，杨虎便兴高采烈地欢呼鼓掌，纷纷叫好，并高声地向黄金荣、杜月笙、张啸林三位道贺。三大亨平日里虽说在上海呼风唤雨，但谁都知道，他们做的是走私烟土的生意，虽说有钱，但最多算是个流氓头子，黑道上的人还承认。突然有了政治上的表彰，还真的是不知如何是好。只见黄金荣满面春风，喜上眉梢，笑得拢不住嘴了；再看张啸林那可真是得意洋洋，高兴得手舞足蹈，像是得到了什么稀世珍宝；此时，唯有杜月笙看上去平静得很，仿佛这蒋总司令的奖赏和他无关似的，其实杜月笙内心满是感激、感动，只是现在突然有了无穷的感触。因而心情比较复杂，不知道怎样表示才好，远远望过去还以为杜月笙是呆怔住了。

酒席上，大家有着前所未有的热闹。陈群、杨虎和黄金荣、张啸林高谈阔论，来客们心情都很兴奋。酒足饭饱后，这些人一一道别，很快散场了。

杜月笙坐上回去的汽车，走着这条他经常走着的马路。这一条街道，他再熟悉不过了，从最开始初来上海时混迹在十六铺，到后来加入青帮，拜老头子陈世昌为师父。再到后来去了黄公馆，自己又是怎样从黄金荣身边的一名小随从小跟班一步步走到现在的。这里有着他太多的孤独与凄凉，饥饿与辛酸，也有着他赌场得意发横财，到后来的经营赌场，从此获得了富贵荣华，三鑫公司的成立更是让他欢欣得意。

是啊，过去了，都过去了，不管之前流过多少血多少汗，总算是过去了，还好，自己都一一挺过来了。现在乌云散去，太阳显现了出来，自己的羽翼长好了，今后能够振翅高飞了，将来海阔天空任我翱翔。自己就像是这鲤鱼跃龙门，一登上龙门，身价倍涨！鲤鱼还是那个鲤鱼，不一样的是环境变了。想到了这里杜月笙紧紧地把总司令部少将参议的委任状握在手中，几十年的艰辛与几十年的摸爬滚打，现在似乎要有回报了。杜月笙笑了，嘴唇间有着一抹苦涩的微笑，不知不觉地，他把手里的委任状握紧，握得再紧、更紧。

杜月笙一生也没有忘记蒋司令给他的这一殊荣，赐他的委任。其实，要说官衔，杜月笙他不是不曾有过，段祺瑞执政时期，财政总长李思浩，曾经聘任他为财政部谘议。孙传芳自任五省联帅，席卷东南的时候，也曾发给杜月笙一张高等顾问的委任状，但是那两张委任状他随后就搁了起来，以后不管是亲朋还是好友，从没有听杜月笙提过一语半字。唯独这一次蒋总司令委任他为少将参议，杜月笙表现出了无比的虔敬、感激与重视。后来，他不仅为此事定做军服，大量拍照留念，而且还宴请亲朋好友，盛情款待这些来宾，来道贺的人络绎不绝，杜公馆一连热闹了好些天。

南京国民政府成立之后，杜月笙又被蒋介石委任为陆海空总司令部顾问，军事委员会少将参议和行政院参议，这些虽然都是虚衔，但有助于提高杜月笙的社会地位。

暗枪恫吓宋子文

杜月笙在上海混得风生水起，不亦乐乎。这些成就都和他高明的交际手段有关，杜月笙善于结交权贵，进而为我所用。

与杜月笙结交的还有当时的四大家族。蒋介石在1927年已经成为中国政局的核心人物，宋美龄是蒋介石的老婆，宋子文作为宋美龄的哥哥，自然也就成为蒋介石的大舅子了。所以宋子文的地位可是相当高，想要呼风唤雨不在话下。可偏偏对杜月笙，宋子文是吓破了胆。

事情还得从那六百万说起。

宋子文曾经向杜月笙借了五百万银元（当时还没有实行币制改革），结果等宋子文都还给杜月笙的时候就成了六百万元公债券。杜月笙吃了大亏，但这个宋子文竟然还不领情，似乎有点看不起杜月笙这个从十里洋场走出来的小混混。

杜月笙在上海怎么说也是一位有头面的人物，宋子文这一举动激怒了杜月笙。但杜月笙转念一想这个宋子文背后有蒋介石给他撑腰,不能太过分了。于是他决定再找机会去宋子文家登门拜访,很快,杜月笙就走了回来。原来,这债没要回来,还吃了一个闭门羹。

又过几日,杜月笙来到宋子文办公室,结果没人,又接着去宋子文家里。刚一进屋,杜月笙就对宋子文说道:"看来宋部长真的很忙,想找你说话不容易啊。"

宋子文当然知道杜月笙是为钱的事来的,也没说什么。

"宋部长,近来可好啊,前不久我做生意赔了一笔钱。"

"生意上,输赢很正常,有赔就有赚,这没什么,不必放在心上。"宋子文明白杜月笙的弦外之音,故意说得很模糊。

听到宋子文这般说话,杜月笙很清楚,这下钱又是要不回来了,自己又白跑了一趟。于是匆忙推辞说有事情就回去了。

后来杜月笙没有亲自出马要钱,而是让自己的手下出面去收钱,手下人回来之后报告说宋子文说他再研究研究。

杜月笙越想越生气,越生气就越想着怎么把这钱要回来。杜月笙想虽说你宋子文财大气粗,是蒋介石的小舅子,但我杜月笙也不是什么等闲之辈。

其实,杜月笙不是缺钱,他手里钱多着呢,但就是看不惯宋子文的高傲劲儿。

杜月笙觉得他现在要采取行动收拾一下这个狂妄的宋子文了,杜月笙这次又派自己的秘书去向宋子文讨债。这个秘书倒是挺会说话的,他一见到宋子文就说,杜氏祠堂花费太大,现在手里资金有些吃紧,这钱能不能先拿回去,等这一难关过去了再让宋部长您接着用。

宋子文一听这话当然不成,摆明了是忽悠,钱再让你拿回去了我还能拿得回来吗,于是口气很坚硬地说:"你回去给你们老板杜月笙说,钱是你们老板自愿捐给政府的,不在我这里。我整天忙得焦头烂额,不要再拿这些事情烦我了。"

杜月笙手下的秘书一听到宋部长如此说话,也只好默不作声,钱自然是没有要回去,所以很无奈地回去复命了。

再之后,宋子文心想天天来问我要债也终究不是事啊,干脆把这钱兑换成国库券还给杜月笙,这不是能抵债了吗,反正一样是钱,杜月笙不能不要吧,这钱还回去以后,杜月笙肯定不能再说什么。

杜月笙是什么人啊,上海三大亨之一,可这又算得了什么呢,不一样不顶用吗,五百万银元就这样换来一张空头支票,杜月笙实在是忍不下去了,他心想:看来不给宋子文点厉害瞧瞧他就不知道老子也不是吃素的。

1933年宋子文从上海去美国接洽棉麦借款,出席世界经济会议。得知这一消息,杜月笙立刻觉得机会来了,这可是他花了不少心思才想到的妙计。杜月笙派自己的心腹赶紧去处理这件事,一定不能出半点差错,并且一再叮嘱千万不能走漏风声。

一天,宋子文部长刚下火车,从车站里走出来,忽然听见枪声响了,只见眼前有一身穿黑衣,戴着墨镜的人正对着自己。宋子文吓得脑袋都蒙了,完全被这场面惊呆了,根本不知道出了什么事,只听"啪啪啪"几声枪响,随行的两个秘书当场中枪殒命。随后那名黑衣刺客什么也没留下就走了,宋子文倒只是虚惊一场。回头想想刚才发生的事情,觉得太可怕了,很明显,刺客不是冲着他宋子文来的,不然他的小命还会有吗?但宋子文很快就知道了这件事是谁干的,除了杜月笙,没人敢恐吓他。

宋子文立刻向他的妹夫也就是蒋介石告状:"妹夫啊,那杜月笙想要杀我,前天在车站的时候我差点没命。"

"杜月笙为何要杀你?"

"还不是因为那五百万银元,我现在在发行国券,就兑换成了六百万国库券给了他,后来我给杜月笙发了电报说钱已经准备好,请速来取。结果杜月笙一看是国库券不乐意了,不依不饶,非要过来要钱。"

"算了吧,那杜月笙我还得让他三分。"

本想去蒋介石那里告状,结果也碰了一鼻子灰。宋子文回去后又赶紧把国库券换成现金交给杜月笙。

那么杜月笙为什么敢对当时的"国舅"宋子文暗下杀手?难不成他吃了熊心豹子胆了?其实那倒也不是,杜月笙只是给宋子文一点颜色看看。宋子文部长向杜月笙借款五百万银元并未归还,所以杜月笙就特意安排这次枪击事件吓一吓宋子文,宋子文随行的秘书当场丧命而宋子文却毫发无伤就是这个缘故。经此一吓,宋子文果然对杜月笙的态度大为不同了,宋子文知道再也不能小看杜月笙了。

1931年7月23日的《纽约时报》刊出了一则这样的新闻《枪弹未击中宋子文》。报纸引用当时国民政府财政部部长宋子文本人的自述："我从车站上走出来，离出口处大约十五米远的地方，突然有人从两侧同时向我开枪，我身边的秘书的腹部、臀部和胳膊都中了枪弹。奇怪的是，我竟然毫发无伤。"

第六章

涉足上海金融业

比起黄、张来，杜月笙确实手法更高明一些，他善于协调黑社会各派势力之间的关系，善于处理与各派军阀之间的关系，善敛财，会散财。然后，又以这些不义之财笼络社会上各种人物，从政治要人、文人墨客到帮会骨干，无所不有。1929年，杜月笙创办中汇银行，涉足上海金融业。通过结交金融界的徐新六、陈光甫、唐寿民等著名人士，他的银行业务颇为兴旺。

广结名士奉上宾

杜月笙机灵有心机,善于组织谋划,平日里交际能力非常强,凭借着生意上的起色和自身的为人慷慨豪气之外,在社会各界建立起了自己的空前的势力范围网。作为上海十万黑社会组织成员的首脑,杜月笙很快就成了纵横十里洋场、呼风唤雨的大人物。

黑帮头目,最突出的性格肯定是心狠手辣、冷酷凶残。这样响当当的人,很多人听后都闻风丧胆,望而生畏。的确,在蒋介石发动"四一二"反革命政变时,杜月笙成了革命的打手,残酷镇压革命,逮捕暗杀革命党人和进步人士。但杜月笙也不是传说中的"杀人如麻""冷酷无情",他也有着深厚的文化熏陶。杜月笙发迹后,不是像黄金荣叫"黄老板"、张啸林那样叫作"张大帅",而是让他的手下喊他"杜先生"。

杜月笙与一些社会上的文人雅士交往,是上海"三大亨"中唯一能在烟土赌场、银行金融和文化界周旋得游刃有余的人,这和他小时候的经历有很大的关系。杜月笙幼年时,因为父母早亡,跟着继母在一起生活,勉强上了几个月学堂,终因家里贫困交不起学费退了学,每每想到这些杜月笙就会觉得有些遗憾。

虽然没念过几天书,认不得几个字,但杜月笙觉得既然自己已经参与到了国民党的政界之中,还被蒋介石委以军衔,为了表示自己的感激之情，所以他想着百尺竿头能更进一步，多求点学问，多了解些国内外情势。这样，每当和这些政客们交流的时候也能说上话。这时，杜月笙注意到陈群风流儒雅，文采斐然，这就更加坚定了他要学习的决心了。由于杜月笙认不得几个字，报纸上的生字词太多，杜月笙经常让身边的人给他读报，这位读报的先生还被杜月笙尊为老师，杜月笙对他十分敬重。而且这位先生学问很深，杜月笙提出的问题他都能一一解答。

　　除了听报，杜月笙还听书，经常听人讲《三国》《水浒》，学习文史知识和一些为人处事的道理。有时，杜月笙还会练起字来，虽然没有什么成就，但终于可以潇洒地签写"杜镛"二字了。从以上种种，我们都不难看到杜月笙的谦虚、好学。

　　杜月笙与文人雅士的交往以及对文化事业的赞助还留下了很多佳话。比如杜月笙对待他门徒里的记者和编辑都很和善，有时还会出钱资助一些社会上的学者、诗人和名士，积极投资兴办学校和图书馆。杜月笙的这些善举，相信都会给人很深的印象。

　　一步步向文化靠拢，杜月笙首先是出于当时社会的现实切身利益。杜月笙对一些新闻界人士最舍得花钱，也不怕花钱，对投入他杜公馆门下的记者、编辑，杜月笙不但不收取他们孝敬拿来的钱，相反每月他都会给这些记者、编辑予以优厚的津贴。根据当时可靠的说法，受津贴的人如果将这笔钱存入银行，一年的本金和利率加起来就差不多能买辆车。杜月笙仅仅给记者编辑的这项支出每年高达二百万银元。当然，这笔钱不是用来支持"神圣的新闻事业"的,有了杜月笙对这些编辑和记者的资助,这些人们肯定在说话做事情方面都要三思了,拿人钱财替人消灾。这样,就很难见到上海的报纸刊登说杜月笙坏话的文章了。

有这样一件事,《新闻报》重量级编辑唐世昌一天见一头条新闻稿,内容的大意是揭露杜月笙的犯罪行为。他二话没说,立即抽走,这样的文章哪能见报呢,以后还怎么见杜先生呢。人出名了是非就会很多,还有的达官贵族出了事情,不小心被人抓住了把柄,上了报。他们知道杜月笙在新闻界认识的人多,办事比较方便,能通融的就会给通融,杜先生说一句话顶上自己说一百句,于是很多人纷纷来找杜月笙请求帮忙遮掩过去,等事情办成后必然对杜月笙感激涕零。杜月笙最初和新闻界的结交及对其投入,为的就是扩大自身的声望和势力,但不得不承认的是杜月笙在这样做的同时也推动了我国新闻业的发展。

杜月笙与律师也有着很密切的交往。当时著名的大律师秦联奎曾在杜月笙开办的赌场赌钱,结果手气不佳连输四千大洋。秦联奎垂头丧气、十分懊恼,就在很无奈要离开的时候恰好被杜月笙瞅见。杜月笙和此人交流一番,在得知秦联奎的身份后,杜月笙才恍然大悟,原来这位竟是上海赫赫有名的大律师秦联奎。杜月笙立即派自己的手下将这四千大洋如数奉还,并让人告诉秦联奎说:"当律师的也不容易,替人打官司也不知道花了多少心思,费了多少口舌。官司打赢了还好说,碰上极难打的官司,不光得不到赏钱,有时还会赔进去些钱。文人靠笔杆子为生，我不能赚这些钱。"秦联奎听到了这些话，自然十分感激，没想到这位赌场老板杜月笙竟然是这般通情达理。从此以后，秦联奎经常到杜月笙那里询问是否有事需要帮忙，后来此人成了杜月笙的朋友兼法律顾问。

也许这些事情现在看起来很滑稽，觉得不太能理解。杜月笙是上海滩赫赫有名的大老板，不仅亲自与当时社会上的记者、编辑、律师交好，而且还会花钱资助他们，这响当当的杜老板难不成害怕这些记者不成？应该是这些编辑和记者投其所好，刊登一些吹捧、阿谀奉承的文章来讨好杜月笙才对。但凡有一点没有做好，杜月笙完全可以让自己的手下搞定这些报社高层人员，这些事情对杜月笙来说小菜一碟，完全不在话下，可偏偏杜月笙没有这样做，他不想继续走以往血腥、残酷的那一条路，他现在要极力树立起自己光辉伟岸的正面形象，这对自己今后与文人雅士的交往也是很有好处的。

杜月笙有钱有势，但自幼贫寒，缺了点文人气息，而一个人如果没有文化上的熏陶，那是不可能真正成为一个有地位有身份的人。怎样才能有身份？那就要努力培养自己的文化情怀，经常和文化人打交道。俗话说："蓬生麻中，不扶而直"就是这么一个道理，就必须让文化人看得起。杜月笙在这方面更是煞费苦心，最著名的是他和大学者章太炎的相识相交。

除了和当时的大家章太炎结交，杜公馆的座上客还有章士钊、杨度、杨千里、杨云史等。这些人在当时的社会上都有着很高的声望，都是当时知识界大名鼎鼎的人物，身边有了这样一批文化名人朋友，杜月笙也不再被人看成"黑社会""流氓头子"了，杜月笙俨然已经成了真正的"文化人"。人怕出名猪怕壮，杜月笙自打和这些文人雅士结交，很多人也匆忙赶来要拜杜月笙为师，这些人心想，连大学者章太炎、杨度都能和杜月笙交好，可见这杜月笙还有一定的本事，我们这些人能找到这样一个名人前去拜师，以后肯定能和不少的文人雅士相交，物以类聚人以群分，这些人都慕名前去了。

当时黑社会上的规矩是，拜"老头子"为师必须要磕三个头权当行礼。杜月笙此时就显得十分通达，毕竟也被熏陶出来点文化气息了，很谦虚友善地对人们说道，我杜月笙没上过几天学堂，不识几个字。像你们这些满腹经纶有才学的人向我一个半文盲行磕头跪拜之礼，这不行，也太难为你们了。这规矩要改，以后帮会人员所叫的"老头子"全部改称"老夫子"，"门徒"也一律不能再叫了，全都改称"学生子"。点香烛代替了开香堂，三代简历帖变成一句话——"永遵训诲"，三鞠躬代替了三磕头。如此开明之举为一些社会底层的文化人投身杜公馆大开方便之门。由此，杜月笙也有了更多的机会和一些文化人接触交往了，杜月笙也随即迈进了文化人的门槛。

纵观人类社会的发展史，并不是所有的人发迹之后都想着去攀附风雅，结交文化名人。既然已经钱财无数，衣食无忧，有没有学问，有没有文人雅士情怀又算得了什么呢？何况这些凭借着除知识以外的方式发迹起来的人们很清楚那些清高的文化人在心里根本瞧不起自己，认为自己和他们不是一路人。杜月笙没有这种浅薄蛮横的嘴脸，也没有小人得志便猖狂的思想和报复的心理。他虽是市井乡里出身，但尊重知识，尊重文化,人常说"万般皆下品,惟有读书高",相信在杜月笙脑海深处一定非常认同这句话。多少年后,杜月笙每当回忆起自己的童年,总会感慨道:"我上学堂那会儿,当时一个月学费只有五角钱,可惜没有办法,因为家里太穷了供不起了,在我读到第五个月时,先母实在缴不出学费,我也只好停学,我的学习生涯也就结束了。"从这句话中我们不难看出杜月笙心里有着缕缕心酸、无能为力,他似乎非常渴望去学堂上学。后来的杜月笙在门厅高悬着"友天下士,读古人书"的对联,多少算是为自己早期失学做些心理补偿吧。

长期的熏陶,使杜月笙的整个人的形象都有了很大的变化。徐铸成回忆自己年轻时第一次见到杜月笙的情景时:我本来以为杜月笙会和传统意义上的黑帮人物形象没什么区别,一定会是凶狠残暴,或是青面獠牙,等我真正见到了杜月笙才知道原来杜月笙和他们并不一样,不再是威严可怕、望而生畏,相反却是一位善于言谈、举止斯文的瘦削老人。

慷慨恩施章太炎

　　杜月笙结交文人雅士中最为人所广知最被人们津津乐道的是章太炎。一提到章太炎，我们脑海里就会浮现出身穿长衫、皓首穷经、引经据典、知识渊博的老学问家。但你知道吗？章太炎就是辛亥革命元老章炳麟，一提章炳麟，我们面前也会立刻想到一个身着和服、嗔目怒视的革命者，不禁让人不寒而栗。

　　章炳麟早期因反清意识比较浓厚，不满清朝的统治，崇尚顾炎武的为人行事于是便改名为绛，号太炎，这便有了以后众所周知的章太炎。

　　近现代学人中，能真正称得上国学大师者寥若晨星，而章太炎是其中当之无愧的一位。鲁迅称他为"有学问的革命家"，胡适称他是"清代学术史的压阵大将"。许寿裳在《章太炎传》中这样评价章太炎："以朴学立根基，以玄学致广大，批判文化，独具慧眼，凡古近政俗之消息，社会文野之情状，华梵圣哲之义谛，东西学人之所说，莫不察其利病，识其流变，观其会通，穷其指归。千载之秘，睹于一曙。"这种绝诣，在清代三百年学术史中没有第二个人，所以称之为国学大师。

　　鲁迅、周作人、黄侃、钱玄同、曹聚仁等等，这一个个响当当的名字，无不在文化史册上熠熠闪光，他们全是章太炎的弟子！

　　章太炎早期曾经参加过维新运动，剪去长辫子，立志革命，1903年，章太炎亲自主笔《苏报》，倡言革命。由于他在文章中直接怒斥当局者无能,因此,章太炎被抓捕送进监狱,备受折磨。章太炎这一举动是石破天惊,犹如一声春雷,敢说人们不敢说的,于是章太炎在读书人中声望大增。章太炎在民国骂袁世凯,骂汪精卫,骂蒋介石。骂得这些人恼羞成怒,咬牙切齿。但最终因为章太炎名气和声望太高,群众威望太高,这些人也只能忍气吞声,就当没听到一般。

章太炎后来在苏州、上海讲国学,以讲学为生。他宣扬国粹,反抗权威和束缚,反对社会对人的压抑,渴望绝对的自由。同时,章太炎也是一个大学问家,他在文学、历史学、语言学方面有着很高的造诣。

杜月笙自然对这样的一名长者十分敬仰,想去拜访,这样多结交些名人雅士也可以提高自己的身价和影响。但杜月笙转念一想自己和这大学问家平时没什么往来,自然两人没什么交集,一时间还真不知道如何结交,杜月笙对此也很是无奈。

章太炎晚年在苏州治学,名满天下,但经济上始终并不宽裕。当时,章太炎的一个侄子居住在上海法租界,不知因何原因和一个很有背景的人在房产上起了纠纷,双方僵持不下,一时没办法解决。侄儿赶紧去找章太炎,把事情缘由好好说了一通,想着章太炎名气比较大,认识的人也多,说不定就能帮忙解决了。

章太炎听后直摇头,说我一个做学问的老头怎么能干预法租界的事,又没钱又没势力的,也找不上人说情啊。这可如何是好,无奈之下章老先生想到了在上海滩炙手可热的大人物——杜月笙。那可是上海界的大亨,呼风唤雨的人物,相信一定能帮忙解决。可是自己和杜月笙根本就不认识,他会愿意帮自己的忙吗?

如果自己冒昧前往杜公馆去找杜月笙帮忙,到时,万一杜月笙不肯帮忙直接拒绝,自己名流学者的面子放在哪里呢?再三思考以后,章太炎决定还是先给杜月笙写封信比较好,于是,章太炎很诚恳谦虚地写信给上海风云人物杜月笙,说有事请求他的帮忙。

翁左青收到了章太炎的来信以后,慌忙拿着信把它交到杜月笙的手上,对杜月笙说:"杜先生,今天收到一封来信,写信的这个人相信你一定很感兴趣。"

"我很感兴趣?那会是谁?"杜月笙问道。

"哈哈,赫赫有名的学术泰斗章太炎先生。"

杜月笙眼睛直勾勾地看着信封上面的两个字——"章缄",此刻他的心情很激动,他迫不及待地打开信封,抽出信笺,果然,杜月笙看到"炳麟谨上"的落款深信不疑。

杜月笙正愁没法结交到章太炎这样的大家,忽然觉得这是喜从天降。接过信,杜月笙那是赶紧出动自己的关系网,调动各个方面能用的资源为章太炎侄儿排难解纷,尽量让当事两边都有一个比较满意的结果。事情解决之后,不等章太炎主动对自己表示感谢,杜月笙又亲自跑到苏州章太炎家,借口给章太炎通报一下自己在处理房屋纠纷时的经过和结果。

章太炎见到杜月笙这般客气并且全力帮助自己,为自己的侄儿出面摆平此事,那真是打心眼里表示感激,也更加热情接待杜月笙。章太炎和杜月笙在书房里相谈甚欢,就在临走的时候,杜月笙还偷偷地将一张提前准备好的面值两千银元的银庄庄票压在茶几上的茶杯下,如此不动声色地、很低调地向章太炎送了一份厚礼。这件事如果放在其他人身上,肯定是极尽张扬夸张,做到最高调,生怕别人不知道。唯独这杜月笙比较明白,做学问的人不能随便收人钱财,这分明是让人瞧不起,古人云"不食嗟来之食",宁愿饿死也不能丢了自己的气节。杜月笙当然知道这些,所以为了不让章太炎觉得这是施舍,给了钱还不说破,这样实在让人觉得可敬可叹。

章太炎心中明白这是杜月笙对自己的馈赠,这么重的礼,也不好再还回去,只好暂行保管。通过这件事情,章太炎也越发觉得杜月笙讲义气、比较谦逊、懂得礼节,更能礼贤下士。由此,更加感激敬佩杜月笙的为人。两人开始交好,建立起了深厚的友情。两个道路截然不同的人也一样能成为好朋友,只要你在做人的大方向上彼此能保持一致,阶级、地位、贫富那都不是友情不可跨越的鸿沟。

此后杜月笙每月还派人去给章太炎送钱,接济章太炎的生活。这样一来,杜月笙在章太炎的心里就有了地位。有很多的人把章太炎与流氓头子杜月笙交好的这一段当作是章太炎一生的污点,其实不然,这恰恰是文学泰斗章太炎身上人性光辉的闪光点。

杜月笙本名杜月生,因生于农历七月十五月圆之日,父亲抬头望着远远的月亮,于是说:"就起名月生吧。",后来章太炎引经据典为杜月生改名杜镛,号月笙,同音,只是写法上有所不同。出

章太炎

自《周礼·太司乐疏》中"西方之乐为镛,东方之乐为笙",杜月笙听到章太炎这样提升自己的姓名,如获至宝,十分高兴！章太炎还做了一件事更为轰动,那就是一代文学大师亲笔为杜月笙修订家谱,章太炎根据杜月笙自己的描述"祖先由浙江海宁迁来",竟然考证其祖先出于帝尧,"直系祖先为山阴杜衍",这样的极尽抬高让出身贫寒、父母不幸早亡的杜月笙跻身帝王名人之后,杜月笙顿时觉得身价倍增,脸上有了光彩。

初涉金融办中汇

　　杜月笙在上海经过多年的奋斗打拼最终跻身上海三大亨之一。杜月笙整天和这些上海帮派里的重要人物待在一起,时间长了,花起钱来自然也就大手大脚,完全没有钱的概念,根本不把钱财当回事。慢慢地,这花钱如流水的名声就天下闻名了,由于杜月笙平日里喜好接济朋友,照顾周围的兄弟,还有就是修桥筑路,买枪打仗杜月笙也不错过,因而资金更加紧张了。

　　1927年蒋介石发动"四一二""清党"以后,黄金荣老板便归隐漕河泾了,他拥有众多戏院和房地产,仅仅是自家的一座黄家花园就高达纹银二百万两。还有张啸林家中客厅的后面,有一楼梯下面藏有一只大保险箱,据说里面装有若干钱财,十万八万的数目完全不在话下,此外张啸林还有林记木行和长城唱片公司两大事业。所以,黄金荣和张啸林家中资金数不胜数,根本不用担心钱不够的问题。

赫赫有名的上海三大亨中只有杜月笙,别看他在外面花钱不眨眼,挥金如土,家里面却是没多少资产,俗话说坐吃山空,这整日里大手笔花钱,也不行啊。杜月笙常常会遇到资金上的短缺,东挖西补地过日子。

加上公家和私家的钱,此时的杜月笙的负债额,高达三百万大洋。

一天,杜月笙的好朋友苏嘉善,看见杜月笙整天愁眉苦脸,于是瞒着杜月笙,召集全上海的烟土行业的老板开会。在会上,苏嘉善慷慨激昂地说:"杜月笙杜老板什么为人相信我不说,各位一定跟我一样的清楚,无论是朋友、兄弟凡是跟着杜老板,没有一个不受他照顾。正是因为杜老板做人比较大气、仗义,所以这钱财自然也就散出去的多,谁的钱也都是辛苦挣来的,不是大风刮来的。杜老板虽然说做烟土生意,但这出的比赚的都多,我们知道杜老板现在遇到了问题,资金上有些缺口,所以我今天请各位来,就是要问一句,杜老板这钱上面的缺口,我们应该怎么办?是袖手旁观,撒手不管呢,还是一块想办法解决呢?"

"那肯定是要解决了,杜老板对我们这么好,我们可不能让他为难。"

"是啊,杜老板平日里让我们吃喝,还给我们安排差事,这样有情有义的老板去哪里找啊。"

"杜老板拿我们当兄弟，现在只要有用得着我们的地方，尽管说，让我们干啥就干啥，刀山油锅也去。"

这么多兄弟纷纷慷慨解囊，争先恐后地拿钱出来，人多力量大，人心齐，泰山移，钱很快就筹够了，资金上的缺口也填上了。

此时的杜月笙可以暂缓一口气了，但接下来依旧收支无法平衡。这时候，杜月笙想起了曾经认识的田鸿年在银行里，平日里杜月笙缺了钱，通常都是他银行里去调。

有一天，田鸿年对杜月笙说："杜老板，你每次用钱都是大手笔，这么多的钱，你为啥不自己开银行，这样用钱的时候也方便，等自己开银行了，也不用去银行借钱了，到那时，不省事多了吗！"

"银行哪里那么容易开，况且我现在还有一身债呢。怎么去开银行？"

"债多怕什么啊，俗话说人挪活，树挪死。开银行就是大手笔，只要客户把钱存进来，杜老板就能去还债了，那再去给客户付利息至少就比向银行借来得低，"田鸿年又接着说，"再说，如果人们存款多了，杜老板你也可以借给其他人让他们拿去做生意。你什么也不用担心，坐收利息，稳赚不赔，这不是很好嘛？"

其实，杜月笙有了稳定的政治靠山之后，为了减少对鸦片及赌博生意的依赖，也想开辟正当的经济来源，向工商实业方向发展。

南京国民政府成立，蒋介石政权建立后，聘任杜月笙为司令部参议之后，又聘他担任"国府谘议"，杜月笙成了上海滩上唯一一个势力遍及法、英、华三界的大亨人物。在国民党和政府中担任要职的青帮人物陈群、杨虎、王柏龄、陈希增等是他的结拜兄弟，也曾经多次劝告杜月笙今后应该以投资金融和工商业为主要活动，这样就能洗刷自己以往经营烟土、赌场的流氓形象，最关键的是可以借此跻身上流社会。

但是，杜月笙却有一块心病，他总感到自己的文化底子不行，总摆脱不了"下三流"的心理影响。要使自己正式列入"上等人"的行列，必须要有实业作为"涨身价"的后盾。

刚好这个时候，杜月笙听到了田鸿年的话，又想到了陈群曾经对自己的多次劝告，这下，杜月笙有些动心了，稍稍在心里想了一下，思索如何踏进实业界。杜月笙接着问："那开银行都需要些什么啊？"

这我早就想过了，田鸿年应声而答，只需要资本额定五十万元，收足二十五万，银行就可以开张，其他什么事也没有。"

田鸿年走了以后，杜月笙在心里越想越觉得可行，觉得这烟土生意以后的路还很难说，局势谁也说不准，到时说没了就没了。而且就算这生意还能做下去，但各方面的开销也大，人情人脉各方面你都要去疏通，哪一个环节没有做到就会出现问题。最保险最安全的办法，是要重新找到出路。开银行多好啊，既挣钱又体面，往近了说可以暂缓我的燃眉之急，往远了说如果发展起来还能够促进社会和国家的发展，有益于人民。这开银行值得冒一次险，年轻就要去做大事，不然等年老了再去闯荡还闯得动吗。

不过，就算自己想好了，也不能草率行事，还是应该先问一声苏嘉善，他可是自己的经济顾问啊。于是，杜月笙立刻命人请苏先生过来。

苏嘉善一到，杜月笙就把刚才田鸿年劝他开办银行的事说了一遍，什么开银行吃利息，稳赚不赔，资金方便周转之类的，田鸿年所说的，杜月笙一五一十，全部都讲给苏嘉善听。

苏嘉善听后，眉头紧皱，默不作声。

杜月笙这下不知所措了赶紧问道："怎么样啊，银行到底能不能开啊？"

苏嘉善一番思索后，说："可以做。"

杜月笙听苏嘉善这样的答复自然是大喜过望，连忙问他："为什么可以做？你怎么这样有把握？"

苏嘉善此时胸有成竹地说给杜月笙听：

"首先开办银行，第一讲究信用，其次要看银行老板周转资金的能力。这两个条件，杜先生都具备，根本不成问题。谁都知道杜老板你最讲究一个'信'字，黄浦滩上谁人不买你的账啊，你的赫赫名声就是最好的招牌。"

"那第二条呢？说来听听。"杜月笙津津有味地问道。

"像杜老板这样在上海滩呼风唤雨的人物，就连那蒋介石都要畏惧三分，商界、官员政要各行各业的人物杜老板见得多了。再加上杜老板你那交际手腕，工商政界肯定能为你所用。"

杜月笙听得忍不住笑了，连说，太抬举我了。到时候真等银行开张，没有人愿意把钱存进来又怎么办，这银行看来要关门大吉了。

苏嘉善又赶紧说道："我认为有两笔款项我们是一定有把握让它们存我银行。一个是"堆花"，你想，当今上海银行业有一条不成文的规矩，那就是在一家新银行开张营业的第一天，各银行都要存一笔钱进去，还不收利息，这笔钱就叫"堆花"。另一个就是贩卖烟土和赌场生意往来的存款。凡是在上海做烟土生意和赌场生意的，谁不仰仗你杜老板的关照啊。旁的银行都对这法租界上烟土与赌场两档生意虎视眈眈，杜老板你办银行简直是顺理成章，手到擒来。"

田鸿年和苏嘉善这两人的一番话，让杜月笙眉飞色舞，甚是欣慰，终于下了办银行的决心。

第二天，杜月笙又把田鸿年叫来，说自己决定办银行了，同时把筹备重任交给他，同时嘱咐田鸿年，遇到重要事项要先跟苏嘉善商量，不可自作主张，独断独行。

田鸿年十分诚恳地答复："杜先生你放心，我自会尽心尽力，小心谨慎。"

1929年3月7日，中汇银行成立了，在八仙桥附近。众人听说杜月笙创办了中汇银行，一些豪富、外国银行买办，以及国内银行，纷纷要加入中汇银行。成立之日，社会上各界人士都前来祝贺，车水马龙，宾客盈门，好不热闹。

看到了这里，你可能会心生疑问，杜月笙这个大流氓头子经营烟土、开个赌场还可以，要说这办银行，里面学问大着呢，杜月笙没念过几天学堂，这银行到了他手里能正常运转吗？这杜月笙虽说不懂如何经营银行，但他凭借各方人脉能请来银行界中的大亨出谋划策，这样所有的问题就都不是问题了。

中汇银行成立最初的时候就是想着能接收各方存款，为杜月笙的鸦片贸易及其他一些见不得光的生意上的收益，开辟一条合法的渠道,也就是我们常说的洗钱。钱赚到一定程度就开始想着政治上的利益了,那就是洗去自己以往流氓大亨的身份。这样,对自己今后的路包括树立起自己的声誉形象都很有帮助。进军金融业,开办银行,那以后自己就可以参加银行公会,都可以见到上海工商界的厉害人物。今后要想洗白自己的身份,要想活跃在政治上,开办银行正是捷径。

杜月笙通过开办中汇银行,与金融界的关系逐渐密切了起来,这也大大提升了他在社会上的声望。

审时度势促工商

民国十年,"交易所"开始在我国出现,随后交易所如雨后春笋般出现在上海的大街小巷,遍地开花,好不热闹。

上海自从开埠以来,工商业者投机成风,这形成了上海的典型。由于人们往往追逐利益,有着很强的从众心理,当看到开交易所是稳赚不赔的好生意,人们争先恐后一窝蜂地冲上去。事情总是相对的,当你只顾往前冲时,不知道危险就在前方潜伏着。这些跟风的小投机者没有稳固的经济基础,缺乏健全有序的组织,他们把投机赌博之风带进交易所里,时间久了,也就出现了很多畸形的问题。

交易所一在社会上出现，便迅速掌握了上海的商业。到了民国十二年，上海出现了空前的"信交风潮"，许多小的还处在幼年的、基础不稳而又投机过甚的交易所和信托公司相继出现了倒闭现象。这拖垮了上海当时不少工商业者，同时也让很多持有他们股票的人，纷纷倾家荡产。

在这一次的"信交风潮"过后，唯一经得起市场考验的，就只剩下纱布、物品、金业、证券、面粉和杂粮六家交易所。

杜月笙和他身边的智囊团，从民国十六年国民革命军开始北伐以后，便已经着手计划如何才能打进这六大交易所，并牢牢掌握。商场是一场无硝烟的战场，在商海作战，由于不确定的未知数太多，不确定的因素随时都有可能发生，因而还是比较残酷。杜月笙凭借着自身的聪明和努力，再加上无数次商海的洗礼，很快就成长了起来。同时，杜月笙悟出了些经商的门道。除了面粉、杂粮两个交易所在抗战胜利后未曾恢复以外，杜月笙其他的目的全部达到，证券、物品等行业一概抓在手中。

当杜月笙步入金融界开设中汇银行之后，迅速跻身上海当时的工商业者的行列之中，并买下了华丰面粉厂。

卢少棠是华丰面粉厂的老板。生意做得有声有色，后来卢少棠沉迷于赌博，这些年所挣的钱输得一塌糊涂，最后还背了一身的债。实在是走投无路了，卢少棠扬言要把华丰面粉厂盘出去。

当杨管北听到了华丰面粉厂打算要盘出去的消息时，觉得这是一个机会，他立刻去见杜月笙，告诉他说：

"听说华丰面粉厂的老板卢少棠因为赌博输钱现在要把面粉厂盘出去,杜先生,你看我们能不能把它买下来?"

杜月笙听后,满脸兴奋,不假思索地说:

"买下来肯定是好,但就是怕卢少棠不肯卖,不然,有这么好的机会,我们当然要把它盘下来了。"

"行,我明白杜先生的意思了。"杨管北说。

那怎样来解决华丰面粉厂的收购问题呢?首先要赶紧派人去跟华丰方面的人接洽,同时,还要赶紧筹集收购面粉厂的钱。

不巧不成书,恰好当时中国通商银行董事长傅筱庵从大连回来,为杜月笙提供了很大的帮助。另一方面,唐寿民也赶来相助。有了这两位大银行家的慷慨相助,杨管北总算不再为筹款收购的资金问题担忧了。

杨管北见到傅筱庵,十分欢喜,说道:"最近华丰面粉厂的老板卢少棠因为赌钱,厂子出了亏空,要把华丰面粉厂盘出去,杜先生觉得价钱可以接受,也想着去收购。并且杜先生打算转战商界,买下华丰,就是投身工商业的开始,不过就是……"

傅筱庵也不是糊涂人,很快就明白是什么意思了,于是接口说道:

"那还请杜先生放心,钱不是问题,需要多少钱,保证低利贷放。"

听完傅筱庵的保证,杨管北知道收购华丰指日可待了,剩下的就只是时间的问题。

很快,杜月笙就收购了华丰面粉厂,这也是杜月笙跻身商界后做的第一个事业,接下来杜月笙派杨管北经营面粉厂的生意,再去花钱扩充机器装备,广结人脉,使华丰由小变大、由弱变强。

民国二十年,在"裁厘加税"政策的执行下,内地的面粉业备受煎熬。这是由于采购小麦的成本加重了,而上海厂商生产面粉的成本却降低了。因此很多内地面粉厂家纷纷倒闭。按说这对杜月笙来说是个绝好的反击机会,利用自己开设银行的支持,完全可以趁机收购进而建立起自己的"面粉王国"。但恰恰杜月笙并没有这样做,他不想采取这样不人道的方法去占据当时上海的面粉市场。不想乘人之危,反而亲自出马,挺身而出,来到"苏浙皖三省面粉同业公会",告诉内地的面粉厂家杜月笙一定会帮忙解决。

很快,中央特批陈群等人的"补助内地事业"建议,硬性规定上海面粉厂商所纳面粉税高于内地。这样,杜月笙赢得了内地面粉厂商的敬服和感激。于是,凡是有交易所股权的内地厂商纷纷自觉行动起来,暗中收购面粉交易所的股票,然后恳切地请杜月笙出席。选举的结果是杜月笙受到了全体股东的支持,成功当选上海市面粉交易所理事长,成了上海市十大业之一的面粉业的老板。

这一时期,官员之间相互联络,组织了"七星公司",来到上海交易所开辟战场。他们有着大额的资金和雄厚的势力,企图攫取暴利,决心要狠狠吃上海商人一通。结果计谋并未得逞,反而栽了一个大跟头,一败涂地。此时"七星公司"的老板想到了上海滩风云人物杜月笙,杜老板平生最讲义气,最爱雪中送炭,有担当有魄力,是个铁骨铮铮的男儿。

由于"七星公司"和上海商人之间有了巨大争执,一时间局势极其紧张,杜月笙出面说:"'七星公司'所欠账款多少,我就是倾家荡产,也会帮忙到底。"上海的商人说:"这哪成啊,哪有让杜老板出面赔钱的道理啊,只要杜老板您出面担任金业交易所理事长,确保这些人不再扰乱金业,我们才好放心啊。"

最后杜月笙同意暂时委任金业理事长,这样刚刚涉足金融业不久的杜月笙又很快接管了金业,赢得了商界的一致好评。

一手振兴银行业

民国时期,上海银行业林立,呈现出一片欣欣向荣的繁华景象。本地银行有中央、中国、交通、农民;外国银行有英国的汇丰、法国的汇理、美国的花旗、日本的正金、台湾。还有"小四行"之称:国货、四明、中国实业、通商。"南三行"是指:上海商业、浙江兴业、浙江实业。"北四行"有:金城、大陆、盐业、中南。再加上各省的省银行、地方银行,最兴盛的时期上海有着高达五百多家的民营小银行,真的是遍地开花,抬头望去,随便走在哪里,都能看到银行二字的招牌。

杜月笙交际广泛,各行各业的人都能周转开来,同时,他也有着向工商业进军的壮志雄心,打算好好在商场大显身手,大干一场。可是,此时的他手上只有一家中汇银行。规模也太小,不成什么气候。

民国十九年,杜月笙的"智囊团"建议杜月笙,如果想着进军工商业之前,一定要想方设法再开一家像模像样的银行,并且以此银行为根据地,这样才有希望打进上海市银行公会,才能真正掌握上海的经济。

杜月笙刚开始听到这样一个计划时,简直不能想象,只觉得这样宏伟的计划不切实际,肯定不能完成,曾经一度打算放弃。后来,杜月笙慢慢发现只要自己有点耐心,再加上自己已经有些资本可以立足工商业,这计划也不是不能完成的。没有走不通的路,只有想不通的人,于是,杜月笙赶紧找来他的"智囊团"秘密商议,最终制定出来了可行的方针和计划。

首先,杜月笙派出杜公馆"智囊团"里的杨志雄和杨管北,每天准时到银行公会附设的餐厅,去吃一顿中饭。这是因为那里是银行业要人、金融业首领商榷生意的地方,也是双方结交朋友和交换情报的场所。杜月笙派请两人此行的目的正是结交朋友、搜集情报,这里人比较多,言者无意听者有心。如果杨志雄和杨管北发现一方发生了困难,就会立即通报给杜月笙,杜月笙迅速出击,赶紧寻求困难解决的途径,这样杜月笙及时出面、慷慨解囊。旁人得到杜月笙的及时资助,自然是感恩戴德。

杨志雄和杨管北经常到银行公会吃午饭,在这期间,他们用特殊的身份、有利的条件、真诚恳切的资助和高超有效的交际手段,结交了很多的银行巨子和金融领袖,并且和他们成为朋友,这对杜月笙今后银行业的发展起到了非常重要的作用。

怀着无比激动的心情和殷切的盼望，杜月笙时刻都在准备着他的银行业。

1897年盛宣怀创办中国通商银行，登广告——"我国首创第一家银行"，那自然是真真切切的，毫不夸张。

"中国通商"成立之初最大的功劳是促使工商人士了解银行的重要，于是1908年，纯粹商营的四明银行成立。同一年，浙江兴业银行宣告成立，随即四明和浙江兴业银行也宣告成立，这便是中国最早的两家商业银行。由于这两家银行经营有道，很快就获得了丰厚的利益，引发了民国以后的一股开办银行的热潮。当时由于开办银行的门槛比较低，但凡是家中有些铜钿的人都纷纷拿出钱来投资开银行，银行的利润也相当可观，这样银行迅速在全国发展起来，并且兴盛了很长一段时间。

民国二十年，素有"南三行"支撑的上海商业储蓄银行，一次曾经做食盐生意。不巧的是船遇大浪沉了下去，食盐遇水就融化了，所以这次的生意自然是打了水漂，损失了一两百万元。中国人最会以讹传讹，明明损失钱财不多，一传十十传百，慢慢越传越多，传到最后就成了损失了几千万。

一听说这事，储户认为银行肯定支撑不下去了，于是决定早些把钱财取回来，这样钱就在自己手里，比较保险。别到时候银行真的倒闭了，找谁要钱去啊，这样一来人们排起了长龙，争先恐后地去银行取款。老板陈光甫看到这样的情景急得双脚直跳，想来想去找到了杜月笙，杜月笙知道以后，立即决定把自己大量的现金存在上海商业储蓄银行。

第二天,杜月笙亲自驾车来到排着长龙,人心惶惶的商业储蓄银行门口。只见一位身材瘦削、穿着长衫的中年人快步走向前,身后跟着几个随从,拎着沉甸甸的手提箱。人们看到杜月笙存进了大量现款,很多储户又看到了希望,觉得银行肯定还很稳定,于是提存储户的人的心理开始动摇,慢慢的排着长龙队伍的人们也散去了。

　　杜月笙在上海商业储蓄银行勇于担当、尽心尽力的精神渐渐赢得了金融界人士的尊敬和好感,这也为杜月笙今后立足上海商界铺平了道路。杜月笙深知等到时机成熟了,自己就能在上海立足了。之后,杜月笙把他中汇银行的新址搬到爱多亚路,同时把资本额提到了两百万元,不再是简简单单地坐收本金利息了,而是"经营商业银行的一切业务,兼办储蓄信托。"

　　中汇银行新址所在地规模宏大,社会上各界人士纷纷前来祝贺道喜,同行业的人送来"堆花"存款,存放的数额更多了,时间也长了。这一结果也是杜月笙结交广泛的金融界人士、与人友善换来的,这也使杜月笙在上海金融界一帆风顺、扎稳脚跟,不久杜月笙就被选为上海银行公会理事,操纵着上海的金融,银行业的发展步入了前所未有的繁荣。

第七章

自壮声势办社团

1930年起,杜月笙在家乡买地五十亩,大兴土木,起造杜家祠堂。1931年6月8日至10日,举行家祠落成典礼和"奉主入祠"典礼。蒋介石亲送匾额"孝思不匮"祝贺。仪仗队有五千人之众,自法租界杜公馆出发,长达数里,巡捕开道,鼓乐震天。杜祠开酒席三日,每日千桌。包括淞沪警备司令熊式辉、上海市市长张群等在内的国民党要人都送了匾额。排场之大,靡费之巨,极一时之盛。席尽人散后,这个豪华的祠堂就成了远东最大的地下吗啡和海洛因加工厂。1932年,杜月笙开始组织恒社。

出面赈灾行善举

　　1931年7月，全国各地动荡不安，狼烟四起。之后的两个月，我国很多流域普降大雨，受灾省份和人口较多，灾民有一亿之多，几乎占我国总人口的四分之一。长江中下游地区成了一片汪洋，民众的生活和生产遭受到了巨大的威胁，同时由于灾情比较严重，因此引发的后续的病灾也随之蔓延。

　　得知灾情较为严重，当时的政府赶紧下发了八千万的"赈灾公债"，与此同时上海方面也筹集了大量的现金和实物运往受灾比较严重的地区，但是这些只能解决灾民暂时的生活问题，只能起到临时的救助工作。水灾持续了一个多月，这给当地的农业的发展也造成了严重的后果。

　　8月16日，国民政府水灾救济委员会宣告成立，宋子文、孔祥熙、朱子桥都被任职灾区工作主任，杜月笙分三次捐款，每次一千元银洋。

　　不仅如此，杜月笙还积极地为江苏等地筹款。为了呼吁号召更多的人参与募捐赈灾，上海市市长张群提议增加委员，杜月笙等人积极参与其中，成为江苏省赈务委员执行委员。除了参加政府的救济组织外，杜月笙更多的还是参加上海民间慈善团体的救灾工作。

　　上海市商会邀请上海各界名士聚餐，并且报告了全国各省的严重灾情，还给每人发送了一张灾情表。来参加商会的上海各界人士纷纷表示要支援灾区，当场就决定成立上海水灾急赈会，杜月笙等人当选委员。

上海水灾急赈会成立后，广泛呼吁社会积极面对此次灾情，并且刊登广告，劝说社会各界人士募捐，有钱出钱有力出力，以救难民，以表爱心。于是很快地筹集了很多金钱、面粉、药品、衣被。

后来杜月笙带头将自己在华德路住房的两月租金共六千六百元全部交了上去，作为赈款资金。一次袁履登的父亲过寿，同乡很多人前来送礼，这次过寿袁履登家收了银洋一万二千元，杜月笙提倡把这些前来贺寿的喜钱当作救灾款项，帮助灾区人民，聊表心意。同样地，杜月笙还呼吁黄金荣老板把他的大寿贺礼移交赈款。

不仅如此，杜月笙除了捐款赈灾之外，还积极组织了很多形式的演出活动帮助赈灾。杜月笙号召张啸林、许世英、朱子桥等筹备上海赈灾各省水灾演出。参加演出的人很多，这次活动的举办也筹到了不少善款，杜月笙亲自捐赠了两万元。在慈善活动的过程中设有抽奖环节，得奖的奖主也纷纷表达了爱心，又把这些得到的奖金也捐了款。杜月笙不仅自己积极捐款，还发动杜宅仆役捐款。

由于日军开始大规模侵华，水灾急赈会所能筹集到的善款来源也越来越少，以前每日可收赈款十多万元，"九一八"事变后，平均每日仅得千余元，最少时仅五十余元。

再加上受灾，灾民需要大量的救灾物资维持基本的生活需要，国民政府与美国政府经过多次谈判，终于签订了收购四十五万吨小麦的协议合同，以后每年的利息都以四厘计算。作为筹募各省水灾急赈会的劝募委员，杜月笙自己也在积极出钱买一些面粉等赈品，以水灾急赈会的名义发放。

水灾急赈会8月26日拨给汉口的一万包面粉中，有五千包由杜月笙捐助，所捐助的五千包面粉全部拨给安徽。杜月笙又动员金廷荪、钱志翔、黄振东、黄涤箴、李应牛五人各捐面粉一千包。杜月笙还给江北灾民捐了棉衣五千套，银洋一万元。

水灾急赈会从成立到1932年5月24日结束，共募得赈款二百六十一万一千七百七十一元，发放二百六十万七千零四十九元，实存五千二百四十八元。杜月笙的募款和个人捐款总数存五十三万元左右，超过水灾急赈会募款总数的五分之一，远远高出他人。

这一时期，上海人的主要娱乐活动有看戏、看电影、赌博等。杜月笙发起游艺活动助赈，具有他人不可比拟的条件。

杜月笙虽然没有经营戏院，但黄金荣拥有荣记共舞台、荣记大舞台、黄金大戏院和大世界游乐场等娱乐场所。任何伶人想在上海滩立住脚跟，闯出一片天地，黄金荣、杜月笙、张啸林三大亨就是最强有力的靠山。杜月笙、张啸林都是票友，杜月笙还娶了名伶做夫人。早在1931年2月，张啸林、杜月笙等人就邀请梅兰芳演剧义赈豫赣两省，募得赈款银洋一万一千三百八十六元，而王晓籁、虞洽卿、林康侯二人通过同样的方法只得赈款洋二千九百五十元。

杜月笙是引翔乡跑马厅中国赛马会的董事长，跑马厅除了日常赛马外，每年另举行春秋两季各三天的香槟大赛。杜月笙还是法租界逸圆跑狗场的筹建者和大股东，法租界中央运动场的回力球赛他也有份。所以，办各种游艺活动最合适杜月笙出面主办。

1931年夏秋这次大水灾，杜月笙在中央、江苏、上海三个赈济组织担任职务，为救灾做出的贡献无人能出其右。

四季长衫扮斯文

杜月笙虽说继承和发展了黄金荣的事业，但其社会影响还主要在黑道上。社会名流、知识阶层虽说和杜月笙有来往，即便把他当作白相人，但内心里根本看不上这个流氓头子，大多对杜月笙采取敬而远之的态度。自古就有"非黑即白""黑白不两立"的说法。因此，杜月笙非常清楚自己要想在上海滩真正有番"事业"，洗白自己的身份，光有打手不成，还必须结交上层人士，一定要拉拢、利用，甚至控制他们。

为了实现自己这一远大的目标，杜月笙开始附庸风雅。要想改变人们的印象，首先自己的服饰要有变化，不能让人家看到自己的着装打扮就断定自己不是正派好人。杜月笙开始讲究仪表文明，他对手下说："戒食足，首先应该从礼仪开始，再不能让人一看见就害怕讨厌起来。"

当时旧上海大大小小的流氓,几乎清一色都是黑拷绸短打,中分对襟,单排密扣,敞开怀,卷着袖。肩膀上刺着"刺青"两个字和金色的怀表手链挂在胸前,表链的粗细代表着身价。通常情况下,表链越粗,身价越高。不仅如此,他们的手指上大多戴一只耀眼的金刚钻戒指,跷着大拇指,表现出凶神恶煞的模样招摇过市。一般市民见到这等打扮,便知遇到了流氓,避之唯恐不及,哪里还敢靠近呢。

杜月笙起初也是这种打扮,甚至比别人更显眼,在右手腕上刺了一个铁锚,袖子往上一捋就能看到,手指上那只戒指也非常光彩夺目,耀眼得很。

好在杜月笙颇有自我反省的能力。看到其他人的装束简洁大方,杜月笙顿时感到自惭形秽。声势壮大之后,杜月笙命令自己帮会组织里面的所有子弟更改着装,所有徒弟都不能穿短袖短裤,即便是盛夏季节也不准赤膊露体,禁止衣冠不整、光着胳膊、敞开衣服的徒众出入杜门。命令发布之后,杜月笙门下弟子的面貌焕然一新,衣冠楚楚,一时间整个上海大大小小各路"豪侠"纷纷仿效,成千上万的流氓白相人仿佛在一夜之间就有了文化。

杜月笙本人更是争当表率,树立起模范带头作用。他经常一年四季穿着长衫马褂,夏天天气再热也不解开领口的扣子,袖子从不挽起,胳膊上的"刺青"被严严实实地遮盖起来。不仅如此,除了自己的穿衣打扮,杜月笙还常常暗暗打量那些有地位、有身价,而且有教养的绅士的装束和打扮。一天,他突然发现,这些名人雅士们手上没有一个人戴戒指的,看到这一情况,杜月笙回家后立即把自己手上的大戒指取下来,放进了保险箱,从此再也没戴在手指上。

穿衣打扮方面已经更改之后,杜月笙觉得自己也应该学些有内涵有深度的事情。既然想要附庸风雅,说话也是一门学问,自己也要注意,也要去更改。慢慢地,杜月笙也开始模仿了文人的腔调,每当宾客们前来拜访的时候,他都雍容和蔼,有三句话是常常挂在嘴边的:

"你的事情我晓得了。"

"我会替你办好。"

"好!再会!"

杜月笙正是以这种焕然一新的作派,开始周旋于上层社会,着力拉拢知识分子,结交文人墨客。

国民党上海地方法院院长郑毓秀、上海"才子律师"江一平,乃至曾任北洋政府司法总长的章士钊,都被杜月笙巧妙拉拢,先后出入杜门,成为杜月笙杜公馆的座上客。

为了吸引越来越多的知识界人士投入杜门,杜月笙改变了传统青帮收门徒的拜师仪式,杜月笙本人则由"老头子"改称"先生"。

只是做到了这些还远远不够,为了控制社会上的舆论,杜月笙极力和新闻界攀上关系,拉拢新闻界的知识分子。唐世昌是《新闻报》的编辑,同时也是杜月笙在新闻界收的第一个门生徒弟。以后,如姚苏凤、余哲文、汪松年、李超凡等著名新闻报社界的人物,也都陆陆续续和杜月笙交好,并成为杜月笙的门徒。至此，杜月笙控制了新闻界一大批从业人员。

和杜月笙交好的新闻界人物，不仅会有稳定的收入和保障，并且杜月笙也会给他们发送津贴。相反如果他们不买杜月笙的账，不仅会丢了工作，严重的还会丢了性命。杜月笙俨然成为新闻界的幕后操纵者。

杜月笙经过大刀阔斧的改变，不仅在帮会流氓组织中，而且在知识界也站稳了脚跟。上海滩的"三大亨"中，人们只会称呼黄金荣为"黄老板"、张啸林为"张大帅"，唯独杜月笙却得了个文雅称呼——"杜先生"。

晚年时，杜月笙说出了他褪去短衣穿起长衫的秘密。原来年轻时杜月笙效仿帮会流氓，也在手臂上刺有花纹，一开始在黑道上走的时候没觉得有什么。可是既然决定洗白身份，这样做毕竟不太好，让这些与他打交道的正派人士看到心生畏惧。长衫袖子长，撸下来，就可以完全遮盖住"刺青"。著名记者徐铸成见到这位"闻人"，原先他认为此等人物纵使不是红眉毛、绿眼睛，总该是一赳赳武夫，但见面之后，却发现只是一个修长身材，面色带青的瘦削老人，看上去"手无缚鸡之力"，言谈中也很少带"白相人"常说的粗话，一副文质彬彬的作派。

奉主入祠扮孝子

张啸林在早年的时候比较吊儿郎当，游手好闲，不务正业，总是和地痞流氓为伍，靠坑蒙拐骗过日子，就和现在我们说的不良青年是一个性质，因此张啸林在自己的家乡杭州声名狼藉。

人不可貌相，海水不可斗量。自打张啸林来到了上海后，他步步高升，一路红灯高照，几番闯荡，终于成了"上海三大亨"之一。蒋介石策划发动"四一二"反革命政变时，张啸林积极参与反共，蒋介石看张啸林迫害追捕革命党人有"功"，事后蒋介石也给了他一定的嘉奖，张啸林可谓是风头出足。1930年，张啸林已经不再是曾经不务正业的小流氓了，在上海好歹也算是个大人物了。想到了这些，张啸林觉得要炫耀下自己，于是决定"荣归故里"。

张啸林去了一趟杭州城，一时间在当地引起轰动。杭州当地的土豪劣绅、政客官商和地痞流氓纷纷表示欢迎，赶忙为张啸林摆酒接风，极尽阿谀奉承之能事。看到张啸林"衣锦还乡"的轰动之后，杜月笙也回想起自己来到上海之前在桥头泣别外婆的悲凄情景，回忆起自己当年"起家业，开祠堂"的誓言，顿时，杜月笙知道自己要做些什么了。

1930年，杜月笙以杜家老屋高桥镇为中心，收购了四周十多亩农田，委托人们建造杜氏家祠。杜月笙还很小的时候父母就离开了他,宗族成员也不多,出身在普通的乡下,连自己祖父名讳都不知道,开祠堂纪念谁呢?想到了这些事情,杜月笙赶忙在报纸上刊登广告,征询杜氏家族的本支近脉,并请人编修族谱。最后,还是杜月笙的好朋友国学大师、文学泰斗章太炎先生详征博引,洋洋洒洒写了一篇《高桥杜氏祠堂记》,为杜氏家族的祖先构想出一个辉煌的世代系列。

杜月笙很早的时候听说自己家的祖籍属浙江海宁,祖先靠经营丝茧行业为生,后来生意不景气,移居到上海高桥。章太炎在这时显示出了他文学大师的风采,仅仅根据这一点就考证出"杜之先出于帝尧",说杜月笙的祖先可以追溯至尧舜,直系祖先为山阴杜衍。不仅如此,章太炎还历数了杜氏在各朝各代的达官贵族,一篇《高桥杜氏祠堂记》让杜月笙跻身帝王名人之后,并且积极为杜月笙歌功颂德,堪称奇文。

1931年的夏天,杜氏祠堂竣工,其规模之宏伟,富丽之堂皇,空前豪举,实为罕见。杜月笙于1931年6月亲返家乡,8日至10日,举行家祠落成及"奉主入祠"典礼。

杜氏祠堂竣工,是杜月笙一生之中的颠峰。"到了这一天宗祠落成的时候,社会上各界人士来参拜祝贺,车马之盛几乎为上海开港以来所未闻",当时报纸极力刊登着这样的场面描述,都说这才叫洋洋乎大观。

杜氏祠堂的建成不仅轰动了国内的记者,慕名远道而来的还有一批日本记者,这些日本记者跟着他们的将军和总领,一同前往高桥参观。他们所刊登的报纸内容,字里行间,充满着惊讶的意思,这正是"典礼备极豪华,为日本人意想不到","杜氏声誉之隆,可谓壮观盛况","以一家之宗祠祀典,规模如此之宏大,真不亚王侯之观矣"。

是啊,如今的杜月笙功成名就了,也该显摆出来,让人们看看此时的杜月笙不再是以前的毛头小子了。建造这样一座规模宏大的杜家祠堂,那是杜月笙多少辛酸,多少苦难,无数回的咬牙切齿,忍泪吞声,数十年的隐忍,挺起脊梁,才熬出来个"一旦公开道,青云在平地"。用章士钊的颂词来说就是:"尚义为天下倡,天下翕然归之,徒众万千,言出若鼎!"

也许你会觉得建造这样的工程需要花费多少钱财啊,其实,不用担心,杜月笙心里有着自己的一笔账。凭着杜氏祠堂荣华富贵的场面和杜月笙在上海炙手可热的声势,虽然盛大的典礼会花费一些钱,但祠堂落成之日,那些达官贵人和政界商要前来道贺,总不会空手来吧,他们看杜月笙如日中天的地位,一定会送来厚礼,争相巴结,与之结交。这样杜月笙也能收回一些千金不易的交情,锦上添花,这样的名利兼得,尽管是大事铺张,也是值得的。

杜月笙最终实现了他最初的誓言,当他的外祖母送别他到上海谋生活、打出路,祖孙二人在桥头泣别,他曾哭着说道:

"外婆,我知道在高桥,人人都看不起我,我发誓等我将来再回来时,一定会一身光鲜,我要让您脸上有光!我要辉煌杜氏家族,我要开祠堂!不然,我发誓永远不踏进家门!"

也许是为了要实现当初所夸下的海口,后来杜月笙真的花费巨资在祖宅杜家花园附近,购买了很多地,也招进来一些名师良匠,像模像样造起祠堂来。

等到杜氏祠堂造好，祠堂附设的藏书楼和学塾，也已经竣工的时候，杜月笙春风得意马蹄疾，心情大好。"富贵而不还乡，犹如锦衣夜行"，杜月笙这下心愿也了了，随时准备亲身奉主入祠，杜月笙的门徒和朋友一听说消息，纷纷地劝请杜月笙要好好风光一场。看到众口一词，杜月笙心里放心了，因为这恰恰也是他所想的。

为了不表现出来，杜月笙还说着："盛情难却，既然大家都主张这样办，我也就不好推辞了。"于是立刻发出请柬，杜月笙的故旧门人遍布天南地北，十八行省，随便是哪里都有。这一位"春申门下三千客，小杜城南五尺天"的现代春申君杜月笙，整整举办了三日的盛大宴会，竟创下"堂上珠履十万客"，空前绝后的大场面！

这一天，天气大好，风和日丽，万里无云，街道上的居民倾城而出，道路两旁也站满了人，甚至路边的建筑物上都挤满了人。几千余人的仪仗队伍，走了两英里，从早上9点钟开始出发，足足走了两个半小时才走到尽头。

杜月笙身穿长袍马褂，头戴礼帽，在随从的人们的簇拥之下，满脸笑容，一路上都很欢快地和观众打着招呼，缓缓行进。接着，杜月笙被拥上汽车，驰向新落成的杜家祠堂，进行家祭。

前来送礼祝贺的人纷纷从四面八方赶来，其中送的最多的是匾，其次是联、是屏。还有人送来古董玩器、旗伞花篮，甚至有的还会送来礼券现金。当代的社会名人大佬，几乎全都送来匾额，礼簿上也写着送礼人的名单，声势规模都很显赫。而前来送礼的人，囊括了几乎所有达官贵人、社会名流、富商巨贾，其声势之显赫，令人咂舌。

其中，党国政要最多，如国民政府主席蒋介石、实业部长孔祥熙、军政部长何应钦、司法院长王宠惠、陆海空军副总司令张学良、前北洋政府大总统徐世昌、前国务总理顾维钧、前临时执政段祺瑞以及国民党中央委员、政府参军杨虎，受蒋介石之托，向杜月笙表示"庆贺之忱"。为此，日本报纸有着这样的描述："足以见杜月笙在各界中伟大声望之征象。"

为了款待迎接来自全国四面八方的客人，杜月笙在祠堂门前搭起了一座有五层高的彩楼，直耸云霄。招待高桥镇民看戏的戏台就在楼的中央，楼的后面是嘉宾宴客休息娱乐的场所。这座五层高的彩楼整日里张灯结彩，实在是金碧辉煌、富丽堂皇、壮观得很，就是这样一个广场竟可容纳好几千人。

祠堂四周搭满了席棚，足足有一百多间，里面摆放着各地送来的礼物，各式各样的，数不胜数。这些礼物都是一些珍贵珠宝，来客们可以公开展览，每天从早到晚，前来参观宝物，一睹风采的人络绎不绝。上海市邮政局为了纪念杜家祠堂落成典礼的举办，特别前来在场中设立临时邮所，赠送纪念信封信纸，加盖纪念邮戳。

这原本是一姓、一族、一家，甚至于只是杜月笙自己的事。但是，由于杜月笙为人处世的成功，在上海摸爬滚打闯出了一些名堂，政府官员和各地朋友都前来颂扬他，门徒弟子也都崇敬他。于是，来祝贺的客人越来越多，场面越做越大。

杜月笙一生一世都是最好客的，他决不能怠慢了贵宾。庆典之后是三天好戏连台，一时间名角云集，好不热闹，梅兰芳、苟慧

189

生、程砚秋匆匆赶来祝贺，尚小云也从天津赶来，肖长华、马连良、高庆奎、姜妙香等也都来到了杜家祠堂。

杜家祠堂被人们围得水泄不通，附近几个县前去看热闹的根本不能入场，杜月笙见此情况只好另组戏班在外面演唱招待。三天的豪华堂会，都是中午开锣，一直演到第二天凌晨。每次开饭一千桌左右，要四五次才能开完。所以，这里几乎整天都在开饭，目不暇接的连台好戏，也能看出只有杜月笙才有这样的不同寻常的号召力和威慑力，才能促成黄浦滩上空前绝后的一人、一家、一族、一姓的旷世盛典。

力排众议搞选美

野心勃勃的杜月笙，一手紧紧抓住周围的人脉资源，一手紧紧地创办着自己的事业。抗战后，杜月笙在上海工商界获取的第一个新职位，是"纺织公会联合会"理事长。

其实在抗日战争时期，杜月笙就曾经开办了西安毛纺厂，那是他首次涉足纺织业。

不仅如此，杜月笙还用投资入股的方式挽救过有着很大规模的"沙市纱厂"。当时，"沙市纱厂"正由湖北沙市搬到重庆，股东内部之间为了争权夺利，彼此之间矛盾重重，眼看沙场的生产几乎到了难以为继的地步，岌岌可危。正是杜月笙出手购买该厂的股权，成为"沙市纱厂"的大股东，才使生产得以恢复正常，挽救了生死线上的"沙市纱厂"。孔祥熙见杜月笙有能力掌控便让杜月笙担任"中国纺织公司"董事长。

中国的纺织业按地域可以划分为若干区，上海是第六区。每个区都有一个区公会，所有的公会联合在一起，就形成了"公会联合会"，这是全国性质的，全名是"中华民国机器棉纺织工业同业公会联合会"。公会既然成立了，那就要选出一名理事长。

"公会联合会"自从成立之日，始终有两个互相争斗的派系，一方是公立工厂的代表，另一方是民营工厂的代表，双方都想选举自己人出任理事长。于是，矛盾斗争可想而知。

由于公立工厂的数量较多，因此在"公会联合会"中占据绝对的优势，所以公立工厂这一方很有可能抢到理事长的职位。民营一方的代表也不甘示弱，荣家纺织业等人也亲自出面活动，也想着能争夺理事长的职位。

杜月笙的得意门生袁国梁，曾经在重庆投靠杜月笙加入恒社。抗战胜利后，袁国梁转向实业，开始经营面粉和棉纱，生意做得红红火火、有声有色。"面粉大王"荣德生曾经开玩笑似的对袁国梁说："我办工厂，就像吸海洛因，不过你也不错，可以算得上吃香烟的。"

袁国梁在联营纺织厂的时候，当地"大亨"黄善青、祝林等人倚势相欺，想从中分享利润。袁国梁深知自己能力有限，无法与之抗争，强龙难压地头蛇，赶忙来到上海，请杜月笙出任公司董事长。

杜月笙笑着问："我做董事长，该入多少股份呢？"

袁国梁说："您杜老板入股份的这笔钱由我替您垫付。"

杜月笙听罢连连说道："笑话，笑话，哪能让你垫付呢，没有这样的道理。"

后来，杜月笙果然在公司股东大会上当选为董事长，帮忙解决了袁国梁的难题。

现在，"纺织公会联合会"两派代表相互争夺，互不相让，而且民营一方的情况还处于劣势。袁国梁又一次想到了杜月笙，就劝杜月笙再次出山竞选理事长。杜月笙此时对这个职位很感兴趣，心里也很高兴，决定参加竞选。投票那天，杜月笙亲自来到上海总商会的选举会场，一时间，会场内到处都能听到呼唤"杜先生"的声音，杜月笙亲切地与各位代表相互握手寒暄，向大家微笑点头。选举结果，杜月笙高票当选，如愿以偿地当上了"中华民国纺织业公会联合会"理事长。

看到了初次开战的胜利，杜月笙精神大振，他以有着"绍兴师爷"之称的骆清华为智囊，并且以自己亲手创办的恒社千名子弟为中坚，在工商实业界迅猛发展起来。

杜月笙曾经说过："一个人不要怕给别人利用，给人利用，还有可利用的价值。最怕的是人家不来利用。"本着这样的思想，在短短一两年内，杜月笙拥有了工商界很多头衔，涉及政治慈善、文化、教育、新闻、金融、交通、纺织、面粉等各行各业。

1946年下半年，就在杜月笙准备大展宏图、大干一场的时候,苏北地区遭受了一场比较严重的水灾。南京、上海、杭州各大城市有着成千上万名群众,他们陷入了缺衣少吃的生活,各地粮食、物资空前匮乏,一天之内物价涨了又涨,工商业陷入半休业状态。

蒋介石在随后的8月15日下令救灾。国民党社会部部长谷正纲、江苏省政府主席王懋功一同到达了上海,请杜月笙发动赈灾募捐。杜月笙放出风声说,要自己出面赈灾不是不行,必须由江苏省党部主任委员汪宝暄主持此事。

党部的业务范围不包括赈灾救济,汪宝暄特意到南京找到当时的国民党中央组织部部长的陈立夫。陈立夫对汪宝暄说:"既然杜先生对你重视,让你出面去做,你便去做好了。这也是党对于老百姓的服务工作,其他的问题你可以不必考虑。"

杜月笙全力支持汪宝暄的赈灾工作,两人商定募集赈灾款项二十亿元。杜月笙还提出:"我们先用筹集来的款项采办物资,然后再发放实物。这样一来批发购买物质价格比较便宜;二来一天之日物价涨了又涨,一次多买些也能省下不少钱来;三来可让受灾的民众立刻得到衣食。"于是很快,"苏北难民救济协会"正式宣告成立,协会的地址设在上海浦东同乡会,杜月笙任主任委员,钱新之等人任副主任委员,另设副总干事三人,分别驻在上海、镇江、南京等地。

杜月笙亲自出面,并且在顾嘉棠的家中摆酒设宴请客。上海的地方领袖、工商知名人士全都来到了这里,上海市市长钱大钧、军统局首脑郑介民亲自出席,同时出面请来了新闻机构前来拍摄录像。一顿饭吃过,这些达官贵族纷纷表示愿意捐款救助,这样大部分款项已经解决。

为了筹集善款,上海各报、各电台、各戏院、各舞厅、各大娱乐场所热烈响应,话剧、平剧、地方剧演员,纷纷举行义演。杜月笙别出心裁,还有一项破天荒的创举,那就是他发起中国有史以来第一次公开选美,选举首届"上海小姐",花样翻新地办起了"上海小姐"选举来。选美规定:凡是来参加选美的成员都要高价购买选票,所得的出售选票的收入转为赈灾捐款,帮助受灾的人们,给他们基本的生活上的救助。通过报纸电台的多方面的宣传,全国上上下下引起了不小的轰动,一些名门淑女与当时著名的交际花一听说有这个活动如痴如狂,纷纷前来竞美,市民也积极参与了其中。一番角逐之后,剩下的竞争者只剩下王韵梅、谢家骅、刘德明三位美人,她们的得票数此起彼落,相差不大。

来竞争的人来头也不小,王韵梅是范绍曾的女朋友,范绍曾是好热闹的退役四川将领,十分有钱,他为了捧这位美人,一个人就捐出四千万元。杜月笙知道了这件事后,立即邀请川帮巨子与上海的一些豪门,一连数夜开怀畅赌,共得两千万元,所得钱财全部用来购买选票为王韵梅撑腰。谢家骅、刘德明的背后也都有豪门支持,竞选情形空前热烈,上海小姐随之成了各报的热闹新闻和街头巷尾、茶楼酒肆的话题。

8月20日晚,在新仙林舞厅,首届"上海小姐"选举结果公布,王韵梅荣登魁首宝座.谢家骅第二,刘德明第三。"上海小姐"选举办得热热闹闹,轰轰烈烈,在它的影响之下,歌坛、平剧团和舞厅也纷起仿效。开展卖选票捐款的活动,亲自表示选票收入全部用于救灾。救济协会方面自然万分同意，再加上报纸电台也起到了大力宣传、推波助澜和锦上添花的功效，于是各业便如火如荼地进行起来，一时高潮迭起。选出评剧皇后言慧珠、歌后韩菁清、舞后管敏莉。这些通过参加选美比赛脱颖而出的小姐顿时名噪一时，成了上海的知名人物，后来都跃上了银幕，成为当红明星。

杜月笙通过举行这次活动，再加上上海市民同心同德，新闻界的及时回应，圆满完成了募集善款二十亿元法币的目标。善款的筹集资助了很多饥寒交迫、沦落街头的难民，挽救了他们的生命。在杜月笙成功的决策下，收到捐款立即采办粮食布匹，送往外地或就地分发，提升了救济工作的时效。

杜月笙和汪宝暄的这一次合作十分愉快，两人因此也获得了彼此的友谊。汪宝暄也改变了对杜月笙的看法，转而对杜月笙衷心敬佩、推崇备至。汪宝暄认为像杜月笙这样一个人，他的前半生也许做了很多不益于革命，不益于人民的举动。但以他的出身，现在竟然如此大发善心，积极救助，能有这么大的变化，实足令人惊讶。汪宝暄说后期的杜月笙不但形象上文质彬彬，气质高贵，而且可以说具有政治家的风度。杜月笙有能力、有手腕、善于权术，尤其他热心公益，任劳任怨的精神，更非常人可企及。

江苏赈灾工作圆满结束后不久，汪宝暄因操劳过度住进南京中央医院，杜月笙知道后，送他一张两千万元的支票，表示自己的关心，汪宝暄知道以后对杜月笙深表感激，但最终没有接受，在他出院后退还给杜月笙。

吴开先回忆民国三十六年间上海筹办的各种选举，感到很是欣慰，意味深长地说："上海市选举风气非常之好，它不像若干选区的乌烟瘴气，乱七八糟，竞选的人要花很多的钱。在上海不论是竞选监察委员、立法委员或国大代表，当选人既不需请其客，也不必花什么钱，充其量不过拜拜客，向社会各方面表示表示，某某人要出来竞选什么公职。投票的时候，选民自会凭着交情良心，说一句话，想投给谁便投给谁，所以上海从未发生任何选举纠纷。"

自壮声势办社团

20世纪30年代以后，以杜月笙为代表的上海青帮组织，逐渐放弃了最开始的鸦片、赌博等"传统行业"，开始转向工商金融业等近代经济。物质基础决定上层建筑，经济基础有了变化，对应的组织形式也要革新。杜月笙觉得，青帮"开香堂"收徒弟的一套传统方式，已经不适应如今的广收海内"英雄"的需要，也阻碍了"英雄"的来路。他觉得要笼络一批有地位、有知识的心腹，光用青帮还吸引不了人。

为了更加积极地逢迎以蒋介石为首的国民党当局和法租界

当局,广泛结交社会各界知名人士,大力支持公益事业,树立正面的、较好的社会形象,杜月笙在自己的骨干门生陆京士等人的辅佐下成立了恒社。

1932年11月19日,"八仙桥青年会"举行集会,集会的举行为成立恒社做准备工作。集会上推举陆京士、洪雁宾、周孝伯、徐懋棠、蔡福棠、江肇铭等8人为常务理事。

1933年2月25日,恒社开幕典礼隆重举行,杜月笙任名誉理事长,宣告恒社正式成立。会址设在法租界爱多亚路。恒社是由国民党社会部核准,得到官方正式承认而组建的合法组织。恒社成立之初还在法租界登记注册,就连法租界总监也赶来参加开幕典礼,也到成立大会上祝贺。恒社是一个属于杜月笙私人的新型的民间社团组织,与旧上海那种偏于黑色、带有流氓气息的旧帮会有较大区别。

"恒社"这一名称,是陈群给起的,典故出自《诗经·小雅·天保》:"天行健,君子以自强不息,如月之恒,如日之升。如南山之寿,不骞不崩。如松柏之茂,无不尔或承。"暗含对"月"的崇尚,就是以杜月笙为立身处世的"典范"。隐隐含有以杜月笙为中心,也以他为立身处世的最高"典范"的意思。

恒社的宗旨共有二十个字:"进德修业,崇道尚义,互信互助,服务社会,效忠国家。"

恒社还专门制定了社徽,图案为圆形,中间一座大钟,钟上斜月高悬,四周环绕十九颗星。大钟是"镛"字的象征,典故出自《尔雅·释乐》中"大钟谓之镛"。钟顶所悬之月也是"如月之恒"的意思。十九颗星代表发起组织恒社的十九位弟子,构成杜月笙不断增长的权势力量，还象征众理事与杜月笙之间是群星拱月的关系。

按照恒社的规章制度,恒社的领导机构是理事会,包括十九名理事,十一名候补理事,都由社员大会选举产生,杜月笙任名誉理事长。虽然理事会是恒社的最高执行机构,但重大问题仍旧由杜月笙、陆京士等人决定。杜月笙事前指定理事会成员,然后再通过选举表决走个过场,然后在社员大会上宣读理事会成员名单,社员们照例举手通过。

恒社是一个上流人物的组织,恒社的大门并不向杜月笙手下的所有弟子开放,仅限于有身份、有社会地位的人。入会人士是经过严格挑选的,有"重质不重量"的说法。

恒社社章规定:愿加入恒社者,需经恒社社员二人以上的介绍,经理事会审查通过,即可填发社证。但其标准是:文职须科长级以上,武职须少校以上,工商界须主任级以上,年龄须三十岁以上。杜月笙手下那些不符合上述条件的门生弟子,只能加入他所组织领导的其他组织。

为突出杜月笙在恒社内的特殊地位,所有决定加入恒社的成员都要到会场参加隆重的拜师仪式。申请加入的人还需要用红帖子写明自己的祖宗三代,再在上面加上"愿拜门下,听从教诲"之类的话语,以表示加入恒社的诚心和决心。这时候屋子里面点上红色蜡烛,地上铺设红毡毯,点燃寿字浸香。恒社理事成员全部要到场并在那里恭候杜月笙的到来,然后派一名理事去请杜月笙。杜月笙进场之后,拜师仪式才能正式开始。

新申请加入恒社的成员只能站在下面,司仪收过他们的红帖子之后就依次点名,被点到名的人需上前向杜月笙鞠躬行礼,杜月笙有时还要很客气地说句"不敢当"之类的话,以表示谦虚。随后,新旧社员之间也要互相行礼。拜师仪式的最后,杜月笙向刚刚加入恒社的全体新社员发表训词。

帮会活动的公开化和入帮仪式的简化,使得帮会和社会间开始有了相互认同感。杜月笙成立的恒社作为一种社会力量,开始承认社会的基本秩序,不再以反对社会、推翻政府为目的。在1933年2月至1937年5月四年间,会员增加了四倍多。此时,由于人员较多,杜月笙无暇顾及,恒社便主要由陆京士领导,万墨林负责具体事务。杜月笙常常颇为得意地说:"学生子实在太多了,我也认不清楚,反正只要京士和墨林认得就行了。"

恒社重要常务理事陆京士在纪念恒社三周年会议的演讲中,尤其强调了恒社是杜月笙私人组织的性质,陆京士说,杜月笙是恒社的唯一领导人和唯一的中心,所有恒社成员都愿意为杜先生效犬马之劳。

到20世纪30年代中期,杜月笙的恒社,因为它和上海资产阶级、国民党政客、政府官员的联系,成了上海青帮中最有势力的私人组织。

抗日战争爆发,在杜月笙主持的恒社内,抗日的主张占了很大的优势。恒社社员陆殿栋曾经说:"目前中国的问题……是要如何挽救危亡,如何共图生存……把为个人为家庭为少数人谋利益的力量,全部转移到大多数人民与整个国家的身上去。……我们全体同人……为国家为民族着想,牺牲奋斗,一致抗敌,我们中国才有出路,我们恒社才能恒久。"

上海沦陷,杜月笙领导下的恒社拒绝和日本人合作,并积极投身到抗日救亡的运动中,后来,恒社成员帮助戴笠收罗流亡到后方的各界帮会分子,建立人民动员委员会。抗日战争胜利以后,1945年9月初恒社迁回上海,在上海重新建立,收罗原来组织的旧部,想着有一天再重整旗鼓。但很无奈曾经风光无限的恒社已经回天无力了,这时,由于租界已被收回,国民党势力开始公开活动,国民党官方不再需要杜月笙的特殊作用了。

国民党某情报员在报告中曾指责恒社说:"虽然今日其所表于外者,固有慷慨好义之行、济贫扶弱之为,但今日上海之黑暗罪恶如今者,实为彼等一手所造成。社会不察,扬其微德,而没其重咎;天下之昧于理者,莫甚于斯矣。"帮会的作用不再像以前那么重要。

第八章

国难当头逞威风

上海沦陷后，杜月笙拒绝日本人的拉拢，于11月迁居香港。在香港，他利用帮会的关系，继续活动。他担任中国红十字会副会长、赈济委员会常务委员和上海党政统一工作委员会主任委员，从事情报、策划暗杀汉奸等活动。其中最著名的是，他在上海的门徒协助军统特务刀劈了大汉奸、伪上海市长傅筱庵。1940年他组织人民行动委员会，这是在国民党支持下的中国各帮会的联合机构，杜月笙为主要负责人，由此实际上成为中国帮会之总龙头。

亲赴抗战后援会

　　1937年，日寇全面进攻上海，上海守军奋起抗战。"八一三"抗战开始，蒋介石划定南京、上海、杭州一带为第三战区，由他亲自兼任第三战区司令长官，管辖第八、第九两个集团军。第八集团军总司令是张发奎，第九集团军总司令是张治中。随后，白崇禧、胡宗南、陈诚等部也被调到上海参战。

　　上海人民与全国人民一样同仇敌忾，积极投入到英勇悲壮的抗日斗争中。在全国人民抗日要求的强烈推动下，杜月笙积极响应号召，参加了上海各界抗敌后援会，任主席团成员，同时兼任筹募委员会主任。

　　有战争就有伤亡，杜月笙首先以中国红十字会总会副会长的名义，联合各团体组织上海市救护委员会，并同时成立十三个急救队、十个救护队、二十四个临时救护医院，征集九十八辆救护汽车，并自己亲自出面寻找到十六所公立医院和私立医院收容受伤军民。据官方数据统计，在杜月笙领导下的救护输送医疗工作，一共救护了四万四千三百九十八名抗日受伤军民。

　　此后，杜月笙又积极筹划在昆山、松江、无锡、苏州、南京、杭州等地设立重伤医院。在战火纷飞的抗日年代，这些医院每年救治伤员二三千人，多则达三四千人。南京沦陷之后，中国红十字会总会及各地工作人员大多撤退到汉口。

杜月笙亲自搭乘飞机到汉口，与国民政府有关部门一同商定救护方针，并积极动员在汉口成立临时救护委员会，设置三十七个医疗队。后因救治工作的需要，医疗队逐渐增加到了一百七十八个，将近有三千名工作人员。据统计，到抗日战争结束，红十字会救护了高达二百六十万的军民。

　　这样的成绩，与红十字会广大工作人员的努力是分不开的，尤其是杜月笙，他在其中的领导作用不容小觑。救护工作所需的车辆、物资，许多都出于杜月笙的号召，在杜月笙的带领下，杜月笙家里的佣人和仆人也都积极捐助。在这一点上，杜月笙号召他所能影响的团体包括他自己亲手组织成立的帮会组织中的成员捐助抗战，已经难能可贵，令人敬仰。

　　8月14日，日本空军轰炸杭州笕桥空军基地，当地战机迅速起飞迎击，一举击落敌机九架，自身却是安然无恙，没有伤亡。听到了这样振奋人心的消息，上海市民欣喜若狂，争先恐后去街头庆祝。

　　当天下午，战机飞到了上海上空，轰炸停泊在黄浦江江面的日本旗舰"出云号"等敌方目标。中日双方战斗机、轰炸机在租界以外的天空中开起了战火，上下翻飞。

　　此刻的上海人不顾自身的安危，没有选择待在家里，而是争先恐后到街道上观看，一时间租界马路上人山人海，黑压压的一片。就在人们议论得热火朝天的时候，忽然，巨响之后，街道上观看的老百姓死伤上千人。

　　原来，有一架中国战机中弹，随时都有落下的危险。尽管驾驶员尽全力操纵中了弹的飞机往市外飞，降落在人员较少、相对空旷的地方，不让飞机坠落在人员较为密集的租界和市区造成更多的伤亡，不料飞机失去控制自动落了下来。一时间市民伤亡无数，成千的人都受了伤，上海百姓没有埋怨，他们知道造成这一恶果的是日本人，只是咬牙痛恨日本侵略者。

随着这场中日大战愈演愈烈，交战双方的人力物力的投入逐渐增多，双方部队不断增援，战争最激烈的时候，在淞沪一线抗战的中国部队多达五十万人。每次有大部队到来时，杜月笙一定要亲自冒着炮火上前线，并给这些在前线行军打仗的士兵带去大批的慰问品。

有一次，杜月笙在慰问部队随军的时候问张治中："总指挥，这边还需要些什么？"

张治中说话也不客气，实话实说："现在军中最需要的是通信器材，比如电话机、机器脚踏车一类的传令工具，这对我们在前线作战很有帮助。"

杜月笙听过之后立即说："还请总指挥放心，我立即回去筹办，一定尽快送来。"

回到抗敌后援会之后，杜月笙等人已经筋疲力尽，随行的人都劝说杜月笙先去休息。但杜月笙不听大家的劝阻，坚持不肯回家休息，他气喘吁吁地吩咐手下人："火速去买一部电话总机，十架分机，外加四部机器脚踏车，连夜送到张总指挥那里。"

"那钱呢？是不是用会里收到的捐款？"手下人问道。

"不！用我的钱，这是我自家捐的，与会里没有关系。"杜月笙断然答道。

尽管已经把事情交代下去了，但杜月笙还是不放心，仍然不休息，一定要坚持到亲眼看到东西送出去再回家。

　　时隔不久，外出采办的人打电话回来说，市面上的电话总机暂时缺货，无论出多少价钱都买不到电话总机。杜月笙又命人到处打电话，尽管是多方查找，仍然没有结果。情急之下，杜月笙便给自己创办的中汇银行拨打电话，让中汇银行的人把电话总机拆下来，送到前线去。

　　一群人全都呆呆地站在前方，一声不吭。正在这时，有人急匆匆赶来向杜月笙报告："刚刚得到消息，说是西门子洋行有一部电话总机，说是别人已经订购了，无论我们怎么说人家都不肯卖。"

　　杜月笙听到后忽然有了主意，眼睛一亮，吩咐中汇银行暂时不要拆电话总机，又立刻给杨志雄打电话："杨志雄，你做过西门子的总顾问，现在有桩事要托你去办。你想办法取消原买主的订货，自己出钱买下这部总机，我这次是志在必得，无论你想什么办法，一定要给我找来。"杨志雄接到杜月笙的命令后快马加鞭，奔走交涉，用了好几个小时终于把事情谈妥。杜月笙一直等到各种随军军需品连夜送走了，才同意回家休息。

　　后来，杜月笙又派出代表询问看看其他的军队还需要什么。

　　张发奎笑着说："前方作战的部队军需齐备，不用供应。只要多来几位朋友，给弟兄们打打气就好。"

　　听代表回来这么一说，杜月笙就和吴开先商量："张总司令真是空口说白话，只让我们去几个人，这哪成啊，能起到什么作用啊？我想我们还要送点东西过去，只是一时间不知道送什么才好。"

吴开先接着说道："上海市民送到后援会的毛巾、香烟、罐头、食品堆积如山，我们可以多运一点去，你看如何？"

"好是好，不过，我还是觉得光送这些还是不够。我知道张总司令作战勇敢，他总是不避危险、不怕牺牲到第一线指挥作战。为了他的安全，我想买一部装甲保险汽车送给他。"杜先生笑着说道。

"好极了！可是买一部装甲汽车要花一万多元，一下子花掉后援会这么多钱，又是送给张总司令自己一个人的，恐怕这样做会引起非议。"吴开先虽然表示赞成，隐隐约约还是有些担心。

杜月笙大笑起来，说道："我只是问你送给张司令装甲汽车这件东西是不是比较实用。既然你也同意，说好，买装甲汽车的钱我自己出，等买过之后，再用后援会的名义送给张总司令。"

没过几天，一辆崭新的装甲保险汽车买到了。杜月笙邀请钱新之、吴开先、陆京士、陈小蝶等人，一同押送新车，车上还装有大批慰劳品，由外滩渡江一直送到张发奎的总部。这一部保险装甲汽车，张发奎一直坚持用到抗战后期，很是喜欢，直到多年以后张发奎才知道这是杜月笙个人送给他的。

10月1日，国民党中央执行委员会命令上海市各界抗敌后援会，迅速募集皮棉背心、卫生衣裤、青布鞋袜、手套耳套及棉毯等，统一配发前方。为了完成这一任务，杜月笙立即通过电台播音劝募棉背心，不仅如此，就在这一天杜月笙还担任了浦东棉花运输会常委，负责支援前线。

"八一三"抗战后期，杜月笙得知还在前线坚持抗战的谢晋元团缺乏食品，仅用了一天时间就筹集了二十万张饼给谢团送去了。

10月，八路军驻沪代表潘汉年曾经给杜月笙写信，告诉杜月笙：八路军已经进入晋北作战，但好几个月过去了，防毒装备日渐缺乏，渴望后方同胞捐助防毒面具。

杜月笙接过信后，赶紧在杜公馆召开抗敌后援会主席团会议。会议最后决定，将一千只从荷兰进口的防毒面具捐赠给八路军使用，这一举动解决了八路军的后顾之忧，他们可以安心打仗了。这些面具价值约一万六千元，从抗敌后援会募集的北上慰劳金里支付。抗敌后援会还给潘汉年回信说："兹由本会勉力购赠荷兰新到防毒面具一千只，请即劳驾慰劳委员会接洽运输手续，以便早日送达贵军前方将士备用。"

大敌当前，杜月笙积极参与到民族救亡的浪潮之中，改变以往的流氓形象，对中国共产党采取了合作的态度。在抗日战争期间，杜月笙坚持在上海，包括参加抗敌后援会工作，直至11月上海沦陷，杜月笙才秘密撤退。

痛惜好友张啸林

　　1937年10月下旬,随着日军的大规模侵华,战局进一步恶化,上海沦陷,蒋介石准备放弃上海。日本人想方设法、千方百计拉拢上海青帮头子杜月笙、黄金荣、张啸林,让三大亨为日寇效力。为了不让"上海三大亨"落入日伪手里,以蒋介石为首的国民党也找过他们,说让黄金荣、杜月笙、张啸林离开上海。杜月笙主意已定,决定离开上海逃往香港。黄金荣说自己年逾古稀,体弱有病,去港岛路途迢迢经不起颠簸,想留在上海,保证闭门不出,绝不为日本人做事,保证不做对国家对民族不利的事情。

　　早在上海淞沪战争前后,日本人就曾经拉拢杜月笙。日本人侵略中国,无孔不入,他们深知上海滩上有一个路路皆通、无往不利的杜月笙。他们想尽一切方法,百计纠缠百般笼络,希望拉杜月笙过去大加利用。上海的日本总领事馆,日本陆、海军部的特务机关,甚至不惜每月列出经费预算专门去做杜月笙的工作,派人窥伺刺探、跟踪调查,报告杜月笙外出的交往情形、生活状况,作为争取杜月笙的参考资料。

　　正当杜月笙积极参加抗日战争,把支援前线、推销公债的工作干得有声有色、劲头十足的时候,日本军要、特务头脑、亲日人士依然能想得出法子,找得到空档,开始对杜月笙施以威胁、利诱。想拉拢杜月笙,先是物质利诱,后又恫吓威胁,要求杜月笙留在上海为日本人出力。从而利用杜月笙在上海滩深厚的力量,帮助他们早日占领上海,彻底有效地统治并运用遍地黄金的上海滩。

日本人对黄金荣也有多次的拉拢。1938年夏,日本驻华海军武官佐藤少将到黄金荣花园"看望"黄金荣。他这次到来的真正目的是让黄金荣出任"上海大道市政府市长"之职。

黄金荣心里十分清楚也十分明白,日本人想在上海成立一个傀儡政府,要他当汉奸。自己现在一大把年纪了,不能老了老了名节不保啊。于是,黄金荣便推托说:"将军,我年老病重,即便是大热天穿了棉袄还怕冷,连走路也走不好了,哪能当好市长!再说,我没念过书,我也不识字呀!"

佐藤说:"这些都不是问题,只要你同意出任'上海大道市政府市长',一切由皇军安排。"黄金荣仍推托说:"这件事事关重大,容我考虑一下,改日再给您答复。"佐藤告辞后,黄金荣从躺椅上跳起来,三两下拉开棉袄,露出了膀子,哈哈大笑。原来,在佐藤来之前,黄金荣特意让人打了可使人降低体温的针,打了之后,即使大热天穿上棉袄,看上去身体还是虚弱的样子。

其实黄金荣不当汉奸还有着多方面的原因:首先黄金荣与蒋介石有师生之谊,出任"上海大道市政府市长"对于蒋介石来说总是一件很不光彩的事。其次,在日本人刺刀下担任此职,万一自己将来有个差错,日本人一定不会轻易饶恕自己,日本人的这碗饭也不是那么好吃的。最后,自己虽是上海界流氓,但做流氓总比做日本人的走狗、民族败类要好得多,至少不会背上千古骂名。以后几个月中,黄金荣多次托病拒绝了日本人的要求。1939年9月初,汪精卫也曾经登门拜访黄金荣,后又亲自设私宴招待,黄金荣也不上当,又一次装病上阵,趁机离席。

黄金荣、杜月笙虽是一介流氓，但他们在大是大非面前有着清晰的头脑，能够冷静思考自己的去留将会给后人带来无穷无尽的笑柄还是称赞叫好，这样，有着赤诚的爱国之心的两位人物赢得了我们的尊敬。

当上海的另一流氓头子张啸林听说日本人要请黄金荣当"市长"并且被黄金荣拒绝时，张啸林大呼惋惜，并趁机要黄金荣把自己推荐给佐藤，结果遭到黄金荣的严词拒绝。张啸林非但没有死心，还与日本特务部部长来往甚密，并结识了日本军人，之后便公开投入日寇怀抱。日本人决定成立一个浙江省伪省政府，许诺"省长"一职由张啸林出任。

这正给了张啸林独霸上海滩的绝好机会。

此时的张啸林野心勃勃，打起了如意算盘。经过与日本人密谈后，他上了日本人的贼船，和日本人做上了交易。其实双方都有自己的考虑：日本侵略者是想借张啸林在上海的黑社会势力来维护上海社会秩序，进而让张啸林的手下人为日本人所用。而张啸林是想趁机借日寇之手巩固发展自己的势力，成为上海滩上独一无二的人物，压倒黄金荣和杜月笙。

张啸林公开投敌之后，立即布置自己在上海的门徒，软硬兼施威逼各行各业与日本人实现"共存共荣"，大肆镇压民众的抗日救亡活动，捕杀爱国志士。又打着"新亚和平促进会"会长的名义，派人去外地为日军收购粮食、棉花、煤炭、药品，强行压低收购价格，甚至非常跋扈地武装抢夺。

蒋介石得知了这一情况之后，指示军统局局长戴笠立即予以制裁。戴笠在上海期间建立"行动小组"，重视情报工作，并由他亲自指挥，专门刺杀各类日伪组织和机构中的头面人物。戴笠于是向潜伏在沪上的军统上海区区长陈恭澍，发出了针对张啸林的锄奸令。

戴笠请杜月笙推荐一位有魄力并且能独当一面的骨干人物，杜月笙就把他的得意门生陈默介绍给了戴笠。陈默，字冰思，别看个头不高，但是人长得很精神，在军校高校班受过专门的训练。陈默是杜公馆中后起之秀的狠角色，狠起来也让人后怕，他有军事训练基础，条件非常适合。

陈默接到了杜月笙的命令后，加入军统。在上海行动小组和忠义救国军老干部严密配合下，制裁敌伪的除奸工作便轰轰烈烈地展开。陈默担任了军统局"上海行动小组"负责人，配备有专门的人员、金钱、枪支。

陈默早在1938年1月14日就开始暗杀行动了。当时正准备担任上海伪特区法院院长职务的范罡，他专门替强盗开脱罪名，因而也就有了"强盗律师"的称号，这一天范罡走到威海卫路自家门口，只听一声枪响，还来不及躲藏，范罡当即倒地毙命。这也是陈默就职以来的第一件大作。

这一时期暗杀活动频繁，上海滩上雷霆万钧，异常紧张，同时民心大快，同仇敌忾。可是，此时的杜月笙内心开始矛盾、挣扎，越来越不安了。俞叶封被杀之后不久，他开始为张啸林担心。

是啊，毕竟张啸林是杜月笙多年的老朋友了，杜月笙无法阻止戴笠去执行命令，但同时他更不忍心自己的把兄弟死在他的好朋友的手里，这可真是无可奈何的两难选择。杜月笙曾想尽办法，辗转请朋友去劝张啸林保住晚节，悬崖勒马。可是，张啸林总是一语不合，立刻两眼一翻，不分青红皂白，破口大骂，谁又敢去惹他呢，老虎屁股摸不得，一时间谁还敢去自讨没趣劝说张啸林？

张啸林的性格和杜月笙不同，张啸林是一生一世都想做官。但是，张啸林又不愿意做国民政府底下"奉公守法"的公务员，他的官瘾是像那些北洋军阀那样为所欲为，抖尽威风的那一种。但自从北伐成功，军阀连根割除之后，在张啸林的心目中，只有当"汉奸官"才可以逞逞威风、扬眉吐气。

杜月笙自然是晓得他这位老兄的心理，因此一直为他暗地着急。唯恐他真的投靠日军，捞上了汉奸官，将来会受到国法和民意的唾骂和制裁。但是奇怪得很，上海沦陷三年多，一直想当汉奸的张啸林居然纹丝不动。

张啸林在上海又开了一个"俱乐部"，内容无非是鸦片烟土和赌博，整天和他混在一起的是老朋友高鑫宝、俞叶封、程效沂等人。这一时间，共产党的游击队控制乡村，从背后袭击敌伪运输的物资，使上海的补给供应极为困难。于是日本人去找张啸林，由张啸林负责设法向外地采购必需物品，张啸林认为这种生意有钱可赚，值得去做。于是他便组织了一个"新亚和平促进会"，召集在上海的弟子统统参加，到乡下去替东洋人办货。结果，他包办了从上海到华中的运煤"贸易"，又担当食米的搜刮和搜购，不仅如此，张啸林还让俞叶封专门搜购棉花。

在日本人大量而又迫切的需要之下，张啸林的生意越做越大。他从安南购煤运到上海转销华中一带，三轮车曾是安南河内特有的交通工具，张啸林瞧着好玩便带到了上海，后来，才有了风行中国各大都市二十余年的三轮车。张啸林不曾做成汉奸官，却是着着实实发了汉奸财。

1939年夏天过去以后，张啸林下了莫干山，等他再回到上海之后突然发现事情有些不一样了。杜月笙的得意门生陈默奉命惩奸除害，已经在上海滩大开杀戒，并且已经暗杀了好几个。一次张啸林刚刚回到上海不久，他的好朋友伪上海市财政局长周文瑞被枪打成重伤，两星期后伪"和平运动促进会委员长"李金标又被行刺，侥幸保全了性命。现在，风声却越来越紧，人们都在风言风语传说着重庆地下工作者枪口已经对准了张啸林。张啸林也吓怕了，他不敢再到公开场合露面。只是在夜晚出一趟门，到俱乐部玩一玩。

1931年1月15日，新艳秋在舞台唱《玉堂春》，由于这一时期俞叶封正在力捧新艳秋，而且那一天又是新艳秋在上海的最后一场演出。张啸林拗不过俞叶封的苦苦邀请，他包了楼上正当中几个包厢，准备给新艳秋捧一次场。

偏巧就在那一天张啸林自己有事，改变了计划，没有赶来。俞叶封和几个朋友在楼上好不热闹，喝彩声不绝。突然一阵机关枪响，全场秩序大乱，只见俞叶封倒卧在血泊之中。

经过了这一次惊险万分的刺杀事件，张啸林害怕极了，自此以后决定闭门不出，连俱乐部也不去了。与此同时，张啸林一口气雇了二十几名身怀绝技、枪法很准的保镖，张公馆前后门都有日本宪兵守卫，日夜巡逻，就像铜墙铁壁的堡垒一般坚不可摧。

1941年夏天，张啸林照例去莫干山避暑，很不巧的是，救国军以莫干山为根据地向日本人频频出击，日本军队遭受到了严重打击。日本人非常气愤，放一把火烧个精光，理由是没有了茂林修竹游击队就无法躲藏了。一时间莫干山上草木皆兵，人心惶惶，张啸林本来就如履薄冰，这样一闹腾，自然是心惊肉跳得再也住不下去了，他匆匆忙忙返回上海，过着深居简出的生活。

张啸林尽管尝到了重庆分子的厉害，却不但没有赶紧调转，远离日本人，相反却更加坚定了要死心塌地当汉奸，不知悔改。一天，张啸林正和他的学生吴静观，两个人在华格臬路三层楼上商量事情。不大一会儿，张啸林听见有人在楼下一直争吵，于是张啸林看看窗外发生了什么事情，这一看不要紧，原来是他那二十几名保镖在那儿互相骂。张啸林本来脾气就不好，再加上现在是多事之秋，这一来难免又要发火了，因此张啸林向楼下保镖们厉声喝骂道："谁不想干了就给老子滚。"

谁知今天也不知道是怎么回事，这位名叫林怀部的保镖头脑，一面拔出手枪，一面抬头回话："不干就不干！张啸林，你要当汉奸，待我送你上西天！"骂声还没有停止，只听一声枪响，林怀部一枪射中了张啸林的咽喉，但见张啸林身子向前一扑，头颅向下垂着，上海"三大亨"中的张啸林，就此一命呜呼，时年六十五岁。

得知自己把兄弟张啸林的死讯，杜月笙也曾吞声饮泣，说："一定是陈默他们让林怀部干的。我的好朋友杀死了我的多年的老兄弟！论江湖义气，我实在站不住道理。不过，我几次三番地拉他，他就几次三番地大骂我，我倒不是怕挨他的骂，实在是骂过了之后，他还是不肯出来。张啸林要当汉奸，他的死也是罪有应得。"

义除汉奸傅筱庵

与张啸林同样被制裁的，还有傅筱庵。

傅筱庵名宗耀，字筱庵，浙江镇海人，十五岁时在上海英商造船厂做工，因傅筱庵粗通英语，又知道如何取媚于外国资本家，很受赏识，很快就升为领班，攒够了买房子的钱。之后傅筱庵拜在大买办大官僚盛宣怀的门下，拜盛宣怀为"干爹"，一下跻身绅商之列。

辛亥革命爆发，盛宣怀携全家老小一同逃到青岛，随即辗转来到日本。于是盛宣怀就把自己在上海的财产委托给傅筱庵代管。由于当时盛宣怀已经逃到日本，上海各界都主张把他的财产充公。傅筱庵在得知这一情况后非常害怕，在商界人士集会时，竟然给所有的人磕头并且苦苦哀求不要没收盛宣怀的财产，并承认他暂为盛氏管其产业和股权。1914年4月，盛宣怀从日本回来接着掌管公司大权，同时为了感谢傅筱庵积极出面保全他的家产，盛宣怀让傅筱庵担任招商局经理。后来，盛宣怀在上海病逝了，傅筱庵利用各种办法巧取豪夺，把盛宣怀的财产据为己有。

1916年，傅筱庵担任中国通商银行董事并兼任招商局董事。他利用各种手法，聚敛巨资，勾结一些洋人买办，走私鸦片。1919年，傅筱庵几乎操纵了中国通商银行的实权。在此期间，傅筱庵还出任北洋军阀政府的国务院高等顾问、财政部驻沪特派员等职,自此开始了他的政治生涯。

1925年5月30日,上海学生两千余人在租界内发表演说,发放传单,抗议日本资本家打死工人、镇压工人大罢工,这些学生积极为工人的正当权益声讨,并号召收回租界,结果一百多人被英国巡捕逮捕。成千上万的群众聚集在英租界巡捕房门口,要求释放被捕学生。英国巡捕无视这一呼声竟开枪射击,伤亡群众近两百人,造成震惊中外的"五卅"惨案。此后上海发生了三罢斗争,银行和钱庄也纷纷加入。

此时的傅筱庵担任上海总商会副会长,他对工人和学生的种种行为极为厌恶和仇恨,于是转而和上海总商会会长虞洽卿勾结。6月10日,上海总商会召开,傅筱庵成立了"五卅事件委员会"。在会上,傅筱庵高声叫嚷着"罢市系自杀政策,应想完善政策",随后傅筱庵设宴招待北洋军阀政府派来的代表,企图结束罢市。傅筱庵等人修改了工商学联合会提出的要求,并把内容要求由十七项交涉条件改为十三项。傅筱庵、虞洽卿操纵着上海总商会,并想方设法让事情朝着对自己有利的方向发展,很快到了26日,上海各界宣告复业。

1927年3月,北伐军已经来到了上海。上海第三次工人起义取得胜利,孙传芳兵力溃败,再也无法支持下去,仓皇逃出上海,傅筱庵亲自前往送行。傅筱庵看到蒋介石如日中天的势力后,见风使舵积极倒向蒋介石,派其亲信爪牙亲手拿着信件面见白崇禧,表示愿意誓死效忠。3月22日,白崇禧到达龙华之后,又派人给傅筱庵送信,称其为"商界领袖,群流景仰",傅筱庵收到白崇禧的来信自然十分激动,再加上白崇禧又如此吹捧自己,傅筱庵深感荣幸,于是第二天起了个大早,慌忙去拜见白崇禧。

没想到的是几天以后,蒋介石下令要通缉傅筱庵并没收其财产,理由是曾经效忠于北洋军阀。傅筱庵得到消息后,赶紧向日本人求助,恳求日本人帮助他脱离险境,日本人答应了他这一请求,派武装卫队护送他上外国轮船,连夜逃往大连。在大连的三年时间里,日本人给了他保护和衣食无忧的生活,傅筱庵经常与日本特务小松、石井等人往来,成为著名的亲日派人物。

1937年日本发动全面侵华战争,中国军队奋起抵抗,全民抗战全面展开。11月12日,上海沦陷。傅筱庵不愿意整天窝在日本人的住所里,想着出来干些事情,于是经常和日本特务来往,希望能帮上自己。当时,日本正在物色比较有名望有身份的人出任伪上海市市长。

周文瑞就向松井极力推荐傅筱庵,松井一听傅筱庵是盛宣怀的心腹总管,又当过中国通商银行总经理、上海市商会会长,一拍即合。立即派员到傅家数度联系,正中傅筱庵下怀,这是傅筱庵多年梦寐以求的事。1938年3月,伪政权"中华民国维新政府"成立,在日本人的授意下,"中华民国维新政府"任命傅筱庵为伪"上海特别市"市长。至此傅筱庵公开投敌卖国,成为无耻的汉奸、侵略者的走狗。

随后傅筱庵公然出面与英法租界当局办交涉,并亲访英、美、法国大使。并向租界当局提出租界里面的居民家中、商店一律不得悬挂国民党的青天白日旗,要改挂伪维新政府的五色旗。1938年11月4日,上海江海关大钟上的旗杆换上了五色旗。

1939年5月6日,汪精卫来到了上海,在日本政府的策划和支持下，吞并伪中华民国临时政府和伪中华民国维新政府，组织建立伪中央政权。傅筱庵得知汪精卫将要来上海的消息时，慌忙以伪上海市市长的身份迎接，其阿谀奉承的汉奸嘴脸实在让人心生厌恶。1940年3月30日，伪国民政府在南京成立，傅筱庵原来的职位没有变动，继续担任伪上海市市长。

上海沦陷以后，国民党特工处和军统局成立，特工人员常以租界为掩护，在上海进行着雷厉风行的"锄奸"暗杀活动。对那些公开叛国投敌的社会名流大开杀戒，上海不断发生暗杀事件。

此时租界里汉奸不断被人暗杀：市政府的几个伪局长也被人狙击，伪苏浙皖税务总局局长邵式军在南京路上被人狙击，傅筱庵自己亦险些被人狙击。傅筱庵也感觉到了危险，严令工部局取缔"恐怖分子"，并开出黑名单，命令工部局照单办理。如果工部局阳奉阴违，奉行不力，他们就直接派宪兵到租界上来捉人。傅筱庵又以此为借口不断向租界当局施加压力。这一时期的上海真是让人望而生畏。

以汪精卫为首的汪伪政府为了自身安全也赶紧下令通缉在上海的国民党地下组织人员。傅筱庵要求租界当局缉拿凶手，清理暗藏在租界里面的国民党地下特工人员。7月14日，傅筱庵下达了通知，限令上海《申报》《大美晚报》的外文编辑鲍惠尔、阿乐满、高尔等七人出境。之后又限制上海各商界和娱乐场所所在《中美日报》《大美晚报》《大英晚报》等报刊登营业广告，同时禁止大大小小的营业点出售上述报纸。随后针对近期以来上海不断发生的暗杀案件，多次向租界工部局提出抗议和警告。

人常说擒贼先擒王，枪打出头鸟。傅筱庵三令五申的抗议和禁令也让他活跃在国民政府的特务组织人员的视野之内，傅筱庵本人也已成了国民党特工人员的猎杀目标。1938年汪精卫到达河内时，国民党军统局戴笠根据蒋介石的命令，派人前去河内刺杀汪精卫，由于所派人员的错杀，这次活动以失败告终。

汪精卫

后来汪精卫在上海组建伪政府时，蒋介石又指示戴笠派遣军统局特务寻求机会刺杀汪精卫。由于许天民与傅筱庵两人关系不错，私交甚好，经常出入傅氏家门。戴笠想通过许天民的关系，动员傅筱庵协助刺杀汪精卫，也就是计划等到汪精卫来到上海时，傅筱庵便以伪上海市市长的身份相迎，设宴招待，这样军统局的特工就能寻找机会刺杀汪精卫。

傅筱庵得知这件事情之后当面表示没问题，一定给予帮助，不料却暗中向汪精卫告密。许天民被逮捕，其他随行的特工人员也被逮捕、被杀。蒋介石知道了这件事情以后，非常生气，也知道了傅筱庵不可能为自己所用，便命戴笠不惜一切代价一定要除去傅筱庵。戴笠命令陈恭澍伺机行刺，但行动多次皆未得手。杜月笙也调动其在上海的关系，协助军统局好朋友戴笠谋刺傅筱庵。为了便于和地下工作人员直接联络，杜月笙在上海设立秘密电台指挥地下铁血锄奸行动，杜月笙找到管家万墨林，让他联络上海地下工作者。

杜月笙的心腹万墨林积极找接管此事的人员，想来想去找到了傅筱庵家的老仆人朱升源，并说服他伺机刺杀傅筱庵。朱升源两代皆为傅家用人，跟随傅筱庵三十余年。傅筱庵公开叛国投敌后，朱升源出于民族正义感，曾私劝傅筱庵辞去伪职，不要再当汉奸，以免来日遭受惩罚。但傅筱庵听不进去，反而对朱升源产生不满。

杜月笙手下的一个保镖得知了朱升源的情况之后就赶紧向万墨林报告。万墨林又接着汇报给了杜月笙，杜月笙觉得机会到了，立刻让万墨林策划，让朱升源暗杀傅筱庵。

1940年10月10日，是汪精卫伪政府成立之后的第一个"双十节"。这天晚上，傅筱庵接到日本人的邀请去参加宴会，凌晨三点傅筱庵喝得酩酊大醉，跟跟跄跄回到了家，倒头就睡。

朱升源看到傅筱庵如此通敌卖国，出于民族正义感，想着为民除害，再加上杜月笙等人的劝说，更加坚定了他锄奸的决心。只见他从厨房里拿出一把锋利的菜刀，蹑手蹑脚地走进傅筱庵的房间。他朝傅筱庵身上砍去，傅筱庵当场身亡。

杜月笙多次协助戴笠从事情报、策划暗杀汉奸等活动。其中最著名、最大快人心的也就是义除伪上海市市长傅筱庵。

管家万墨林被抓

　　随着日本的全面侵华的深入,中国各处烽烟四起,全国上上下下都加入到了抗战的队伍中去。军统局的戴笠此时突发奇想,如果中国现存的大大小小所有的帮派、组织,都能屹立在抗战的大旗之下,团结奋斗,那将是一个潜力巨大的潜在力量。

　　想到了这里,戴笠赶忙找来杜月笙,将自己的这一个想法,说给杜月笙听。还没说完,杜月笙连连拍手叫好,并给予热烈支持。但是,如何把这些力量聚集在一起,这是个难题。杜月笙又建议戴笠先从洪门青帮入手。于是,1940年夏,戴笠出面请客,洪门领袖、青帮首领都来参加了这个宴会,戴笠便以这一次帮派人物为主的宴会为基础,画出了"中华民国人民行动委员会"的蓝图。

　　为了支持"中华民国人民行动委员会"的成立,杜月笙再次选择赶赴重庆,这次他决定首先到河内,然后再经过昆明到达重庆。

　　这时,全国各个地方的帮会组织首领差不多已经都到齐了,龙头、山主与大爷们相聚在一起。大会成立,盛况空前,全会都对杜月笙的威望、做事有目共睹,参加会议的首领们全都同意推举杜月笙为"一步登天"的总龙头。这个时候人总要谦虚一点,杜月笙也不例外,一直说着"我杜某人何德何能……感谢各路首领们的抬爱……我一定不负众望",最后杜月笙才不慌不忙地坐上第一把交椅。

由于帮会组织势力人员较多，散布在四面八方，因此在全国各个角落里都有其影响。所以，自从杜月笙担任了帮会的领导人物之后，人民行动委员会的确曾为国家民族做了不少事。比如说帮会推行兵役，发动各地人民救济难胞，以及捐献金钱，打游击以及从事各种地下暗杀汉奸的工作，其中表现最突出的一幕是捐款献机，一次捐献二十架飞机，在重庆珊瑚坝机场举行的"献机典礼"是抗日战争几年以来一次情绪热烈、场面壮观的动人特写镜头。

正当杜月笙在重庆支持抗战的工作干得有声有色、风生水起的时候，1940年12月，重庆和上海之间的秘密电台，突然传来一个坏消息，杜月笙的管家万墨林被汪精卫手下的特务组织抓去了，而且他们还对万墨林施以酷刑、辣椒水、老虎凳、烙铁板……打得他死去活来，体无完肤。种种酷刑的折磨，让万墨林生活在水深火热之中。上海方面也发来急电说：像敌伪这么狠地"做"他，万墨林熬不熬得过，撑不撑得住，大有疑问。

得知这个消息，杜月笙和戴笠都如热锅上的蚂蚁，焦灼万分。

汪精卫派特务抓了万墨林，万墨林身上有着重要的情报。因为这不仅仅是万墨林个人的人身安全问题，万墨林现在已经是重庆地下工作者在上海一地的总交通。假如万墨林受不了他们的种种酷刑，被他们逼供，中央在上海的各机构，大有一举摧毁之可能，后果极其严重。于是，杜月笙、戴笠不由分说，立即发电告知吴开先等人迅速离开现在居住的地方，变更联络方式。同时,杜月笙心急如焚,竭力设法全力营救杜公馆的管家万墨林。杜月笙步入了重庆和敌伪之间的地下工作血斗中,双方进入了一个短兵相接的阶段。

万墨林是如何被抓的呢?原来,1940年后,日本正式承认汪精卫伪政权,发表日、"满""华"共同宣言。得知这样天大的"好消息",这一群人坐不住了,他们一个个喜气洋洋,邀了很多德意日轴心国国家的外交使节、日军高级军官,乘"天马号"专车兴致勃勃地赶赴南京捧场,参加签字典礼。

上海方面在得知这一消息后赶忙通知上海秘密电台报告给重庆。戴笠当即决定,把这列专车炸掉,给这些乘车人员造成重大的伤亡,这样也能给汪精卫一个沉重的打击,让他颜面扫地,脸上无光。

这件爆炸火车的暗杀任务,由上海忠义救国军地下工作人员配合军统局苏州站联合执行。他们派出警卫,掩护爆破队,趁着夜幕降临时刻潜伏到苏州城外京沪铁路线上的李王庙。将地雷炸药埋藏在外跨塘附近的铁轨中间,接上长达三百公尺的引线,一直通到远处茂密的丛林之中,由詹宗象与薛尧负责按动电钮。

上午九点钟,詹宗象与薛尧看到天马号专车风驰电掣般驶来,两勇士赶紧按下按钮,只听见地动山摇般的一声巨响,地雷爆炸了,威力奇大。天马专车在爆炸声中粉身碎骨,随行人员的哀呼惨叫之声不忍耳闻。

这一次爆炸使全车的人不死即伤,损失惨重。天马号翻覆后,詹宗象和薛尧看到眼前的景象知道他们的目的达到了,成功炸伤了列车上的人员，可是他们想看看惨不忍睹的现场，于是又穿出树林探看，结果不幸被日军发现，密集扫射，两人中弹牺牲。

这一次爆炸事件中，日本的大佐、内阁的庆贺专员和情报员居多，其中还有德意使节和随车军队，伤亡人数达一百多人。这件事情传到南京以后，汪精卫狼狈万分，非常痛恨地下工作者的暗杀活动。

接着，汪精卫又撤销了"特工委员会"，随后不久汪精卫在召见李士群后，扩充其机构，在"军事委员会"之下改设"调查统计局"。

汪精卫派给李士群的首要任务，便是取杜月笙的性命，同时打击并瓦解重庆地下工作人员在上海的活动。

李士群也不是什么小角色，此人狠毒、豁达有胆略，跋扈而聪明，办事有条有理，在接到了汪精卫的命令之后他立即行动。李士群决定首先要诱捕重庆和共产党人在上海的地下工作者，如忠义救国军和与杜月笙相关的人物都是他下手的重点对象。于是，那些和汪精卫伪政权对着干的除奸勇士杨杰、林子江、唐惠民、王天木、何行健、苏成德、马啸天等都相继落入李士群的陷阱。李士群非常厉害，能想到的招数也很多，善于利用各种手段，无所不用其极，那些意志薄弱的锄奸人员很多经过李士群的安抚也就变成了汪精卫组织的门下。

其次，李士群决定运用青帮力量，负责行动工作。但是，在上海滩上能够呼风唤雨的三大亨，唯杜月笙马首是瞻，李士群拉不动，他只能退而求其次。开始从杜月笙身边的人下手，这样很快就拉到杜月笙好朋友季云卿的司机、门徒吴四宝。他千方百计地找到吴四宝,想方设法和吴四宝套近乎,拉近距离,人常说一回生二回熟,这来往时间久了,李士群和吴四宝也成了结拜兄弟,李士群让吴四宝任职"警卫大队长"。

李士群自打和吴四宝攀上了关系,事情就好办多了。对于汪精卫当面交代他的谋刺杜月笙的任务,李士群自然不敢怠慢。李士群决定首先从他的管家万墨林开始,抓住了万墨林,不怕杜月笙不出来。

此时的上海正是地下除奸工作的最高潮时期,国民党派有三位大员常驻上海,有蒋伯诚、吴开先、吴绍澍。杜月笙曾经命令过万墨林要好好保护这三位人物,要设法掩护,尽力协助。三位大员也都信任万墨林,在交通、联络方面非万墨林不可。除此之外,万墨林还有一项更紧要的工作,那就是付钱,上海的地下工作需要特别经费,戴笠借杜月笙之手经常给万墨林拨钱,执行者要到万墨林手上领取,有时候事前还得通知他一声:

"万先生,上面的命令要'做'某人了。"

万墨林问他们需要多少钱,要多少给多少,只要任务完成,钱不是问题。像这样的事情有很多,举不胜举,比如朱升源刺杀傅筱庵一案,由万墨林付工作费两万元,就是一例。

诱绑万墨林,李士群使的是"番虎伏窝"之计,万墨林中计被绑。

吴绍澍手下的一名情报员朱文龙被李士群暗中收买,李士群交代朱文龙让他谎称自己已暴露身份的假情报,利用万墨林的秘密通话路线,跟万墨林连通三次电话,请他传递一项"极重要"的情报。

万墨林此人心思极为缜密,并且极为小心,因为风声太紧,万墨林曾经推托过两次,第三次则先约下午四点,后来为了安全起见,临时再改晚间八点,会晤地点是国际大饭店前门。这是大英地界,万墨林绕行到朱文龙背后时刚刚拍了一下朱文龙的肩膀,四名大汉一拥而上,还不等万墨林起身反抗,已经被捆了一个结实。万墨林立刻向附近站岗的美国宪兵大叫:"救命!"美国宪兵听到了叫喊急忙跑过来制止,不料汪精卫的人掏出英租界准予缉拿许可证,美国宪兵也无可奈何地摇摇头离开了,满街的人眼睁睁看着万墨林被几个彪形大汉押上汽车,绝尘而去。

杜月笙赶忙通知在上海的恒社成员,一定要想方设法救出万墨林。他亲自打电话给徐采丞,让他立刻找日本人协商,逼迫汪精卫放人。徐采丞在史量才被刺后才跟杜月笙、钱新之接近,上海沦陷后,徐采丞在黄炎培那里做了秘书长,所以人们也把他看作是杜月笙在上海的代表。

万墨林被汪精卫关了起来,老虎凳、辣椒水、雪里红很多毒刑,统统用过,但是,万墨林就是什么也不说,拼命咬紧牙关不招,所有的回答都是不知道。万墨林知道如果自己经受不住严刑拷打,上海地下工作人员大有一网打尽的可能。然而,他能熬到什么时候,谁也不敢预料。

杜月笙越想越着急,他也知道万墨林在里面一定遭受了非人的虐待,一定要营救万墨林。汪精卫又对他恨之入骨,想要杀之而后快，与李士群也没什么交情，看来，这次要走迂回战术了。杜月笙觉得此时要暗渡陈仓，他和钱新之一道出面请李北涛前去南京，携带一份贵重的礼物。拜访周佛海，希望周佛海看在往日的交情上能伸出援手保全万墨林，并且予以"优待"。

李北涛原先追随周作民，跟周佛海也有私交，他见到周佛海时，除了婉言请托外，也软硬兼施。告诉周佛海说杜月笙现在的势力很大，依然弥漫大上海，甚至京沪沿线。临走之前，李北涛还带有些威胁地说："杜月笙的这桩大事摆不平，必然会影响将来你们的'见面之情'。"

周佛海曾经是共产党，后来被陈群捉住，差一点葬送了性命，后来决定脱离共产党。往后周佛海在南京当官，经常到上海吃喝玩乐，也是杜公馆的常客。杜月笙的性情和潜力，他一向摸得很清楚。现在碰上杜月笙派李北涛来痛陈利害，虽然只是简简单单几句话，但周佛海很清楚：摧破重庆地下工作者这桩大功劳比起攀上杜月笙这件事情简直不值得一提，想到了这里，周佛海赶紧交代下去：

"万墨林性命保全，并予优待。"

几天后，万墨林就被转移到四马路总巡捕房收押，刘绍奎是总巡捕房督察长，他不仅和杜月笙关系密切，而且归戴笠直接指挥。

由于得到刘绍奎的照顾了，万墨林待遇极其优厚，等于从地狱升入天堂。李北涛顺利达成初步任务，李北涛暗中买通日本人，悄悄地把万墨林从上海安全转移送往香港。

后来计划失败，周佛海找到万墨林说："万墨林，你所做的事情自己明白。这里你想要进去很容易，但想要出来却是难于上青天，想要释放你真是很不简单。我此刻是买杜先生的面子，只要关节打通，我自会放你。我说话算数，你也要向我提出保证，从今以后莫再到处托人，增加我的困难，我请你安心地等好消息。"

万墨林拍胸脯答应了。从此，无论万墨林是关在上海还是南京，从来不拷、不打、不"骂"，再也没受过酷刑，没吃过苦头。徐采丞找到东北籍的国会议员金鼎勋，此人跟日本人渊源甚深，金鼎勋十分豪爽，一口答应帮忙。金鼎勋说服兴亚院的高等参谋冈田和一位相关巨商坂田，由坂田、冈田影响兴亚院，指使日本军方："皇军如需彻底统治上海，杜月笙有无法估计之利用价值，顷者犹在多方争取杜氏之际，汪政府特工羁押其亲戚亲信万墨林，实为极其不智之举。"

1941年5月在兴亚院和日本军方的重大压力之下，亦即周佛海所谓的"关节打通"，万墨林终于获得开释。至此，杜月笙长长地吁了一口气。

进口军械赠士兵

　　1937年淞沪会战刚刚开始的时候，戴笠赶忙向蒋介石建议在上海建立民众武装游击部队，配合国军作战。在得到蒋介石的正式批准以后，戴笠来到了上海见到了他的老朋友——杜月笙。杜月笙和戴笠肝胆相照，都是性情中人，他俩结识甚早，早在上海滩，杜月笙与戴笠便有过交往。

　　戴笠说："我们要建一支作战力强的军队，作战地点主要在上海以西、浦东、苏州河一带，配合正规军作战，在抗日的同时也负责肃谍防奸等工作。"

　　戴笠向杜月笙说明了自己的想法之后，杜月笙双手表示赞成。

　　杜月笙知道这些地区幅员辽阔，那自然人员就要充足，于是忍不住打断了戴笠的话，试探地问："那需要筹备多少人？"

　　戴笠很果断地说："最低限度，要一万人。"

　　杜月笙听到戴笠这样的回答不免心中咯噔了一下，一下子要组成一万大军，谈何容易？如果是小打小闹，聚众滋事还行，凭自己在上海滩的实力，别说是一万人了，就是十万八万也不在话下，完全是小菜一碟，根本算不上是什么事。然而戴笠要的不是这些，而是编组军队，在敌人的枪炮和飞机轰炸之下，叫那些人穿上军装，加入军队，他们能受得了纪律的约束？舍得离开现在的生活吗？不经训练就上火线去打仗，毕竟这是件玩命的事。他能拖得动上万儿郎不惜抛头颅洒热血为国牺牲吗?

没过几天,杜月笙就又接到了戴笠的好消息:"杜先生,其实一万人的军队很容易办到。我们只需要组建五个支队和一个特务大队,把在京沪一带负责情报和行动工作的人员集中起来,编一特务大队,足够了。还有很多学生愿意投笔从戎,为国出力。这些加起来也有三千人了。杜先生你这边只要号召个六七千人,编成三个支队,就够了。"

杜月笙此时也兴奋起来了,他马上答道:"是的,我也想了,上海各区的保卫团,有人、也有枪,还受过训练。保卫团的团长有很多都是我的学生,我再叫他们去问问保卫团的弟兄,愿不愿意参加?我想,一千人肯定能筹到。"

"对呀!杜先生,你不要忘了,你还有两员大将陆京士和朱学范。"戴笠欢喜得一拍掌,又提醒他说。

"戴先生的意思是到工人中间去征集?"杜月笙恍然大悟。

"当然了!上海工人有一百多万,他们大都是爱国的,请陆京士他们站出来一号召,集合几千人,那还不是一句话的事。"戴笠说得很有把握。

随后,杜月笙积极利用自己的影响宣传动员,很多的帮会成员、工人、店员、学生、失业青年纷纷加入到了队伍中。9月,蒋介石正式发布命令,将戴笠、杜月笙正在筹建的组织定名为"苏浙行动委员会",将武装队伍定名为"苏浙行动委员会别动队"。

这支一万人的武装游击部队很快就组建好了,部队的基础是帮会和工人。与此同时,戴笠与杜月笙决定把筹备处设立在上海三极无线电学校内,成立筹备委员会。委员会成员除戴笠与杜月笙外,还吸纳了很多人的加入,有上海市市长俞鸿钧、军警界的吉章简、金融工商界的钱新之等人。

苏浙行动委员会由杜月笙、戴笠、宋子文、张治中、杨虎、钱新之、张啸林等十五人为委员,杜月笙、戴笠、刘志陆为常务委员,戴笠兼任书记长,"苏浙行动委员会别动队"下设总务、侦谍、机要、军事、调查等八个组,同时几名军统特工骨干分任组长。

蒋委员长认为"苏浙行动委员会别动队"志在必得,并且答应,所有的番号、军械、弹药,粮饷,都由中央颁发。此外,杜月笙自己出钱捐赠了五千支快慢机手枪,杜月笙的手下人偷了日本人的仓库,又得了五千支枪。还有一些是戴笠令手下特工从日本三洋、三菱等洋行抢来的,还有的是胡宗南援助的。

"苏浙行动委员会别动队"成立后,戴笠在青浦和松江设立短期培训班,给这些人军事作战上的培训,在佘山成立教导团,轮训骨干。10月,这支仅以一月时间仓促成立的游击部队,在上海南市和苏州河两岸配合正规军与日寇作战,尽管作战力差,但大多成员异常英勇顽强。这些"苏浙行动委员会别动队"的队员面对潮水般涌来的日军坚持抗战不肯逃跑。这些人虽然很多都是江湖中人,但在国家需要的时候,青帮的兄弟也是浑身捆满炸药包、手榴弹,和日本人的坦克同归于尽。据战后统计:淞沪会战期间,别动队员共牺牲一千五百多人,受伤五百多人。杜月笙为此颇为悲痛,这并不是因为钱,而是这里面牺牲的很多人都是他的门生。

杜月笙在上海抗战中所办的一件大事是与戴笠共同创建了一支一万人的武装游击部队"苏浙行动委员会别动队",配合正规军,参加抗战。尽管戴笠一生都在以和中共做斗争为己任,但在抗战中,他的思想倾向主战,在这一点上,"人之爱国,谁不如我"的杜月笙与戴笠是完全一致的。

登高一呼抵日货

正当杜月笙在上海风生水起的时候,"九一八"事变爆发了。

1931年9月18日晚,日本关东军按照预谋,派工兵炸毁了南满铁路沈阳北部柳条沟的一段路轨,反诬是中国军队所为,并嫁祸于中国军队。日本人以此为借口,向北大营和沈阳城发动突然袭击,挑起了"九一八"事变。

事发当晚,蒋介石没有积极应战,相反却命令国民党东北当局,"日军此举不过寻衅性质,为避免事件扩大,绝对不抵抗"。东北边防军参谋长荣臻根据张学良之命,命令东北军"不准抵抗,不准动,把枪放到库房里,挺着死,大家成仁,为国牺牲"。次日,张学良在对报社谈话时说:"吾早下令我部士兵,对日兵挑衅,不得抵抗。故北大营我军,早令收缴军械,存于库房。"在事变爆发以后,以张学良为首的东北地方当局执行了蒋介石的命令,对日本的进攻采取了不抵抗政策。

蒋介石的这种"不抵抗政策",直接葬送了东北地区的锦绣河山,东北很快陷入日军铁蹄之下。日本人的野蛮行径激怒了中国人,上海人民积极投入这个爱国运动。9月24日,上海三万五千名码头工人举行抗日罢工,十多万学生罢课。9月26日,上海各界人民强烈要求对日本宣战、惩罚处理那些失职失地的官员的会议,会后举行了抗日示威游行。10月初,上海各界人士八十多万工人组织了抗日救国联合会。

随着中日矛盾的持续上升,工人、农民、城市小资产阶级一致要求抗日,民族资产阶级也开始表示了抗日要求。上海《申报》曾经多次发表文章,抨击国民党政府的不抵抗政策,要求停止内战,一致对外。

杜月笙这样有着强烈爱国心的人物自然而然卷入了这场运动中去。经国民党上海市党部一致通过,"上海市反日救国会"予以成立,以杜月笙、王晓籁、虞洽卿等人为常务委员,后由陶百川改名为"上海市抗日救国会",并出任秘书长。

由于"五卅"运动的时候对于英国人采取经济抵制的策略极有成效,杜月笙觉得此时也能效仿,他再次建议抗日救国会从"禁止日货入手",以对日本人采取经济抵制策略来对抗日本的侵略。抗日救国会迅速地吁请上海市民,全面拒买、拒卖洋货,同时在各重要地点成立了检查所和保管所,检查所人员采取直接行动,到处搜查日本货物,一旦发现有日货的存在,立即给予没收并交给"保管所"去加以储存。

"检查所"和"保管所"因为分点比较多,于是这两个组织也需要大量的执行人员。抗日救国会除了招募爱国人士和学生义

陆京士

务担任外，其中最主要的执行人员还得靠杜月笙发动自己青帮弟子们。杜月笙处理劳工问题的最高顾问和私人代表——陆京士，在上海从事劳工运动多年，他是杜月笙和上海劳工之间的一座桥梁，因而陆京士负责杜月笙和劳工大众的联系。

一时间，上海滩上刮起了对日经济绝交、抵制日货运动的浪潮。天后宫桥检查所由杜月笙的门人于松乔负责。他和一位名叫刘心权的热血青年，以"射人射马，擒贼擒王"之势，刚一上任便匆忙来到"合昌祥"绸布庄抄出两大箱日本棉布。于松乔吩咐一些随行的检查员将这两箱东洋货充公，按照抗日救国会的规定，载送到"保管所"去暂行封存。

收缴了这些日货，于松乔和刘心权又重新回到了天后宫桥"保管所"，等着看好戏上演。这是因为这两箱日本棉布大有来头，它的物主，便是上海市纱布同业公会理事长，在上海商场影响力极大的陈松源。

果不其然，没过多大一会儿，一部轿车开到天后宫桥，在两名身壮体强的保镖随行下，陈松源昂首走进抗日救国会天后宫桥分所。

"这里由什么人负责？"陈松源问道。

"是我，于松乔！"于松乔挺身而出，自己通名报姓。

"方才贵所有人到小号合昌祥,取走了两箱布匹,我恐怕这里面一定是有所误会了。"陈松源鼻孔里哼哼地冷笑。

"没有误会,这里面一点误会也没有,合昌祥的两箱日本棉布,就是我亲自去查出来充公。"于松乔斩钉截铁地回答。

陈松源呆住了,于松乔态度如此强硬,说话更是一副公事公办的语气,一点情面也不讲。他从来没碰过这么大的钉子,他摸不透于松乔是哪一路的朋友,居然有眼不识泰山,连他陈松源都不认得?

两名保镖赶忙过来朝于松乔吼道:"喂,你不要有眼无珠,你知道我们老板是谁吗,小心吃不了让你兜着走。"

"管他是谁,爱谁谁!我也管不着。我只知道公事公办,在这种国难当头的时候,谁还要贩卖日本货,让东洋鬼子赚钱,造了枪炮子弹打中国,那是奸商、是汉奸,贩卖日本货就得没收!"于松乔挺一挺胸,一本正经地说道。

"什么奸商不奸商?你胆敢当众辱骂我们陈理事长?"身旁的保镖看不下去了。

"我不知道陈理事长是谁,我只知道贩卖东洋货的就是奸商。"于松乔大义凛然,反唇相讥地说道。

陈松源听了这样的话非常生气地指挥身旁的保镖,说道:"你们进去给我搜,把我们的货物搜出来,抬回店里去!"

有了陈松源的发话,两名保镖恶狠狠地一个箭步抢前。他们正要推开于松乔,直往保管所里闯的时候,于松乔早有防备,他伸出手去一把捉牢陈松源的领口,使劲地拖他往保管所里头走,一面走一面吆喝:"谁还敢来抢? 好哇! 我现在就把你们关起来！"

保镖一看老板被捉，肺都要气炸了。两个人不约而同地拔出手枪，对准了于松乔，大声喝道："你们要干什么？还不快放了我们老板！再不放手，真开枪啦！"

"你们敢？你小子有种，你开！"于松乔身子跟陈松源一贴，紧拉住他倒退三步，他决心把这位纱布大亨关进一间小房间里。

"砰"的一声枪响。检查所里所有的工作人员听到了枪声慌忙赶来，大家一涌而出，两名保镖一看他们人多势众，情况对自己非常不利，掉转身去便往外逃。

此时的陈松源被关在小房间里，一个劲儿地猛力捶门、顿足咆哮。于松乔只当没有听见，他往房门口的地板上一坐，大声地说："怎么，还想逃跑？我今天是看牢你了！"

陈松源的保镖赶紧回陈家报告情况，陈家立即派人出来相救。纱布大亨陈松源因藏有日货，被抗日救国会的人关在牢房里的消息很快传遍了整个上海滩。在全国人民都在积极抗日的紧要关头，这件事几乎掀起了轰动沪上的轩然大波。

天后宫桥抗日救国会的门前车水马龙，开始热闹了。

陶百川和吴开先听说了这件事情先后赶到了天后宫桥，他们两位极力赞赏了于松乔的不讲情面、认真负责的态度。但是，陶百川又接着说："抗日救国会只不过是一个小小的民众团体，我们所做的这些都是爱国的活动。但是我们不是权力机关，我们有什么权力，用什么罪名把陈松源关押起来呢？所以我们随便扣押陈松源的事，在法律上是说不过去的，还是先把陈松源放出来，我们再商议解决这桩事体的办法！"

于松乔不动声色，心平气和地说："陶先生，我知道你学问好、口才好，见过大世面，地位高，这些我都服你。不过今天的这件事情，我已经下定了决心，不管我错我对，我也要把陈松源关押起来，天王老子的话我也不听。陈松源带了保镖，带手枪来抢所里的东西，这就非关不可了，谁再来拦我，我立刻就撞水泥墙自杀。"他伸手指一指左侧的水泥墙壁。

陶百川和吴开先苦口婆心，一再给于松乔讲道理听，于松乔偏偏不听，陶百川和吴开先两人拿他毫无办法，只好准备先行离开再另行设法。

这时，门外的汽车声越来越近了。人们回头望去，原来是上海有身价，说得起话的大亨全来了，虞洽卿、王晓籁……有的疾言厉色，有的娓娓动听，什么好话歹话都说尽，无论是怎么劝，一到要于松乔释放陈松源的时候，于松乔的回答只有一句话："啥人敢来拖我，我立刻撞墙自杀！"

这边的事情越闹越大，外面的风波也越来越大。上海市商会为了抗议"抗日救国会非法拘留纱布公会陈理事长"，已在召开紧急会议试图营救陈松源。上海商界的压力却在不断的传来，再不释放陈松源，商界所有的人都要不乐意了，说不出会有什么事情发生。最后，放下话来：陈松源如果今晚仍不获释，从明天早晨起，上海各行各业，决定无限期的罢市，以示抗议。

于松乔仍然呆呆地坐在地板上，一动也不动。

抗日救国会原为抗日御侮的民众团体，如今闹得将与上海商界全体为敌，这将如何是好？本来都是一家人，在大敌当前，何必徒使亲者痛而仇者快。人多，口杂，推推挤挤，吵吵嚷嚷，你一句我一句说了起来。

于松乔不停地说着："我就在这里等死好了，我就在这里等死好了！"

这么一来，更加没有人敢近他的身子。

就在这万分火急的时候，陆京士，这位于松乔的同门弟兄，刚刚得到消息，就风尘仆仆、十万火急赶了过来，他挨近血流满面的于松乔，不胜忧急地问："松乔，你也要当心自己，身体要紧，你可否告诉我，你要哪一位先生出来说一句话，你才肯听？"

于松乔说："唯有杜先生出来，我才听。"

听到这一句话，陆京士如释重负，长长舒了一口气，陆京士赶紧打电话到华格臬路杜公馆，杜月笙刚好在家，他听到陆京士的报告，赶忙说："你去跟松乔讲，这件事咱们犯不上和他们拼命较真，我马上赶过去。"

陆京士又跑向于松乔的身边，把杜月笙交代的话，一一说明。

于松乔这才缓缓仰起脸来问："杜先生的意思是叫我离开这里？不管陈松源了？"

"当然是的，杜先生说为这件事情搭上性命不值得。"

"好吧。"于松乔这才站起身来，跟陆京士挤出人丛，往外面走。上海纱布同业公会理事长陈松源也就"刑"期届满，宣告开释。

在全国人民高涨的抗日救亡运动下，陈松源自知理屈，也没再多说什么。于松乔的行动虽然超过了他本身的职责限制范围，但是他慷慨壮烈、满腔忠义的精神，赢得上海各界人士的一致赞赏，人们为于松乔竖起了大拇指，他成了抗日救国的英雄硬汉。

凿船沉江阻日军

1937年日本开始大肆地侵略中国，"七七"卢沟桥事变和上海"八一三"事变先后爆发，许多民族资本家经营了几十年的庞大产业全都在上海和江苏等沿海之地集聚，这些民生产业全都在日军的炮火覆盖之下。淞沪会战时，日军与国民党十九路军在闸北和沪东一线展开激战，荣家的几家工厂也都在战区内。

8月13日，日本人开始进攻申新五厂，中国军队为捍卫自己的领土和主权，在厂区附近和日本军队激烈交战。结果日军占领厂区，造成工厂停产，所有设施全部被毁。随即，申新其他的厂房也在战火中烧毁，大多数的机器被日本人拆掉毁坏；福新的几个厂房也没有逃脱被日军强占的厄运，沦为办事处和军用材料的仓库。为了在中国实施破坏，日军轰炸机向设备最为先进的申新一厂、八厂投下了十八枚炸弹，当场死伤数百人。荣德生的大儿子荣伟仁还差一点在日本人的进攻之下丧生。日本军队在中国境内胡作非为，他们把纱料当被子，把机器和面粉包当掩体。

8月14日，国民政府发表自卫抗战声明书，表示"中国决不放弃领土之任何部分，遇有侵略，唯有实行天赋之自卫权以应付之"。

11月，上海失守后，日本人的嚣张气焰更是达到了丧心病狂的地步。日本丰田纱厂乘乱雇用了一批日本的流氓和浪人冲进申新八厂，拿着斧头锤子之类的重的利器把厂房里残余的一百多台精纺机全都砸毁。厂房里的设备，马达、车头、油箱全部敲烂，滚筒、皮带盘也都打得粉碎。这些都还不够，他们还掠走了仓库里的棉纱、棉花、棉布。

11月15日，无锡沦陷，日本人冲进茂新一厂仓库里，抢走四万袋面粉，剩下的拿不走的设备他们还不放过，放火烧毁厂房机器，大火整整蔓延了半个多月，荣家的发祥地变成一片瓦砾。申新三厂在抗日战争中曾经为国民党军队制造过军用服装，日本人占领申新三厂以后，厂房遭了殃，也成了日军报复对象，日本人拿些硫磺火药，倒上柴油焚烧了工厂和仓库。

在抗战时期，无锡、上海两地企业设备被毁纱锭十多万枚，布机和粉磨被毁的也比较多，荣家辛辛苦苦打下的基业已经所剩无几了。面对惨景，荣家兄弟束手无策，在这战火纷飞的年代，他们唯一能做的事情是，赶紧把厂房里面的工人转移到安全的地带，把仓库里面的面粉和小麦，全部运出来给中国军队做军粮。积极响应中国军队的号召，军民齐心，全力支持抗日战争，抵御日本鬼子的欺凌。

范旭东的化工厂在战争中也几乎全部沦入敌手。早在卢沟桥事变前夕，日本军舰已经开入天津塘沽港，范旭东唯恐日本人在中国进行一些破坏运动，会有什么不好的事情发生，想到了这些，范旭东立即组织工厂人员拆卸迁移机器，撤出工厂，以防这些重要的机器落入日本人之手。范旭东同时让机房里的工程师们将留在厂内的图纸保存到安全的地方，以为日后重建作技术准备。拆卸下来的机器的零件和图纸分批乘船南下，几经周折，经香港转到长沙,之后又陆续转移进入四川,成为大后方重建的重要财富。

1937年秋,日本军部准备夺取永利碱厂。由于永利碱厂在国际上负有盛名,日本人不敢明抢,他们希望通过合法手续,走正当途径,"名正言顺"地得到产权。兴中公司是日本军部的下属公司,其代表刀根曾经多次"拜访"留守的李烛尘,大谈"日中亲善",企图能够和永利碱厂通力合作。李烛尘置若罔闻,根本不予以理睬。

在多次拜访没有结果的情况下,刀根又请三菱公司出面商谈,希望三菱公司能够以民间财团的名义提供技术和资金,两家共同经营达到双赢。李烛尘不由分说立马拒绝,理由是公司章程明文规定"必须是华籍人士才能入股"。尽管多次碰壁,日方还不善罢甘休,又几次找到范旭东,多次和范旭东商量要求把永利碱厂买下来。范旭东回答:"厂子我不卖,你要能拿走,就拿走好了。"日本军部终于失去耐心。

1937年12月9日,日本军部逼迫李烛尘在文本上签字。李烛尘看到此状,实在是忍无可忍,怒斥日本人道:"世界上哪有强盗抢了东西还要物主签字的道理! 你们做强盗也太无勇气了。"第二天,刀根及日本兴中公司的人员进入厂内,日军下令强行接管永利碱厂。至此,事情已经没有回转的余地,范旭东在塘沽的产业就此全部落于日本人之手。

南京的一些厂房一样没有逃脱厄运。一些建成的工厂刚刚能够独立自主生产制作武器所需的化工产品,也被日本人蓄意盯上了。日军逼近南京时,曾经有意将这样的厂房完整保存下来。他们通过各种不同渠道,找到厂房老板,说只要愿意和大日本帝国合作,就可保证工厂的安全。厂房老板也是个铁骨铮铮的血性男儿,果断地答复说:"宁举丧,不受奠仪。"南京战事打响后,厂房老板下令将凡是带得走的图样、机器材料、模型全部带走,往祖国的西部迁移。搬不走的设备也要将仪表拆走,如果实在是搬不走的比较笨重的机器和主要的设备想方设法要埋起来,或尽可能拆下扔进长江,以免为强寇所用。

11月中旬,国民政府实在无力抵抗日本人的大规模进军。眼看上海淞沪抗战失败已成定局,作为首都的南京遭受巨大威胁,国民党中央和国民政府知道南京再也抵抗不住了。为坚持长期抗战,国民政府决定按照既定方针,做出了迁国民政府于重庆办公的重大决定。11月12日,以蒋介石为首的国民政府决定迁都重庆。

这时候,社会局势非常危急,国民政府判断日本军队一定不会善罢甘休,肯定会想方设法加快进军中国的脚步。由此国民政府猜想日本军舰一定会沿着长江水路快速西进,而日本人一旦采用此举,那么攻克重庆也是指日可待。真到了那个时候,日本在中国的领土就能真正畅通无阻了,日本军部扬言的"三月灭国论"应是据此推算出来的。

于是,如何阻断长江,已成当务之急。如果单单只是靠中国的军队在水上和日本人作战或是沿着长江水路狙击日军,几乎没有任何胜算。因为水上作战我们没有任何的优势,而且沿长江水路狙击需要有能够长期作战的武器装备和军需供养,而且还需要有一大批的能打仗的军队。想来这两个办法都不可行,于是,沉船断流成了唯一的选择。中国的航运企业在这一时刻拯救了国家。

在长江中下游沿岸地区,有一些轮船公司。最重要的轮船公司一共有三家，分别是国营的招商局和两家民营轮船公司，两家民营轮船公司为虞洽卿的三北公司和杜月笙的大达公司。其实早在8月12日，国民政府就已经实施了"江阴沉船计划"，三家公司派出二十四艘船只，计四万三千吨，于江阴黄山下游的鹅鼻嘴被凿沉。其中，招商局沉船七艘，计一万三千七百吨，占公司江海大轮总吨位的四分之一，三北的沉船吨位为两万吨和大达的沉船吨位为一万吨。

"江阴沉船"原有两个战斗目的，首先的最直接的目的是隔断航线，让日本军舰无法从东海攻入长江流域；其次是"关门打狗"，也就是说围攻长江内已有的日本军舰。可惜，这个秘密计划被一个叫黄秋岳的汉奸出卖给了日军。日本军舰在得知这一重要情报后趁着江面没有完全堵塞的时候，加快速度连夜逃出长江流域，本来是一个很好的计划，结果功败垂成。历来汉奸都没有好的下场，因为他出卖的是祖国和人民的利益，他在和千千万万的中国人为敌，黄秋岳后被砍头示众。

由于当时的局面对国民党作战十分不利，战局急转直下。蒋介石为此忧心忡忡，连夜制订了一个秘密计划，那就是要将这个时候停留在长江的日军军舰统统封锁。然后派遣空军全部炸沉，给日军一个措手不及，这样也就能暂时阻断日本人的进攻。这个计划的关键是用沉船封锁江阴要塞。需要筹备更多的船只，呼吁号召更多的轮船公司加入。蒋介石委托戴笠，向上海船联会理事长杜月笙下达了这个重要任务，一再强调一定要让沿岸的各家轮船公司沉掉一批轮船。

戴笠立马把蒋委员长的指令转达给了杜月笙。杜月笙知道以后,赶忙召集上海滩所有的轮船老板及航运大亨开会。其他的轮船老板呆坐在那里,低头不语,杜月笙见状率先表态:"我们大达公司的轮船,凡是在上海当地的,明天一早率先开赴江阴,统统沉掉!"杜月笙有着表率和楷模的作用,不一会儿,其他轮船公司也纷起响应。

国民政府吸取了第一次沉船的教训,决定在江西马当组织第二次沉船。一共有十八艘轮船参与了沉船计划,计二万五千吨,参与企业除了上述三家外,还有民营的大通、民生等公司。这些公司都是怀着一颗爱国的赤诚之心自愿加入到计划中来的。他们不计较个人和公司的得失,想的是利国利民的大事情。

此后,在镇海口、龙潭口、宜昌及武穴田家镇等长江水面又相继多次实施沉船计划。这一惨烈的自毁行动,成功地阻止了日军沿长江快速西进的战略,粉碎了日军三个月灭亡中国的美梦,保护了长江下游军政机关和工矿企业,西部的抗战大后方得以保全。也为国民政府以空间换取时间的长时间作战做出了贡献。

在轮船公司自毁沉船的过程中,招商局沉船占总吨位的百分之四十,虞洽卿的三北轮船公司也损失了一半,杜月笙的大达轮船公司全数损失。在长江沿线,一艘又一艘装满乱石的铁船自凿沉沦,一个接着一个,宛若一幕接一幕的黑色葬礼。"沉船"是一个极富寓意性的很无奈的事件,中国企业家都有着强烈的爱国心,有着强烈的民族认同感。在家国存亡之际,以自己的方式无比悲壮地展现了自己的力量,这是一次"殉葬",也是一种拯救。

第九章

二度出山世态凉

1945年9月，抗日战争胜利以后，杜月笙返回上海、收割旧部，重整旗鼓。这时，由于租界已被收回，国民党势力可以公开活动，帮会的作用不再像以前那么重要。1948年春，他参加国民政府召开的"行宪国大"，捧蒋介石当总统。蒋介石为了挽救严重的财政危机，派蒋经国到上海实行市值改革，发行金圆券，要求民间将所持法市外币及金银一律兑换成金圆券。杜月笙的儿子杜维屏没有完全照办，被蒋经国以投机倒把罪逮捕，后被判了六个月的徒刑。经过此事，杜月笙明白自己在上海大势已去。

再振旗鼓收残局

  1945年,抗日战争取得胜利以后,作为上海帮会首领的杜月笙,因为在中国生死存亡之际积极投身于民族事业,以无可争议的民间帮会总代表的身份返回上海。尽管头上仍有着许多的光环,但杜月笙深深知道属于自己的那一呼百应的黄金时代已经一去不返了。而此时,杜月笙的生命已经进入了倒计时。

  同年八月底,全中国上上下下各民族的人都在欢庆抗战的胜利,都沉浸在抗战胜利的喜悦氛围中。杜月笙再次回到已经阔别八年之久的上海,坐在火车上一时间百感交集,心事重重。

  杜月笙此时最值得庆幸的便是自己在抗战中不但没有落水当汉奸,落下千载的骂名,还积极参加了各种抗日救国运动。他和黄炎培等人积极筹组上海市各界抗敌后援会,号召群众积极慷慨解囊,为国家做一些力所能及的事情。在杜月笙等人的宣传和多方奔走下,抗战救援会组织为抗日活动筹集了大量的钱财和衣物,有效支援了后方的战事。

  杜月笙还积极参与并组织了抗日民间武装"苏浙行动委员会别动队",多次配合正规军作战。由于这些人里面很多都是杜月笙的门生和徒弟,所以这些人在抗战中为了不想给杜先生丢脸,使杜先生难堪,他们在战场都拼命杀敌,十分英勇。

  不仅如此,杜月笙还部署门徒协助军统刺杀了上海市伪市长、大汉奸傅筱庵,在多次劝说张啸林未果的情况下派人暗杀了自己几十年的把兄弟、老朋友。有如此的累累功劳和丰功伟绩的杜月笙，想在革命胜利后得到些什么名利是再正常不过的事情。仗也打完了，日本鬼子也赶出了中国，杜月笙理所当然地想蒋介石理应会给他一碗好饭吃——当时上海坊间也确实传说杜月笙即将被任命为上海市市长。

越是这样，杜月笙越是担忧。在上海打拼多年，谙于世故的他十分清楚明白，抗日战争取得胜利以后上海的租界也就随之消失了。很快政府就要集中权力了，他的黑社会组织不可能再像往日那般为所欲为。他们不仅失去了赖以生存的地盘，而且失去了最有力的后援——租界，因为这里享有治外法权，杜月笙和其组织集团已经不再具备租界别动队的价值，国民党当局完全有力量使用军队、警察、特务等统治上海，根本不再会利用这股名声不好又颇难驾驭的黑社会势力。这样看来，自己过去呼风唤雨的日子也不会再有了。

还没等到好事出现，眼前就有了一个坏的消息，钱大均已经出任上海市市长一职。不仅如此，还有更糟糕的，那就是：杜月笙人还未到上海，上海北站已出现大字标语："打倒社会恶势力！""打倒杜月笙！"慌忙之下，杜月笙临时决定改在南站下车。

事后杜月笙得知，就在他刚要回到上海，给他当头一棒的，是他的门生吴绍澍。

吴绍澍曾经在杜月笙的手下，当过十年的徒弟，如今也混出了名堂。早已是身兼上海市副市长、上海市政治军事特派员、国民党上海市党部主任委员等六职的大人物。吴绍澍深深知道蒋介石对杜月笙的政策和蒋介石的内部精神——"对帮会的长远政策是消灭"。吴绍澍明白了这些以后，便要和杜月笙脱离瓜葛，划清界限，同时又要扳倒杜月笙树立起自己跟随以蒋介石为首的国民政府的决心和威望，因此公开向杜月笙树起叛帜。

杜月笙到达上海以后，一直在做一件事情，那就是在等着昔日门徒吴绍澍的拜见。然而杜月笙在家等了好几日，始终不见吴绍澍的人影。后来吴绍澍终于上门，杜月笙很是高兴，拖着有病的身体亲自迎接，不料吴绍澍好像是变了一个人，态度十分冷淡高傲，也不苟言笑，说了几句人模人样的官话即扬长而去。

杜月笙心里自然是怒火中烧，但也只好强压心头怒气，因为他也清楚，今时不比往日了。这时，杜月笙身旁的亲信叶焯山、顾嘉棠及杜氏的门徒一个个咬牙切齿，说吴绍澍实在是小人得志便猖狂。发誓不管是上刀山还是下火海都要把"欺师灭祖"的吴绍澍剐成肉泥，杜月笙一一劝止，说不必了，我自有办法对付。

杜月笙苦思冥想了一会儿，想想吴绍澍苦苦与自己作对，究竟是为了什么？是否他在为别人做事？是否背后有背景？他所得的结论是：吴绍澍志大才疏，野心勃勃。抗日战争已经取得胜利了，租界不复存在。吴绍澍掌握了上海滩党、政、团多方面的权力，权力往往会赋予人们无尽的欲望。为了在上海滩趾高气扬，耍耍威风，吴绍澍必须要把上海滩上最大的势力杜月笙打倒。

由于想明白了吴绍澍是怎样的一个人，杜月笙很快就有了自己应付的方针。吴绍澍既然想在上海滩上光芒四射,杜月笙便韬光养晦,甘愿回避。他连自己的家都不回去,长时间在好友顾嘉棠家作客。不仅如此,杜月笙还很少出入公共场合,尽量做到不抛头露面。

杜月笙为了表示他有退让归隐的决心,在上海各大报纸上刊登文章和声明,决口不提自己在抗日中的贡献和功绩。杜月笙此时的做法是以退为进,你要风光,我便隐晦,你要君临上海滩,我便做在你统治之下的顺民。

人们常说"福无双至,祸不单行",随后一系列的打击纷纷到来。杜月笙的门徒谢葆生因汉奸罪被枪毙,他也相救不得;他的总管家万墨林被上海市警察局局长宣铁吾投进监狱,逮捕入狱的罪名是"经营私运,垄断市场,操纵物价";不仅如此,甚至是杜月笙本人后来也被变相扣押。以蒋介石为首的国民政府当局在上海征集"救济特捐"用以筹钱帮忙支援内战,只是因为筹款目标尚未达到,宣铁吾就变相扣押杜月笙八小时。杜月笙被迫出钱才赎回自由之身。

上海市当局也已经把当年的"亲密朋友"杜月笙当成如今的重点惩办对象,杜月笙和他的组织集团只能老老实实待在家里,因为外面能给他们出来活动的空间几乎没有。看到现在的局面,杜月笙万分感慨,昔日左右逢源、一呼百应的黄金时代一去不返了。

在一连串的被动挨打之中,杜月笙逐渐缓过劲来。毕竟"百足之虫,死而不僵",自己还有很多的门徒组织在上海活动,这里有着往日完整的班底,有一批精心栽培多年的得力干将。大上海

戴笠

派系林立，从上海开埠以来，从来都没有人能把上海真正统一起来。杜月笙和大上海息息相关。他从"河滨里的泥鳅熬到跳龙门的鲤鱼"，广结人缘，经过自身数十年奋斗努力，他在上海滩的地位不可能一夕一朝就消失殆尽。杜月笙随时都在积蓄力量、韬光养晦以适应新局，时刻准备努力重建"沪上闻人"的尊荣。

首先，杜月笙想到了昔日好友戴笠，通过国民党上层最可依赖的密友戴笠开始收拾吴绍澍。戴笠听说了吴绍澍翻脸不认师门，而且明里暗里以杜月笙为假想敌，对杜月笙横施打击之后气焰万丈。戴笠愤愤不平，发了一次大脾气。

戴笠首先抓住吴绍澍私自放了汪精卫伪国民政府的上海税统局局长邵式军以谋取钱财的铁证，以"纵放巨奸、吞没逆产"的罪名呈报蒋介石。吴绍澍听说了这件事情以后赶忙求见戴笠，尽管多次求见，戴笠依然对他置之不理。吴绍澍又四处托人说情，经过多次哀求，戴笠最终才肯接见他。当吴绍澍请求戴笠不要追究他的责任，恳请戴笠放过他的时候，戴笠非常生气并怒斥说："像你这种人，我为什么不办？"最后不得已的时候吴绍澍请求戴笠对他法外施仁，准许他到重庆亲自打点。这一请求也被戴笠严词拒绝，并吩咐手下人："通知各航空公司，不许卖票子给吴绍澍！"

很快，中央下达了严办通知，先是免了吴绍澍的副市长职务，接着又罢黜了他兼任的上海市社会局局长一职，改由接近杜月笙的中央委员吴开先继任。杜月笙挽回了"被徒弟欺负"而失去的颜面，并出了一口恶气，至此，吴绍澍求告无望、面如土灰、一蹶不振。

　　所以，1946年当杜月笙得知戴笠飞机失事的死讯时，一时呆若木鸡，坐在那里一动不动，也不说话也不哭泣，只是一味地把自己的悲痛之情憋在心里。家里的人看着杜月笙这样下去肯定会把自己憋坏的，赶忙大声喊叫，杜月笙这时才如梦方醒，于是他放声大哭，热泪滂沱。戴笠和杜月笙两人惺惺相惜，一直是忠肝义胆的好朋友，如今就是这样的好兄弟离开了他，从此天人永别了，他越想越伤心，这是他平生最伤心悲痛的一次号啕！哭过之后便是随之而来的剧烈的喘气和咳嗽，只见他青筋直暴，分不清的汗水和泪水顺着脸一直往下淌。

重教办学督子女

　　杜月笙很小的时候,家庭贫寒,没上过几天学堂,这一段失学儿童的痛苦经历,他永远也不会忘记。杜月笙虽是粗人出身,但很看重文化。

　　提起正始中学,相信很少会有人知道它的名字,更不用说这是由谁创办的。正始中学是由当年上海滩上显赫一时的闻人杜月笙于三十年代在上海法租界开设的一所全日制中学。杜月笙从乡下青浦来到大上海,慢慢扎稳脚跟,发迹后醒悟到自己没有受过教育,没有多少文化,为了弥补这求学的时光,杜月笙决心办这所学校造福后人。不仅如此,他还在老家浦东耗资十万元,建起"浦东杜氏藏书楼",附设学塾。

　　杜月笙并不是每次做事都抱有极强的功利性,也不是每做一件事情都要收回成本和利润的。早在1932年的时候,杜月笙的经济情形也不太好,生活也多少有些拮据,但是,他出于对自己早年失学的心理补偿,仍然决定要在上海出资开办正始中学,这纯粹就是一个赔钱的项目。

　　杜月笙出资办学的心愿不是一时兴起,而是由来已久,这主要是受杨斯盛的影响。杨斯盛个人出资十二万两银子,是浦东地区第一个捐资办学的名人,他在浦东六里桥兴建了一所"浦东中学",附设两所小学。浦东中学学校的占地面积十多亩。已经过去很多年了,这是1904年的事儿,那时的杜月笙刚来上海不久，还在十六铺为生计而奔波，但他对杨先生的义举极为景仰，视为偶像。

1908年杨斯盛先生去世以后，浦东中学的教育基金越来越少，最后竟然到了捉襟见肘的地步。1920年以后，黄炎培担任浦东中学的校长。杜月笙倒腾烟土生意发了大财，于是便自告奋勇决定补贴每年不足的经费，浦东中学得知这一情况非常感动，决定推选杜月笙为学校的董事长。

到了1932年，曾经在"四一二"的时候，陈群任国民政府汉口市市长。陈群在任职期间和当时的汉口市警备司令杨虎大杀共产党人，有养（杨）虎成（陈）群的外号。曾经残酷镇压共产党人的陈群，后来丢掉官职成为失意政客，于是他退居上海，过着深居简出的生活。陈群劝杜月笙自己开办一所学校。杜月笙决定立即行动起来，在上海西区法华镇辟地三十亩，兴建校舍十数座，创办了正始中学。

杜月笙求贤若渴和深明大义的心胸感动了当时一些文化名人，许多国内外有名的教师在杜月笙的重金礼聘下来到这所学校。由于校长陈群早年曾经东渡日本，考察了明治大学、东洋大学，所以他在正始中学使用了一些日本管理模式。一个余姓的教务长，平时对待学生凶狠异常，外号"余老虎"，陈姓的训导主任，在训导学生时常常没完没了，学生叫他"陈不了"。整个正始中学的气氛非常和谐、良好。

别看只是一个普通的全日制中学，学校里面的种种规矩可真多。比如：在校的初中生必须穿童子军服，高中生穿军装。所有的学生全都要剃成光头，每到星期一早上八点的时候，全校所有的学生都要在操场上排好队，秩序整齐。不管是刮风下雨还是出着大太阳，都必须静默立正站上半个小时以纪念"总理纪念周"。由于这一规定所有的同学都要遵守，任何人都没有特殊性，所以经常有体质弱的学生晕倒。

正始学校的学生的品行在开学的时候都是一样，都是以满满的一百分为基数。如果在以后的学习中触犯了学校的校规，就会按后果的严重性依次分别扣分。等到学期结束的时候，如果犯规太多，所扣的分数过多，那么你就要注意了，因为品行分不足六十分要留级。学生最害怕"陈不了"说：扣你三分。学校给每个人都发有一个日记本，要求学生每一天都要写日记，而且要用毛笔。同时还规定日记必须要写满一页，一次不交日记扣掉三分，所写的日记不满一页扣一分。

如果学生想来正始中学读书，很容易，基本上报了名即能入学，门槛很低，但升级却不容易、很严格。学校规定只要有两门功课不及格或品行分不足六十分都要留级。所以假如初一有三四个班，每一个班级有三十多名学生。慢慢地，等到上到初二的时候差不多就淘汰了一半，再到初中毕业时剩下的人更少，往往只有三十多人能够进入高中。正始中学是私立学校，学费比较低，学费只是象征性收取，对家中有钱的学生略微收一点，对大多数家庭贫苦的学生不仅免费，连衣食住行都由学校包办。再加上老师教学严谨，正始中学的学生成绩总是第一第二，所以学校创办不久就名声大振了。

后来，由于陈群校长的办学经验不足，杜月笙又聘请教育专家陆澹担任总务主任，想让有着丰富经验的陆澹掌管教学，为正始中学严把教学关。陆澹提出了两个条件：首先是学校里面的各科老师都要经过他的审核同意；其次提高进入正始中学的门槛，所有来入学的学生都要经过考试，不及格者一律淘汰。竟然连杜月笙亲自介绍的清贫子弟也要经过考试，杜月笙最终同意陆澹的两个要求。从这以后，学生再想进入正始中学就不容易了。

正始中学的学校规模比较宏大，仅仅学校里面的一个大礼堂的面积就在上海所有学校中排在首位。这些还不是重点，最厉害的是学校的校内还设有停车场，这在当时更是前所未闻的。抗战胜利后，上海市首届"市参议会"在准备召开的时候没有找到合适的场所，最后再三衡量，决定在正始中学的大礼堂开会。在上海的各国领事来正始中学参加会议，见到这么大的中学，无不感到惊讶。

正始中学从高一开始设日德两种外语作为必修课。德语由学校的教务长亲自教授，教日语的是一位日本老华侨。杜月笙非常注重这所学校的创办，尤其对那些品学兼优的学生，常常有着特殊奖励。

凡是在正始中学高中毕业后考入国立大学或日本大学的，一切学习费用由杜月笙资助。在杜月笙这一政策之下，正始中学人才济济，涌现了很多出类拔萃的人，为国家造就不少的人才。著名数学家吴文俊就是从正始中学毕业后考入国立西南联大而得到资助的，吴文俊曾很感慨地说他的英文和数理基础是在正始中学打下的，他非常感谢这所学校。前北京大学校长朱德熙是中国著名的文字学家，也是正始中学的学生。

杜月笙在正始中学担任董事长的同时，还积极动员社会各界人士支援这所学校，他曾经找到与陈嘉庚齐名的南洋华侨胡文虎。胡文虎慷慨解囊，为学校捐献了大笔的钱财，这一措举对正始中学的扩建做出了巨大贡献。为了表示对胡文虎的感谢，从此以后杜月笙就在正始中学为胡文虎塑了一座铜像。

　　正始中学是杜月笙的终生事业之一，为了学校的发展，杜月笙尽了极大的力，为这间学校也赔了无数的钱。但是，值得安慰的是，在陈群校长的殚智竭虑、鞠躬尽瘁的主持之下，正始中学一直都是上海的黄浦滩上著名的学府之一。这所学校前后办了十八年，一直到抗战胜利，才开始被共产党接收。

　　和千千万万的父母一样，杜月笙非常注重自己几个孩子的学习，严格要求他们的学业，严禁他们沾染烟赌娼的社会恶习。杜月笙先后有三个儿子在正始中学就读，老大杜维藩初中毕业后升入高中，老二杜维桓和老三杜维屏在初三时因成绩不及格没能升入高中只能继续留级。可见正始中学要求严格，不徇私情，即使是董事长的儿子也不能特殊。

　　据说杜月笙的家教很严，"爱之深，责之切"应该就是这个道理吧。有一次杜维桓和自己的同班同学在操场上用童子军的六开刀玩游戏时，不小心戳破了同学的脚。杜维桓看着鲜血吓坏了，顿时没了主意，立即跪在地下求同学不要声张。校长知道了这件事情以后立即派人到这个同学的家中求情，说千万不能让董事长知道，否则董事长一定不会轻饶杜维桓，为了弥补，学校每天派车接送这个同学去上学和回家。

　　老大杜维藩曾经在高中时一次大考中逃考，被杜月笙知道后狠狠甩了两个耳光。女儿杜美如一次外语考试成绩不佳，发挥失常，没有考到最佳水平，杜月笙便用鞭子狠狠抽打了十下。杜月笙的八子三女在他的严格教导和殷切希望下都受到了良好的教育培养，至今活跃在海外商界。

杜月笙对于自己的子女都很爱护，由于当时三个女儿年龄都还很小，杜月笙对他的儿子期望很高，而且似乎是冥冥之中作了安排。杜月笙很希望自己的几个儿子积极向金融工商业方面发展，首先他的家庭里没有这样的人才，因而急切希望拓展这方面的路。其次，杜月笙手下的几个事业也需要有人来接管。杜月笙开银行，办事业可以请朋友帮忙，学生照看，他希望自己的子女将来可以独当一面。杜月笙众多的子女中，只有长子杜维藩一个人参加了恒社，被推举为常务理事。杜维藩最开始加入恒社的原因，竟然还是担任杜月笙代表的关系，除了杜维藩之外，杜月笙的另七个儿子便不曾再有一位恒社社员。

中汇银行是杜月笙所办的第一个事业，作为杜氏的长子，杜月笙由衷地希望杜维藩在银行界工作。他不愿杜维藩将来直接子承父业，等自己不在银行干下去的时候杜维藩一步登天地便坐上中汇银行总经理宝座。杜月笙首先让杜维藩到中国银行当练习生，从基本的小事情做起，积累经验和人脉，要在普通店家这就等于学生意。

杜月笙命杜维藩一面当练习生一面进夜校，在工作的时候还要经常充电，多学习对银行业有用的知识。他要杜维藩彻底了解银行业务，一切从头开始。后来杜维藩凭借着自己的努力，终于从末等办事员熬到分行副主任，他随后进入了香港交

交通银行董事长钱新之

通银行。抗战时期一直在重庆的银行业忙碌着，做到交通银行存款部主任，一直到杜月笙的中国通商银行在重庆复业。杜月笙觉得杜维藩够资格了，阅历和经验也都足够了，这才把杜维藩从交通银行调到中国通商银行，派他在骆清华手下担任襄理。

杜月笙认为自己对于银行业务纯粹是外行，不能给长子传授些经验。而杜维藩就不同了，他从小就耳濡目染，等于是科班出身。因此杜月笙给杜维藩找来了一位名师，那便是他的最要好朋友之一钱新之。钱新之当然知道杜月笙意欲何为，也深深懂得杜月笙的心意，因此钱新之对杜维藩耳提面命，循循善诱，非常关心杜维藩所走的每一条路。

钱新之完全把杜维藩当成了自家的孩子那般照料，杜家上上下下的人把这一切都看在眼里。所以孙氏夫人曾经一度建议，要让杜维藩正式拜钱新之，结果不曾想钱新之反而拒绝了这一个建议。钱新之说："我一生一世只收了一个学生，啸林哥的少爷张法尧，没想到这头一个学生就不争气，从此以后，我就发誓不收学生了。"

抗战胜利以后，杜月笙任命杜维藩为中国通商银行上海分行副理，此后还在徐懋棠赴港时期，担任过中汇银行副总经理。后来，杜维藩被任职台湾银行经济研究室研究员。

孙氏夫人的老三维屏和老四维新先是赴英国留学，后来转到美国，维屏进了麻省理工学院，专攻纺织工程。维屏在校期间学习突出，成绩十分优良，一度获得了奖学金，杜月笙常常引以为傲，他曾经在心腹面前说：

　　"只有维屏，张张文凭都是硬的，他靠的是真才实学！"

　　抗日战争胜利以后，杜维屏、杜维新兄弟学成归国，杜月笙非常欢喜，自然是望子成龙，希望自己的孩子出人头地。不久，杜月笙又被选为全国棉纺织业公会理事长，这一时间，由杜月笙出面担任的大的纺织业董事长有八家之多。面对如此多的头衔，杜月笙极想杜维屏学以致用，能够在纺织工业上发展抱负。但是杜维屏雄心勃勃，他和盛宣怀的七公子盛苹丞合作，两人合伙做起了生意，经营进出口贸易，在很短的时间内，生意已经做得有声有色，并且很快赚到了一笔钱。等到上海华商证券交易所恢复，杜维屏开设一家宏兴公司，也是和盛苹丞在一起，同做股票买卖生意。后来杜维屏在巴西开设股票公司，成了一位卓越的投资顾问兼股票经纪人。

　　老四杜维新回国以后，杜月笙命他在浦东银行担任副理，杜维新凭借着自己的知识和本领一样做得相当不错。

　　陈氏夫人所出的老二维垣、老五维翰和老六维宁，一个个也都小有成就。杜维垣曾经在美国学了一段时间的教育，回国之后帮助杜月笙打理了正始中学。后来，杜月笙又派他到华商电气公司，之后又在美国纽约任职联合国总部。维翰、维宁则任为中汇银行常务董事。

　　七少爷杜维善也曾经在澳洲留学，学习矿冶后归来，担任中国石油公司苗栗探勘处的重要工作，并且取得了专门人才的资格，被某国防单位重用。杜维善是姚氏夫人所生，他还有一个同胞弟弟，亦即杜公馆的八少爷杜维嵩，不幸在年幼的时候就去世了。

杜月笙家中还有三位千金，大小姐美如和二小姐美霞，都是姚氏夫人生育。杜美如曾经是杜月笙最宠爱的一个女儿，从小锦衣玉食、娇生惯养。杜家大小姐衣着讲究，享用奢华。比如当年她买各国的新款皮鞋，可以买到一百多双，但是后来她爱上了一位空军英雄，居然肯洗尽铅华呈素姿、不敷脂粉，和刻苦耐劳、克勤克俭的军人同甘共苦。连杜月笙的生前好友杨志雄，也踌躇满志洋洋自得地说："美如真了不起！"

美如的妹妹叫美霞，她的丈夫是金廷荪的儿子金元吉，黄金大戏院五虎上将之一。杜家二小姐既聪明而又懂事，相夫教子，十足的贤妻良母。

杜月笙的孟氏夫人孟小冬只有一女，名唤杜美娟，嫁给了美国国务院派驻琉球的一名官员，华裔，兼有美国国籍。

杜月笙对他的儿女都寄予厚望，都希望他们成才，这是每一个做父母的人之常情。杜月笙不想让他的子女重复着他一辈子混世界、打天下的痛苦经历，杜月笙自己在混乱的上海滩脱颖而出，遍尝"成功者"的甜酸苦辣滋味，他显然不愿任何一个子女走他的老路。他渴望自己的几个子女能够享受脚踏实地，有着循序渐进的安谧与乐趣。

尽管杜月笙家里的排场很大，整日里衣食无忧，但是他对人生的最后愿望，全部都寄托在几个儿女身上，那就是做一个朴实无华,能在平凡中显示其伟大的人。杜月笙非常注意培养孩子的优良习惯，从不在自己子女面前讲述他在上海滩的丰功伟绩和一些得意的往事。相反地,杜月笙常常告诫自己的子女们他儿时生活的艰辛和孤苦。

杜月笙的家庭教育无疑是成功的，不论儿子女儿都小有成就,都成功跻身到了杜月笙一直在追求的上层社会。杜月笙有着几房妻妾,子女大多是同父异母,这样一个大家族,家庭成员的相处,也是非常融洽、上下和睦,兄弟姊妹间不分彼此。同父异母的手足,能够处到这种程度,实在是相当难能可贵,值得赞许。

花甲之年满堂宴

1947年8月30日,这一天又是农历七月十五,按照旧时以虚岁为准的算法,刚好是杜月笙六十岁生日,此时的杜月笙已经是花甲之年了。杜月笙此时已经到了生命中的最后时光,长年累月住在香港的杜公馆里,轻易不出大门。国民党方面和共产党方面正在进行着解放战争,全国上下狼烟四起,两广地区和四川以及江苏北部地区都发生了严重的水灾。由于当时的社会环境比较复杂,杜月笙也不想在家里铺张浪费,省得旁人指手画脚。所以每逢杜月笙的门徒和客人建议他好好风风光光做寿,他都是一概摇头拒绝,再碰到有的人再三劝说,他更会气喘吁吁地说:

"算了吧,现在都是什么时候了,我哪里还有什么心情做寿呢?"

杜月笙的门生、徒弟都说这次花甲大庆非做不可,因为"八一三"淞沪会战爆发的时候恰逢杜月笙五十大寿,当时有不少的人都要为他祝寿,杜月笙曾说过:

"国难当头,哪里来做寿的兴致?要做,等打胜了东洋人,再来做六十岁!"

如今十年过去了,所以有人说:"杜先生说话可是要算话,五十岁都没有好好庆祝,这六十大寿的事情,绝对马虎不得!"

杜月笙最爱面子,最讲排场,由于哮喘病经常发作,也没有什么心情庆祝了。再加上他对当时的一些事情看不惯,也觉得不顺心。同时抗战结束了,何去何从的问题还是一头乱麻,这一系列的事情都让杜月笙提不起精神、忧心忡忡。

杜月笙的各方好友及其由徒子、徒孙们组成的恒社组织门生,一个个都异常高兴,不由分说地组织了一个"庆祝杜公六十岁寿诞筹备委员会"的组织,推出了筹备委员二十三人。这些人都把为杜月笙做寿当做是一个天大的事,因而早就热热闹闹展开了准备。杜月笙看到了这样的情况,也不好再推脱了。

就在杜月笙六十寿辰的头一天晚上,29日, 在顾嘉棠的家里,杜月笙的各路老友、各方朋友凑在一块集体设宴为他暖寿。由于来贺寿的人非常多,远远超出了预算规格,所以,人数经过严格甄选,精选了又选,但还是有两百多位。王晓籁、杨虎、章士钊、钱新之、范绍增、徐寄颀等多年的老朋友悉数到场。党、政、军界好友如洪兰友、郑介民、潘公展、萧同兹、程沧波、陈方等络绎来临,贺寿的场面非常之壮观。

多年好朋友的相互寒暄,暖寿的气氛显得热烈而又轻松,遗憾的是这一晚寿星杜月笙因为喘病病发,没有办法亲自来到宴会席上。于是,在当晚的宴会席上国民党"国民大会"秘书长洪兰友发表了一篇《祝寿辞》祝词,随后上海市长参议长潘公展,代表杜月笙致辞答谢。与参加宴会的嘉宾举杯痛饮,好不热闹,与此同时,这些人也都祝愿此刻还在病床上的杜月笙早日康复。

转眼间已经到了8月30日,杜月笙终于迎来了自己的六十大寿。为了迎接这一盛大场面,泰兴路丽都花园舞厅为之歇业一天,把花园的大厅布置成了花园锦簇的寿堂,整个一香烟缭绕,红烛高烧。各式的花篮堆放在一起,一时间芳香扑鼻、五彩缤纷。这些花篮沿着客厅的两旁墙脚,一直摆到照壁,密密麻麻的,数也数不清。到这里贺寿的人来头可真不小,当时的国民政府主席蒋介石,早就题赠一幅匾额,用精美镜框高高地悬在正中,贺词文云:"嘉乐延年"。

客厅的左右两边,也都摆满了上层人物送来的各种牌匾。这些人听说上海滩的杜月笙要过寿了,纷纷前来表示祝贺。中央各院部会首长题赠的寿联寿幛,更是挂得密密层层,琳琅满目。过寿的当天，杜月笙收到八百多件礼品，所得贺礼全部都摆放在客厅的桌子上公开展示，供人欣赏。其中有银鼎、金盾、器玩、玉石。

在这所有礼物中，最珍贵最有名堂的、最让人赞不绝口的有三个。首先是百寿图，这是由邮务工会利用各种邮票剪贴而成的，妙手天成，活灵活现的，很是好看。还有一个是一幅杜月笙巨像，是美一绣业公司以一百多种毛线绣制的，这幅图据说是该公司继杜鲁门、麦克阿瑟绣像后的第三幅作品。第三件送礼的诚可谓善颂善祷了，送的是一幅人物国画，画中的八仙吕洞宾居然是杜月笙。

杜月笙因为哮喘不能到场亲自一一答谢，他命长子杜维藩率领弟妹和弟妹妹夫，分别站在礼台的左右两侧，代表自己答谢来贺的嘉宾。不仅如此，杜月笙又请钱新之、杨虎、徐寄颐、徐丞采担任总招待。

刚刚早上八点钟，来贺礼的人纷纷赶来。最早来贺寿的是

杜月笙、黄金荣等人合影

264

上海警备司令、兼警察局局长宣铁吾夫妇。上海市市长吴国桢随之到来。总之,在上海稍有名望地位的无不登门道贺,吴铁城、宋子文、王宠惠、莫德惠、吴鼎昌、张道藩、董显光等中央要人纷纷从南京赶来。远在外地的孙科、白崇禧也派来了代表。仅仅这一天就有五千六百多名到贺嘉宾,汽车司机赏钱开发了一千五百多人。

杜公馆借丽都花园做寿,开的是流水席,每桌人满就开席吃饭,随即上菜,菜肴种类繁多,非常丰盛。不仅如此,凡是到场的客人都会奉上一盆素面。"一品百姓"杜月笙的"花甲之庆"依然风头十足。

自抗日战争胜利以后,杜月笙曾经在顾嘉棠家住过很短的一段时间,再加上身体状态不是很好,为了便于养病,杜月笙一直都在香港方面居住。香港居住的地方比较紧凑,这里不像上海华格臬路的杜公馆那边规模宏大,人口众多。香港的杜公馆房子小,四面八方都可以照顾得到,对于杜月笙这种"大家庭之主"的病人比较适宜。杜月笙是生病的人,人一生病心情就比较抑郁,比较阴暗,所以他怕烦、怕吵、怕人来客住,川流不息,同时更怕跑上跑下,劳动病躯。

满堂盛宴,十足气派,杜月笙觉得内心愧惭,不胜惆怅。看着这人来人往热闹的场面,自己百感交集,因为一概不能亲自出席。六十大寿的花甲之庆,想想自己一路走来的这些年,老一辈的弟兄很多都已经离开了,或者老态龙钟,身体不比当年了,大都不能代他主持盛会,照料一切。杜月笙的一些子女在寿堂那边答礼,负责办事的则为小一辈的子侄、徒孙。杜月笙此人最喜欢操心，也一向最看重人面、场面。虽说他现在已经躺在病榻上面整日喘息着，但尽管如此，杜月笙还是放不下宴会上的场面，唯恐怠慢了客人，礼数欠周，他一直在为寿堂方面牵心挂肚肠。于是，寿堂和杜公馆的电话，始终响个不停，双方总是及时不停地电话联系着寿宴上的情况。

自己何许人也，现在也不比往日了，自己过个花甲，竟然还有五六千贵客亲自来到这里道贺祝寿，杜月笙已感到心满意足了。回头想想自己这么多年在上海滩打拼，想到当年和自己一起出生入死、一路走来的那班老兄弟。

抗战时期，高鑫宝留在上海，在赌场中与人争斗，被仇家用枪打死；芮庆荣也在重庆感染风寒病死；"小八股党"的"四大金刚"，现在只剩下顾嘉棠和叶焯山了，也都在花甲之年了。黄老板也垂垂老矣，抗日战争胜利以后他也不愿漂洋过海，完全不问世事，一心养老。杜月笙返回上海时，黄金荣还亲自到西站去迎接，杜月笙喊了一声金荣哥，对这位老把兄简直是千言万语一时无从说起。老弟兄分道扬镳，离别太久，便仿佛是两个世界的人了。对张啸林张大帅，杜月笙也早就没有勇气再踏入张家一步。

虽说杜月笙的六十大寿过得很是轰动，可尽管这么多人，这么热闹，都不足以能让杜月笙最高兴。唯一令杜月笙引为欣慰的，是孟小冬的翩翩而来。

孟小冬和姚玉兰是师姐妹，两人关系十分亲热，不分彼此，情同姐妹，几乎形影不离。孟小冬来到了之后，姚玉兰亲自相迎，杜月笙和孟小冬也已有整整十年没有再见面，对于孟小冬的苦心学艺,获得如此辉煌的成就,杜月笙对她有着不胜钦敬之感。

这次十天祝贺堂会盛况空前。金廷荪担任寿庆总提调,为了请到名角,金廷荪曾经多次北上故都。北平的四大名旦之中的尚小云、程砚秋、荀慧生都因为有事缠身,不能前来。尽管如此,其余大牌名角如马富禄、筱翠花、李多奎、阎世善、李少春是一概到齐,加上原在南方的梅兰芳、马四立、马连良等,阵容声势空前强大,非常有规模,姚玉兰又亲自写信邀请自己的师姐妹余派老生孟小冬,气派十足。

这些名伶名角大都住在金廷荪的南阳桥"老金公馆",同时他们在上海的演出都是义务的,都不收钱。他们祝寿唱戏纯属义务戏,所有卖票的收入全都供全国各地赈灾之用,这几天的义务唱戏,杜月笙大概筹到一百亿左右的巨款。这一笔数目,对于当时各方水灾泛滥的救济也起到了不小的作用。

明媒正娶五夫人

"梨园应是女中贤,余派声腔亦可传。地狱天堂都一梦,烟霞窟里送芳年",这首诗是对孟小冬一生的写照。

孟小冬出生于梨园世家,但是她自小生长在南方,刚刚十三岁的时候她就已经在上海大世界乾坤剧场献艺,唱的是"谭派须生"。十四岁的孟小冬便到北平,在三庆园演出,只唱夜场。

早在1926年,青春妙龄的孟小冬在韩家潭的几次堂会后,"天下第一老生"的称号也已经传得很响了,那时,梅兰芳已经是北平响当当的名角了。

此时正是北京戏曲繁盛的时候,杨小楼、陈德霖、余叔岩、荀慧生合组"双胜班",和从日本载誉归来的梅兰芳打对台,这突然半路来了个小姑娘孟小冬,居然能在两大戏王之间脱颖而出。北平的戏台从此便多出了一个"冬皇"。孟小冬的天才横溢,使梅兰芳不禁刮目相看,由仰慕而生情愫,双方心仪,最后惺惺相惜。

一曲《游龙戏凤》赢得了满堂彩,获得了观众的认可,也成就了梅兰芳和孟小冬的情缘,这是尽人皆知的一件梨园韵事,是一时佳话。

正当孟小冬在北平风生水起、名声大噪的时候,拜倒在她石榴裙下、迷恋她的少年郎,数不胜数,非常之多。其中就有王达的儿子王维琛,据说此人非常喜欢孟小冬,单恋孟小冬到了发狂的程度。就在王维琛听说孟小冬和梅兰芳这一事情后，十分气愤，一直怀恨在心。

有一次，王维琛找到一个机会，便藏了一支手枪在衣袖里，不知道通过什么手段找到梅兰芳的家里。还口出狂言说是梅兰芳夺了他的"未婚妻"，他要找梅兰芳算账，一会儿要取梅兰芳的性命，一会儿又要梅兰芳赔偿自己十万大洋。这时候梅兰芳刚好在睡午觉，他家里一位常客绰号"夜壶张三"——在北平报界工作的张汉举，看到了这样的情况便赶紧出面周旋。正当张汉举和王维琛商量的时候，没想到的是梅兰芳突然醒来了，径直走了进去。"仇人"照面，张汉举一时间不知如何是好，当下只好向他抛个眼色说：

"这位王先生，是来跟你借五万块钱的。"

梅兰芳抬头看了一眼王维琛，只觉得此人面目凶恶，脸色不对，像是有什么深仇大恨似的。突然之间梅兰芳看到了王维琛手上的那柄短枪，这使得他大吃一惊，匆匆地说了声："我打电话去。"便一个转身从侧门溜走。

梅兰芳离开客厅之后，赶忙四处打电话求援，接到了电话，王怀庆的京畿卫戍总司令邓、薛之珩的首都警察厅，以及全北平军、宪、警各单位都派了大队人马来，水泄不通地围在梅兰芳的那幢四合院。

王维琛十分警觉，当他听到梅兰芳的"我打电话去"那一句，就已经感觉到好像有什么不好的事情发生。尽管如此，一个二十多岁习惯了养尊处优，任性惯了的大少爷，缺乏应变的能力。王维琛仍然呆呆地留在梅兰芳的客厅里，不曾想着离开，一副手足无措、难于决断的神情模样。

当他还站在原地的时候，大批军警很快赶到，此时的王维琛才想起利用还在客厅里面的张汉举当挡箭牌一路开枪冲出去。力量对比很是明显，王维琛此时只能做些无谓的反抗，拿鸡蛋碰石头的悲惨后果可想而知。屋外乱枪齐下，很快夜壶张三和王维琛纷纷倒在血泊里。

看到了眼前发生的一桩血案，梅兰芳害怕极了，他也不知道该如何是好。在这件事情发生不久后，梅兰芳便携带家眷一同南下，可是正是因为这件事情，梅兰芳的发妻福芝芳整日在家里闹，梅兰芳家里开始了鸡犬不宁。福芝芳打着为梅兰芳的生命安危着想的口号一直对梅兰芳紧紧相逼，逼他和孟小冬分手。孟小冬打小就比较冷傲，再加上此时的她又红遍南北，自然不愿意和福芝芳争一日之短长。尽管梅兰芳深爱着孟小冬，也不愿意和孟小冬分离，但他也制服不了福芝芳的吵吵闹闹。很无奈的，如日中天的梅兰芳深深地为家庭纠纷苦恼，进退两难，几乎到了痛不欲生的地步。

梅兰芳其他的亲朋好友也都觉得梅兰芳一直生活在水深火热中，实在看不下去了。于是，他们决定好好商量一下，集体筹划看看该怎么做，帮助梅兰芳解决这件事情。

冯耿光是中国银行总理，同时也是梅兰芳的后台靠山。梅兰芳自始至终都对这个冯耿光——冯六爷言听计从，可谓一言一行，无所不从。冯六爷说往东，梅兰芳就不敢往西。

就在梅兰芳客厅血案刚刚发生不久之后，杜月笙的好朋友杨志雄曾有一次来到了梅兰芳家里做客，亲耳听到冯耿光和很多人在争吵,只听见他力排众议,反复劝说梅兰芳应该离开孟小冬,和福芝芳在一起。

冯耿光别看只是三言两语,很简单的几句话,但他有着自己独特的观点和见解。冯耿光首先是分别分析孟小冬和福芝芳的性格。他说孟小冬为人心高气傲,她常常需要其他人来服侍她,是"人服侍"。而福芝芳性格沉稳随和大方,她是典型的贤惠的传统女人,可以"服侍人"。

以"人服侍"与"服侍人"相比,作为一个男人,肯定是需要服侍的。为了梅兰芳的终身幸福,离开孟小冬和福芝芳在一起是最好的。冯耿光的一番说法,把那些拥护孟小冬的人列举的"冬皇"优点,什么珠联璧合、梨园世家、前程似锦,这些伶界佳话全都被福芝芳的贤惠给压了下去,每一个在座的人都不再多说些什么了。

凭着冯六爷一而再再而三地对梅兰芳施加影响,孟小冬和梅兰芳被迫分手,这使梅、孟戏迷为之大掬了一把同情之泪。

就是因为这件事情,上海大大小小的报纸和杂志社都刊登了很多极力渲染的文章。同时,由于恰逢杜月笙六十大寿,孟小冬和梅兰芳又都受邀来为杜月笙贺寿。媒体和记者们又怎么肯放过孟小冬、梅兰芳同期演出这一条千载难逢的花边新闻?

于是,上海界的小报开始花样翻新,开始危言耸听。说什么此次的孟小冬、梅兰芳"南化会",正好为他们的旧情复燃和破镜重圆提供了很好的契机。又说什么早几年梅兰芳留须不唱,福芝芳则为破除寂寞,很快迷上了赌博,赌博也很上瘾。福芝芳很快就把梅兰芳的生平积蓄,输得一干二净,随后的福芝芳很是担心,寝食难安,于是得了神经衰弱重症。梅兰芳看到福芝芳也是无能为力,如今心上人南来,眼看就要有机会重拾记忆,机会便在眼前等等等等。总而言之,这时全上海的舆论似乎铺天盖地而来,一致都在为孟、梅复合而在大声疾呼,摇旗呐喊。

邂逅过成就非凡的男人,这个女人也被留名青史。

孟小冬的传奇在邂逅梅兰芳之后,还有更大的波澜再起,那就是和当时上海滩最知名的闻人杜月笙的再次相遇。

很多的报纸和杂志都在不遗余力大肆撮合。面对这样漫天的绯闻,孟小冬没有被击倒,相反还能泰然处之,她对这些与她有关的文字,一概视若无睹。

杜月笙则有种说不出来的滋味,"梅孟重圆"的谣言却越传越盛,呼声也很高,而越是无稽之谈,越是有人言之凿凿,煞有介事。

于是,聪明的孟小冬便提出回北平料理诸事的愿望,杜月笙虽然说舍不得,但仍然不忍心拒绝。后来孟小冬写了《孟小冬紧要启事》,接连在天津《大公报》头版上连登三天。在全篇洋洋洒洒五百多字的文章里,只有开头一处直呼梅兰芳其名,其他五处都很客气地称为"兰芳"。其中在谈到自己和梅兰芳分手缘由的时候,也只是用了一句话:"是我负人?抑人负我?到底是谁错了?""世间自有公论,不待冬之赘言。"孟小冬把这个问题留给世人去评判。等到孟小冬再次返回北平的时候,外面的各种传闻戛然而止。

此时的杜月笙尽管已经没那么多烦心的事，但是一想到孟小冬，这个在上海滩上叱咤风云的杜月笙，心情也开始变坏了。这时，华北战云日急，共产党连取要地，北平将成围城，杜月笙非常担心孟小冬的安危，那可真是觉也睡不好饭也吃不香，心忧如焚。于是，杜月笙赶紧派人接孟小冬来到上海。

孟小冬

当孟小冬翩翩来到上海时，杜月笙异常开心，他亲自拖着有病的身体到机场接人。杜月笙兴奋若狂，欢天喜地，深深地把孟小冬捧在手心里。孟小冬也有感于杜月笙的恩情之重，从此死心塌地，杜门不出，像服侍她师父余叔岩那样，尽心专侍杜月笙。

杜月笙这些细微的关心和呵护让感性的孟小冬备受感动。于是，在杜月笙过六十岁华诞之时，好长时间都没有登台表演的孟小冬特意提前排练，这样在受到杜月笙的邀请之后，她才能在台上好好表演，不至于丢了杜月笙的颜面，也能好好酬答到场贺寿的来宾。

他是她一生的知己，记得1925年，孟小冬还在共舞台演艺，杜月笙还只是在台下捧场，出将入相之间，杜月笙已经被孟小冬深深吸引。而现在青红帮、苏州河、百乐门、上海的种种风云际会无不与杜月笙有关联。

二十年过去了，杜月笙的情深重义一直在孟小冬身旁围绕，始终润物无声地爱慕着她,怜惜她的甘苦,让多年漂泊江湖的孟小冬感念于心。

于是,后面的日子,孟小冬要酬答杜月笙的知寒知暖。自打孟小冬嫁入了杜公馆之后,她对一切都看淡了,不再过多计较了,也不再放在心上。对一切看不惯、听不得、受不了的事情她都能漠然置之。在杜公馆的日子里,孟小冬都钟情于眼前的这个男人,呵护陪伴着这个别人眼里霸道,但对她却是万分柔情的男人——杜月笙。

当杜月笙偕同家眷前往香港的时候,一家人在数着要多少张护照时,孟小冬就说了一句争辩的话,她转头问杜月笙:"我跟着去,算丫头呢,还是算女朋友呀?"杜月笙一愣,立马明白了这句话的意思。自此杜月笙在心里暗暗下定决心,他决定要不顾一切的阻挠与困扰,不顾众亲人的反对,当众宣称:他要履行诺言,尽快与孟小冬成婚。

杜月笙刚刚说出这一番话时,无疑为杜公馆投下了一枚炸弹,这是因为在很多人的眼里杜月笙与孟小冬已成夫妻,这是不可否认的事实。如今杜月笙天天卧病在床,每天靠着氧气维持生命,而且正值避难香港,又何必大张旗鼓多此一举?结婚对现在这个时候来说,根本就是节外生枝,白白增添无穷的纠纷。尽管当时有很多人对这件事情持反对意见,一再苦口劝阻,但是杜月笙置之不理,他决意要在自己死前完成这一大心愿,为孟小冬,也为自己。

婚礼当晚,六十三岁的新郎杜月笙头戴礼帽、身穿长袍马褂,坐在手推轮椅上被推到客厅,紧接着又由家人搀扶着站在客厅中央,四十二岁的新娘孟小冬此刻幸福十足,满脸遮不住的笑意,喜悦之情溢于言表。她穿着一件特意为婚礼定制的滚边旗袍依偎在杜月笙身旁。

此刻的杜月笙叫来了留在香港的家人,命他们这些儿子媳妇,女儿女婿们都来给孟小冬行跪拜礼,并再三嘱咐以后都要称呼孟小冬为"妈咪"。孟小冬也都答应下来了,而且还送了他们每人一份礼物,男士们一人一套西服衣料,女士们则每人一块手表。自此,孟小冬一生苦苦追求的"名分",终于如愿以偿,由此孟小冬也正式成为了杜月笙的第五房夫人。这才有了六十三岁的新郎和四十二岁的新娘。孟小冬进门后,悉心照顾已经到了花甲之年并且体弱多病的杜月笙。

一生挚爱孟小冬

杜月笙的第五房太太,也就是最后一位夫人名叫孟小冬。孟小冬,北平人,出身于梨园世家,她的祖父是清朝同光年间很有名气的演员。孟小冬的父亲孟鸿群,也爱唱戏,唱老生。孟小冬因出生于1907年的农历腊月十六,所以取名小冬。

孟小冬幼年学戏,学戏的时间较为长久,渊源深厚,1938年

孟小冬、杜月笙结婚照

10月，孟小冬在北平正式拜余叔岩为师。入门以后，孟小冬悉心侍奉师父。1943年余叔岩去世，孟小冬心灰意冷，以"为师心丧三年"为由，谢绝歌场，隐居不出。直到抗战胜利，日本投降，方与程砚秋合作，孟小冬排行女老生第一，因此同行都尊称孟小冬为"冬皇"。

孟小冬和姚玉兰是好朋友，在姚玉兰的介绍下，孟小冬也和杜月笙成了好朋友。在抗日战争时期，孟小冬自己孤身一人留在北平，举目无亲，无依无靠，在战乱纷飞的年代，一个单身女人生活下去也实在不易。

1949年北平和平解放前夕，杜月笙派自己身边的人对孟小冬说："自己一个人在北京总会觉得孤单，正好你和姚玉兰是好姐妹，去她那里可以解解闷。"杜月笙这样说其实是想让自己多些机会接近孟小冬。孟小冬转念一想觉得也好，至少不会苦闷了，于是就同意了。

杜月笙派人把孟小冬从北平接到上海，孟小冬对这个经常对他嘘寒问暖、呵护有加的杜月笙渐渐产生了好感。是啊，女人毕竟都是脆弱的，很容易就得到了感情上的慰藉。很快，孟小冬就成了杜月笙的家庭成员。之后，姚玉兰、孟小冬都跟随杜月笙去香港避居。由于此时的杜月笙患病卧床，杜公馆大大小小的事情都交给了姚玉兰掌管，而杜月笙的饮食起居就自然而然地交给了孟小冬。

1950年，在病床上的杜月笙不顾家人的阻挠，坚持下了床与孟小冬在香港杜宅补行了婚礼。到香港后，孟小冬又像当年侍奉师父余叔岩一样，整天为杜月笙生病的身体操持忙碌，煎汤熬药，不离左右。

杜月笙在床上深受病痛折磨的生涯中，最大的安慰就是身边有孟小冬尽心侍疾。孟小冬戏唱得比较好，但一生孤苦伶仃，遭受了很多的打击，"历尽沧桑"是她真实的写照。孟小冬自从和杜月笙走在一起，一步步走到结婚，长期陪伴在杜月笙的病床前，整日里和药罐子相伴，没有一天享过杜月笙的富贵荣华，没有过上一天衣来伸手饭来张口的杜太太的生活，没有得到过杜月笙更多的心疼怜爱。因此，当杜月笙的病情越来越重的时候，他就越来越觉得是自己辜负了孟小冬的一片深情，让孟小冬这种卓然不凡的奇女子踏进现在的杜公馆。如今的杜公馆这么紊乱、复杂，昔日的"冬皇"就这样洗尽铅华，伴着自己这样一个风烛残年的久病老人，对孟小冬来说，这实在是一件很残酷的事情，尽管杜月笙也不忍心，可他也无能为力，只是在心里一遍遍念叨着对孟小冬的愧疚。

来到香港后的孟小冬，整日陪在杜月笙的身旁，因而日渐消瘦。在杜公馆的孟小冬也常常是孤身一人，没有聊得来的知心朋友，说说心里话，她不会随波逐流，更学不来敷衍应酬。里里外外的家务交际，那都是姚玉兰的职责范围，孟小冬一天二十四小时，长年累月地照顾着杜月笙。

经常到杜公馆的亲朋好友，都能看得到，杜公馆一片杂乱、一片散漫，家里面常在的人也不多。一日三餐，也就中午招待一两桌客人，平常姚玉兰和孟小冬都不怎么见面，吃饭也都是自顾自的，她们每天都待在自己的房间里。杜月笙由于病重，不能下床，所以吃饭都是孟小冬亲自端到房间里，杜公馆的少爷小姐，各有各的房间，同时也各有各的吃处。看似有着几房太太，若干子女的杜公馆也分成了一个个小的单位，并且是相对孤立的。

孟小冬机械般地每日重复着"看护"的工作，她很寂寞，也很孤单，整天面对着杜月笙这样的病人，而且是已经注定了不可能痊愈的病人。

杜月笙自然知道孟小冬的苦闷，因此，他心里也很怜惜孟小冬，正是因为他了解孟小冬，深知如果自己对孟小冬表示出来同情和怜悯，孟小冬一定不会原谅自己。

如今的杜月笙病情一天天加重，孟小冬对他的照顾一天天仔细，此时瘦骨嶙峋的杜月笙不再有往昔的风光，只是一个再普通不过的老头。自上海到香港，从繁华到衰败，此时的英雄已非盛年，不过是一个年逾花甲的病翁。他可以为孟小冬做的地方太少，也再没有能力做些什么了。

所有的这些孟小冬都不在乎，孟小冬是念情之人。为了自己的爱情，为了自己最后嫁给的这个男人，她深知什么东西是最可贵的,她是无怨无悔,就算是他风光不再,她依然可以倾其所有去爱。杜月笙总是聚精会神地凝视着孟小冬,孟小冬的一个眉头紧锁他就立马知道是什么意思,于是赶忙吩咐他的手下去办。人常说最幸福的事情就是在对的时间遇到对的人,就这样彼此对着、慕着,你侬我侬。

人生得一知己足矣,杜月笙心里恋着孟小冬,孟小冬也一生守着杜月笙。为了杜月笙,孟小冬从此以后再也没穿上她最爱的戏服,而只是回归家庭,安于平淡。香港的杜公馆不再是最初意义上的杜公馆,它没有旧时上海的气派,也没了络绎不绝前来拜访的人,一切都回到了最初的宁静。成为当时香港最为普通的公寓。但是,这对于"冬皇"孟小冬来说,已经是最好的结局。

没有太多的利益纷争,有的只是每天静静地陪伴那个懂她、给她温暖、慰藉的良人。

当辉煌的生命趋向平和,走向暗淡。剩下的只是看着她的良人慢慢离她远去。

时过境迁茶已凉

1947年年底,在姚玉兰、孟小冬通力合作和悉心照料之下,杜月笙的病情已经有了好转的趋势, 神情和体力也慢慢恢复了正常。因为长时间卧病在床,杜月笙对外面的很多事情都不清楚了,尽管现在精神好些了,也只是偶尔才去外面走动。转眼间到了1948年元旦,杜月笙为了参加元旦团拜,起了个大早,早饭过后便驱车到市商会,在团拜席上,杜月笙遇见了上海市警察局局长俞叔平。

两人刚一见面,一番寒暄之后,俞叔平对杜月笙说起上海全市警察将在元旦举行大检阅,邀请杜月笙莅临指导。现在大检阅即将开始,俞叔平便劝说杜月笙和他一道前去观操。

杜月笙这个时候也很高兴,便答应了和大家同去。

警察大检阅在福熙路浦东同乡会门前,杜月笙一行抵达后,全部被邀上临时布置的阅兵台。阅兵的一些人站在台上,不时观看着他们齐齐的步伐,同时还有各种表演。由于当时恰好是严寒季节,天气比较寒冷,再加上台上的风一直呼呼吹着,短时间站在这里倒还不觉得什么,杜月笙还顶得住。但是大检阅进行了一个多小时的时候,杜月笙便感到十分不适,无奈警察大检阅还没有结束,他中途告退影响不好,于是只好咬紧牙关硬撑,好不容易支撑到大检阅结束,便匆匆告辞。

杜月笙刚刚回到家中就发起了高烧,请医生来诊视,说是感染风寒得了恶性感冒,这样一场大病又让他卧床一个多月。

等这次恶性感冒痊愈,已经到了阳春三月,"行宪"第一届"国民大会"将在南京召开。会中要选举"行宪"后第一任大总统和副总统,这件事非同小可,与会人员都是一些政要官员,都是有头有脸的人物。直至3月29日大会开幕之日,杜月笙才匆匆赶到南京,报到出席。

这一次去南京出席会议,杜月笙在那里整整住了一个月,这期间一直住在洪兰友的公寓里。长子杜维藩夫妇曾经特意从上海赶来看望在南京的父亲,杜月笙见到儿子的到来,非常高兴,在闲暇之际,杜维藩带着自己的父亲前往南京近郊的风景名胜,欣赏一下有着"六朝烟粉地,金陵帝王都"之称的南京。不想这也成为了杜月笙一生中最后一次的南京游了。

"行宪"第一届"国民大会"会期,一连经过四次投票选举,李宗仁才当选副总统。这反反复复的选举也使得会期一延再延,直到5月1日才宣告闭幕。杜月笙没有再在南京停留,只是选择当天回到上海,并即刻在国际饭店开会,为1948年5月5日在上海举行的第七届全国运动会,筹募到一笔巨额经费。

"上海地方协会"是杜月笙在上海发号施令的大本营、根据地。只要是他的身体状况允许,能够驱车前往,杜月笙每一个星期必定要到国际饭店去一次。后来在杜月笙的要求之下,一星期在国际饭店开一次会,商量讨论一周大事,因而一周一次的会议对于杜月笙来说是相当的重要。杜月笙关照他可以信托的朋友帮忙打理上海地方协会的事情,他常常让常务委员王新衡、秘书长徐采丞多负一点责任,多尽一点心。

1948年8月19日,抗日战争胜利以后,国民党妄图抢占胜利果实,挑起内战。由于内战,连年的战事消耗了大量的社会财富,引起物价持续疯狂上涨,国民党政府创出了巨额财政赤字,通货膨胀如同大火燎原。据官方统计,1945年9月至1946年2月,上海物价上涨五倍。1947年又上涨了三十倍,到了1948年6月,一包米的售价已经是法币六百七十万元。

1948年夏天,蒋介石多次给杜月笙发送电报,请杜月笙想办法帮忙筹措平抑物价的办法。杜月笙在得知蒋介石的这一番命令时,不由得高度重视。他赶忙找谋士智囊进行研究。杜月笙的智囊团提出一个平抑物价的方案:国民党政府抛售一定数量的物资,吸引市场上的购买力。这样人们愿意把钱拿出来,才能使大量法币回笼,只有这样,市场才能得以稳定。杜月笙把这一方案上报给蒋介石之后,包括孔祥熙在内的南京政府的一些经济专家都认为这个方案可行。于是,蒋介石决定出售国库债券和国营企业的股票,同时抛售接收敌伪物资和美援物资。

没有想到的是,这个政策刚刚被制定出来就已经走漏了风声,南京政府内部就有人将消息透露出去。于是,很多的投机商人从南京赶到上海,携带大量的现金购买政府抛售的物资,然后再把这些物质运往内地。相对于市场的吸纳能力,政府抛售的物资简直是杯水车薪,纷纷被市场上的买家买进。

国民党政府的这一举措注定了鸡飞蛋打,两手空空。蒋介石认为市场上之所以会出现这样混乱的场面,完全是杜月笙和投机商串通一气给他下套。一想到这些,蒋介石的心中怒火难以熄灭。其实,在这次投机风潮中杜月笙并没有谋私,只是所献的方案不正确,反而给蒋介石帮了倒忙,杜月笙心里也是既委屈又窝火。

国民党统治区社会经济一片混乱。在此情况下,南京政府蒋介石以总统名义颁布"财政经济紧急处分令"发行金圆券,规定以金圆券为本位币。按照这项规定一元金圆券兑换"法币"三百万元,四元金圆券能够兑换一元美金,并限期在11月20日之前完成,同时,实行强制限价,冻结工资。

8月21日,南京政府为加强经济管制,特在各重要地区设置经济管制监导员。上海方面由特派俞鸿钧负责督导,天津方面由张历生督导,广州方面由宋子文督导,同时下令让各省市政府通力配合。上海管制区还涵盖南京市及江苏、浙江、安徽三省,是"币制改革"成败的关键所在。不久,由于上海地区的特殊情况,改由蒋经国亲自挂帅担任上海区督导副专员。蒋经国名义上是辅助俞鸿钧开展上海工作,实际上是真正主持工作的人,同时蒋经国还决定严打奸商,这其中就包括杜月笙的第三个儿子杜维屏。

根据"经济紧急处分办法"的规定,自1948年8月20日起停止发行"法币",在民间流通着的一切"法币"、外币及金银,一律需在限期11月20日之前兑换金圆券。此时全国上下正值灾难频发、物价飞涨、民不聊生之际,蒋介石政权在人民的群起而攻之下到了命脉如丝的生死存亡关头。蒋介石颁发的"经济紧急处分令",是一帖要起死回生、振疲起衰的猛剂,发行金圆券的宗旨在于限制物价的上涨,所以蒋介石是下了大决心要把这场运动作为一场战争来做。

得知这一消息，杜月笙的反应是既明快又坚决，他知道蒋介石以蒋经国为特派员，到上海执行财政经济紧急措施。这是一项进行打击巨商、富户、大官僚的活动，此活动被称之为"打虎"。蒋介石一定会把他看成上海社会复杂、局面混乱的总根源，这次发号政令，自己肯定又要首当其冲。于是杜月笙立即叮嘱长子杜维藩将其维昌证券号关闭去北平躲避。此时的杜月笙正在病床前，于是他命人打电话，马上叫他的大儿子杜维藩过来。

　　杜维藩不知道什么事情使得父亲如此着急，得到传令之后他立马放下手头上的工作，一路小跑。杜月笙看见杜维藩进门以后，喘着气，他不慌不忙地从枕头底下拿出两把钥匙交到杜维藩的手里，说："现在以蒋介石为首的国民政府正在发行金圆券，废弃法币。华格桌路楼下，那只保险箱里还有一些银洋钱，你统统取出来，送到银行，切记，一定要按照政府的规定，把它们全部兑换金圆券。"

　　杜维藩问："是在舅公住的房间里？"

　　杜维藩所说的舅公住的房间就是指曾经显赫一时、常年门庭如市的那幢华格桌路老宅。胜利后它被改成了宁波西路。由于此后的杜月笙再也没有住在那里，再加上隔壁张啸林家曾经发生了血案，一度"流血五步，横尸两人"，很多人都把它看作是凶宅，因而显得门巷冷落。

　　在抗日战争时期，杜月笙大部分时间都在战争的后方，积极投身到后援地，华格桌路老宅常常也没有什么人居住。杜月笙觉得房子闲着还是闲着，还不如让其他人来这里居住，于是就把他高桥乡下的那位老娘舅朱扬声请了出来帮他看守老宅。朱扬声在楼下挑了一个房间，就此在华格臬路长住，楼下的房间里有着一只很大的保险箱，朱扬声从此便忠心耿耿地守牢在保险箱旁边。

杜月笙点点头，又吩咐他一句："你叫全家的人都到我这里来一趟，我有极重要的事情关照他们。"

随后，杜公馆上上下下的人聚到一块，听杜月笙谆谆交代：

"我不知道你们有多少黄金和银洋钿，这毕竟都是你们自己的，我也不问你们，也不会多说些什么。我只是想给你们说，这次中央颁布的是'财政经济紧急处分令'，这绝对不是走走过场，中央一定会雷厉风行。你们一定要遵照规定，在限期以内全部兑换金圆券。"

国民政府在"财政经济紧急处分令"金圆券发行实施以后，三令五申地重复着其"奉行法令，不得投机牟利"的政策。半个月后，南京方面便首先出事了，发生了轰动一时的财政部秘书陶启明等泄露重要机密，非法投机牟利巨案。陶启明等在币制改革前夕，在上海抛出永安棉纱亘千万股，非法获利所得达五亿元之多。世上没有不透风的墙，很快这件事情东窗事发，不但陶启明锒铛入狱，而且当时受此牵连的还有很多官要人士。

看到南京政府果然铁面无私，雷厉风行推行"财政经济紧急改革令"，再加上杜月笙的严厉警告，杜维藩夫妇商量关掉维昌证券号，免得节外生枝，生出事端，不仅如此，他们还遵照法令把所有的金银、美钞全部兑换了金圆券。

后来杜维藩夫妇两人来到北平，一日早晨起来看报时，猛地一条新闻映入眼帘，杜维屏涉嫌投机牟利已被上海市公安局逮捕。杜维藩着实吓了一跳，惊出了一身冷汗。

　　原来，杜维屏涉嫌投机取巧牟利的案件和陶启明如出一辙，只是两人案件大小不同罢了。杜维屏的宏兴公司曾在币制改革的前一天抛出永安纱厂空头股票两千八百股永安棉纱，第二天颁布"财政经济紧急处分令"。改革币制的初期股票停拍，自然等到恢复营业时杜维屏就赚进了一些钱。

　　本来这些不足为道，数额也不是很大，没什么影响。但在上海经济督导员办公处的经济检查队看来，杜维屏有着非法的目的和企图，因而有重大的嫌疑。于是，通知上海市警察局加以逮捕审讯。随后蒋经国以投机倒把罪逮捕杜维屏。于是杜维屏锒铛下狱，登报示众。在外币价格越炒越高的大趋势下，时任中汇银行经理的杜维屏根本不是所谓的投机大户，他只是跟风，用少量港元套购外汇存入香港账户。蒋经国逮捕杜维屏其实也是想要杀鸡给猴看。

　　由于杜维屏是杜月笙的儿子，他一被捕马上就震撼了上海滩，上海滩上一时间众说纷纭，成了人们茶余饭后谈论的焦点。仅此一点，已足使玩法、愰法者很是担惊受怕了，上海朋友直到这个时候才知道法令不是轻松随便、等闲视之的了。

　　得知自己儿子被逮捕的消息，杜月笙十分生气，只觉得颜面扫地，差点气死，一连好多天不能起床。一天，杜月笙的好友范绍曾去登门看望，杜月笙在这位老朋友面前敞开心扉，一吐为快，极其气愤地说："我捧蒋介石捧了这么多年，捧到今天，连我的儿子也被他抓起来了！"此时的杜月笙已经在病床上喘了好久,他倍感酸楚,接着无奈地叹了一口气,说道:"现在没有租界了,该是他们要我下台的时候了。"

杜月笙为了给自己还有儿子出一口气,他又派人秘密调查了孔祥熙长子孔令侃独资经营的扬子公司,在杜月笙门生的多方走动下,他秘密掌握了扬子公司囤积居奇、投机倒把的确凿证据。一天,蒋经国又召集上海商界头面人物来"训话"。杜月笙神情自若,不慌不忙地慢慢站了起来,当众对蒋经国说道:"我的儿子触犯法纪,罪有应得,我管教不严,甘愿处分,但请一秉至公,平等办理。据我所知,扬子公司所囤积的纱布等货物,泄露经济机密的情状,远为严重,请专员立即派员去查看,万勿听其逍遥法外,如此,则万众都心服口服了。"

血气方刚的蒋经国经杜月笙如此一激,只得派一些人员去扬子公司搜查,果然查到扬子公司囤积了巨量民生物资,品种无所不有。随后,宣铁吾在《大众夜报》上揭露扬子公司私套外汇的大案,还刊出了孔令侃的照片。蒋经国似乎要对表哥孔令侃大义灭亲了。

蒋经国决定要铁面办案,同时他的心腹甚至建议将孔令侃就地正法,只有这样才能让法令起到震撼的效果,谁知蒋经国竟准备采纳!孔二小姐听到这个消息被吓得魂飞魄散,不知如何是好,赶紧找到宋美龄哭诉。

宋美龄又赶紧把这件事情告诉了蒋介石,蒋介石这才知道蒋经国在上海的这番"打虎"已经打到了自家头上,闻讯后蒋介石急忙从国共内战前线赶回来。命令蒋经国不可蛮干,还当面斥责宣铁吾,下令封闭《大众夜报》。下午,蒋介石命令蒋经国终止行动,尽管蒋经国这一次来上海气势汹汹,大有大干一场的势头,但不曾想碰了壁,只好对币制改革不了了之。

蒋经国发表了壮志未酬的《告父老书》后离开上海,上海"经济特种法院"必须给杜月笙面子。杜维屏案子几次审讯,历时半年之久,特种法院最终因为"全无佐证"指明杜维屏是在改革币制之前获得机密。于是诸如一开始的"破坏金融""投机牟利"的罪名统统不成立,法官接受了杜维屏"纯出巧合"的辩说。最后,法院宣告杜维屏无辜无罪,予以释放。

在杜维屏入狱这段时间,在这有进有退、有得有失中,杜月笙勉力维持着"龙头老大"的体面和位置。与此同时,杜月笙对国民党的种种愤恨和不满也在与日俱增。他对密友范绍曾说:"沦陷时上海无正义,胜利后上海无公道。"还说:"过去帝国主义统治租界时期还有些建设,秩序也比较好,国民党来了以后只知道要钱,搜刮民脂民膏的手段超过帝国主义十倍不止。"事到如今,杜月笙真的是虎落平阳被犬欺。

第十章

大势去兮黄花落

1949年4月，人民解放军在解放战争中连获大胜，上海解放指日可待。蒋介石单独召见杜月笙，希望他能和自己一同前往台湾，而共产党也通过秘密渠道会见杜月笙，希望杜月笙能留在上海。纠结之后，杜月笙最后决定既不前往台湾也不留在上海，而是选择前往香港。1951年8月16日，杜月笙于香港病逝，终年六十三岁。

日暮途穷步维艰

在抗战胜利后，杜月笙自以为劳苦功高，为革命做了很多的贡献，于是想趁蒋介石论功行赏的机会，捞个有影响的职位。很快，杜月笙便把目光定格在上海市市长的位置。随后，杜月笙把他心中的这一想法透漏给了军统局局长戴笠。戴笠心领神会，转达给蒋介石。

1945年8月底，就在杜月笙和一帮随从兴冲冲回到上海的时候，半路杀出个程咬金，前方传来消息，蒋介石已任命钱大钧为上海市市长、吴绍澍为副市长，负责接收上海全权。原来是蒋介石对杜月笙的态度发生了变化。

不仅如此，还有更气愤、更令人沮丧的事情在后面。一时间"杜月笙是黑势力的代表""打倒杜月笙"等标语贴满了上海的大街小巷。杜月笙闻讯气上加气，为避免难堪，临时改在上海西站下车。

1946年夏，蒋介石为体现国民政府的"民主政治"，下令上海市参议会议员一定要走"民选"的程序，真正让人民群众自己选举。杜月笙信以为真，很想参加竞选议长席位的活动，于是组织门徒

蒋经国

大张旗鼓活动,所到之处必定是旗鼓喧天,宣扬议长一职非杜月笙莫属,同时还在花钱拉选票。哪知就在胜券在握时,传来蒋介石的口信:希望由潘公展担任议长一席。潘公展是蒋介石的亲信。此时的杜月笙深知胳膊拧不过大腿,无可奈何作了识时务的"俊杰",在选举结果为他当选议长后,马上宣读了一份"辞职呈文",主持选举大会的市长吴国桢立即表示赞同,接受杜月笙的慷慨让贤,另行重选。于是第二次投票,选出潘公展为议长。

1948年,蒋经国以投机倒把的罪名把杜月笙的第三个儿子杜维屏逮捕入狱,杜月笙十分生气,只觉得自己的面子上挂不住。

如此一件件、一桩桩的事情,使杜月笙与蒋介石的矛盾日益加深。

1949年3月下旬,杜月笙刚刚回到上海,就被蒋介石请去,蒋介石语重心长地对杜月笙说:"看来上海想要守住已经是很难了,杜先生应有所准备,在必要的时候携全家老小去台湾,协助党国共图复兴大业。"

杜月笙似乎早就已经料到蒋介石的这番"关心",他心中也早就想好了该如何回复蒋介石,只听杜月笙爽快地说:"我是早就准备放弃上海以后的退路了。"

中国共产党方面曾经委托黄炎培等人,劝说杜月笙继续留在上海,中共一定会善待他。蒋介石听说了这件事情之后,他是无论如何也不愿杜月笙被共产党"统战"过去,思量再三,便以告诫的口吻又对杜月笙加了几句:"杜先生与中央合作有年,民国十六年'清党'时,为铲除共党鼎定上海立下大功,也因此与共党结怨甚深。共党是讲阶级讲斗争的,他们绝不会放过你,切不可有丝毫的侥幸,以早日去台湾最好。"

杜月笙仍然是没有直接挑明立场回复着:"总裁放心, 我对共产党绝无侥幸之心。"蒋介石在听了杜月笙这样不阴不阳、模棱两可的话后很不高兴,当然也极其不满意,两人这次谈话很快就不欢而散。尽管如此,蒋介石并不会善罢甘休,他还要再想办法找机会去争取,无论如何也要把杜月笙逼去台湾。

转眼间,已经到了4月27日,此时的上海到处春意盎然,正是"风吹新绿草芽青,雨湿轻黄柳条润"的景致。可是恰在此时,出现了和这人间四月天格格不入的景象, 四周隐约传来的隆隆炮声,打破了寻春人的悠闲心境。只见国民党军队行色匆匆,明显暴露出兵败如山倒的恐慌气氛。这座远东最大工业城市,马上就要由共产党接管,马上就要回到人民的手中了。

蒋介石前往台湾之前,曾在上海复兴岛召见过杜月笙,想再三地拉拢杜月笙跟随他一同前去。杜月笙心里也跟明镜似的,他知道蒋介石的用意何在,自己留在上海,蒋介石肯定不会放心。但如果他说个"不"字,则后果不堪设想,甚至会招来杀身之祸。杜月笙很快便找到了理由搪塞道:"总裁的美意,月笙心领了。不过台湾天气太热,气候又很潮湿,近来我的身体愈发不好了,都已经到了每况愈下的地步了,再加上气喘病又复发了。我想先到香港治疗一下,等病情好了之后,再前往台湾,听从您的派遣,不知总裁肯否应允?"说完,故作气喘吁吁。

杜月笙自然早就已经和蒋介石心生间隙,也深深知道蒋介石不会也不可能再去重用他了。假如现在自己孤身一人随同蒋介石赶往台湾,结局无非寄人篱下,和把自己软禁起来性质差不多。但不去台湾,共产党能容忍他吗?黄炎培等人都来做过自己的工作,中共中央在西柏坡的广播,也天天传到上海,说希望自己能留下,协助维持上海的社会秩序。共产党方面也许真的可以不计前嫌,可是,杜月笙仍心有余悸。他不相信共产党会如此宽宏大量,会真的和他冰释前嫌。

蒋介石和杜月笙两人都不简单,蒋介石很快猜到了杜月笙的心事,于是丢下一句话:"哎,我只是不忍看着朋友都成为共产党的刀下鬼,也决不允许任何人变节投敌!"

三大战役最终人民取得胜利,内外交困中的蒋介石被迫下野。杜月笙知道蒋家王朝气数已尽,开始为自己今后的路进行打算。杜月笙为自己今后的退路办了三件事:首先是卖了杜美路上的一处公馆,得款六十万美元;其次,改掉以往任意挥霍的生活转为量入支出,裁减雇员,紧缩开支;最后去了香港一次,物色准备购买的住宅。

杜月笙对于去向早有盘算权衡,虽然中共方面通过黄炎培等劝他留下,但他深知自己罪孽深重。自己反共二十余年,"四一二"反革命政变时,就杀了包括上海总工会委员长汪寿华在内的众多共产党人,一时间致使八十多万革命党人群龙无首,可谓血债累累。所以杜月笙不敢留在上海,必须得走。至于去哪里呢?与蒋介石嫌隙既生,如果此时再跟随蒋介石去台湾,还不是自寻烦恼、寄人篱下?杜月笙想来想去决定离开上海,远离台湾,而是选择了有着"自由港"之美称的香港。

孑然一身赴香港

　　1945年8月，抗日战争和解放战争都已基本结束，全国人民都在欢庆胜利的到来。此时准备来到上海的杜月笙心情复杂。

　　但是杜月笙和上海三大亨的其他两位不一样，尤其是张啸林做了汉奸，杜月笙在日军侵华时期积极参加了各种抗日救国运动，为革命做出了重要贡献。杜月笙筹组上海市各界抗敌后援会，为抗日活动筹集到了不少善款；同时组织抗日民间武装"苏浙行动委员会别动队"，配合共产党领导的正规军作战；他还部署自己的门徒协助刺杀了上海市伪市长——傅筱庵以及自己几十年的生意合作伙伴和好友——张啸林。前期的杜月笙会有种种劣迹，可后期的杜月笙绝对是无愧家园。这样为抗战出力的杜月笙，想着抗战胜利后，蒋介石理应会给自己一个职位，赏自己一个饭碗。当时上海的大街小巷也流传着杜月笙即将被任命为上海市市长的传闻。

　　整个上海都对杜月笙的到来表现出极大的热情，杜月笙的一些门生和当时社会上的一些名流人士都表达了对杜月笙来沪的欢迎，准备盛情款待杜月笙，以最好的规格待遇为杜月笙接风洗尘。杜月笙知道了这件事情之后说："我不过就是个寻常老百姓，这样的排场规模实在是太大了，杜某人承受不起啊，如果是中央领导人来了该用何礼节？"

　　在上海叱咤一生的杜月笙非常明白，他之所以能一步步从一个名不见经传的小瘪三走到呼风唤雨、无所不能的地步，这完全是因为上海独特的"四边三角"格局：抗战前，上海分成了三大租界，分别是：英美租界也就是公共租界、法租界和市政府管辖地区，杜月笙的黑社会组织就在这三大租界的交界缝隙处生存、扩大起来，成为上海的第四大力量。由于租界各国之间存在着利益纠纷，租界之间也不买账，所以，杜月笙这股不官不民、似匪似商的势力就很容易去插手协调各方关系。由此有人认为，杜月笙的杜公馆才是真正的上海市政府。

如今战争取得了胜利，抗战结束了，上海的租界消失了，市政府的权力也逐渐趋于统一了。杜月笙的黑社会组织失去了赖以存活的社会环境，而且失去了帝国主义的支持和撑腰。租界消失了，杜月笙和他的组织也不再能够接触到帝国主义，自然也就失去了价值。国民党现在不需要依靠租界里帝国主义的势力，仅仅依靠军队、警察、特务等就能统治上海，不再需要杜月笙手下名声不好而且又很难驾驭的黑社会组织。杜月笙曾经那个呼风唤雨、纵横捭阖的辉煌历史只怕要成为明日黄花了。

就在杜月笙此刻满心憧憬着好事出现的时候，立即有消息传来，上海市市长的职位已经由钱大均出任；坏事一件接着一件，杜月笙等人还没有到上海的时候，门徒赶紧上车报告杜月笙，市政府已通知取消原定的欢迎仪式，就连已经搭起的牌楼也已拆除。上海北站已经出现了长长的标语："打倒社会恶势力！""杜月笙是旧上海恶势力的代表！""打倒杜月笙！"看到这样的情景，杜月笙及其随行的人慌了手脚，为了避免难堪，临时决定在上海南站下车。没有人来接待，没有人认识，下车时冷冷清清，因为没有人想到这样一位大人物会临时出现在南站，因而没有一名政治上的要人出来迎接。

随后，杜月笙很快得知，就在他将要踏足上海，给他泼一盆冷水的竟是他曾经的门生吴绍澍。如今的门生吴绍澍已不再是当年，现已身兼上海市政治军事特派员、上海市副市长等许多头衔。吴绍澍深深地理解蒋介石不会允许帮会的存在，"对帮会的长远政策是消灭"，所以很自然地蒋介石要和杜月笙脱离瓜葛，划清界限，同时还要扳倒杜月笙，树立起自己的威望。

此时的蒋介石不再对杜月笙让三分了。杜月笙原本想着等到自己到达上海后会受到蒋介石的接待，然而始终不见蒋介石的人影，后来吴绍澍终于上门来拜见自己，杜月笙以为这是传达蒋介石的好消息，顾不上生病的身体热情接待，没想到的是吴绍澍态度倨傲，丢下几句官话即扬长而去。听到这样的话，看到吴绍澍这样的态度，杜月笙的亲信顾嘉棠、叶焯山及杜公馆中其他的人都咬牙切齿，看不下去，发誓要让"欺师灭祖"的吴绍澍好看，杜月笙什么也没说，只是强压怒气。

在不断的被动挨打之中，杜月笙逐渐缓过劲儿来。毕竟，"百足之虫死而不僵"，杜月笙在上海闯荡这么多年，杜公馆还有很多的手下，于是杜月笙仍然有着很大的潜在力量存在。所以蒋介石仍然不能小觑这一组织。杜月笙在上海还有一群班底，有一批精心栽培多年的得力干将。

首先，杜月笙通过自己的好友戴笠开始收拾吴绍澍。当时正在负责清算汉奸工作的戴笠抓住吴绍澍私放汪伪上海税统局局长邵式军以谋取钱财的铁证，凭借着"纵放巨奸、吞没逆产"的罪名上报给了蒋介石。很快中央下达了通知,免去了吴绍澍的副市长职务,罢黜了他上海市社会局局长的职位,让和杜月笙关系比较近的吴开先继任。吴绍澍一下无法接受这样的打击,只觉得是晴天霹雳,从此一蹶不振,杜月笙很快就出了一口恶气。

1946年年底,上海市举行参议会议长选举。杜月笙知道凭借自己现在的威望,他根本就不在国民党支持的范围之内,但他为了彰显实力和人气,仍参加了选举,决心以高票拿下议长之职。经过杜公馆及其杜月笙多年的人情交际还有各界门徒的运作,最后选举的结果是杜月笙以高票当选。

这个结果不是蒋介石等人希望看到的,尽管是高票当选,蒋介石仍然宣布了就任上海市议长的名单,选举只是个形式。杜月笙知道了蒋介石的安排之后,起立发言,他没有了当选的兴致,只反复说明自己健康欠佳,行政经验不够充分,因此他要求大会批准他辞职,同时另选贤能。这样刚刚当选就要"辞职","辞职"草草收场,参会议员一致通过杜月笙以"态度谦冲自抑,辞意坚决恳切"接受辞呈,当场另选国民党推出的潘公展为上海市议长。

杜月笙从当选上海市议长再到辞职也不过短短的几十分钟,但在上海市政史上,市参议会首任议长严谨的说法还是杜月笙先生,这谁也不能否认。

1949年,国共两党进行最后决战。此时的杜月笙观察着整个社会的形势,他知道自己还需要再作一次重大选择。

杜月笙凭借着"会做人、会做事"开始发迹,在信奉"刀切豆腐两面光"的处世信条之下,早些年来,他积极助蒋反共,后来又跟共产党结下不解之缘。

曾经对共产党人给予帮助，积极提供开会场所，偷偷给进步人士泄露情报，但在后来蒋介石的"四一二"政变中，他嘴脸大变，血腥镇压共产党人，杀害汪寿华，致使八十万革命党人群龙无首。

早在抗日战争时期，杜月笙又表现出了赤诚的爱国之情。通过潘汉年向八路军无偿援助一千具荷兰进口的防毒面具，并表示一定不会让自己的组织妨碍中国共产党的救国活动。1947年，杜月笙应中共要求，为著名演员金山提供工作帮助。不仅如此，杜月笙还掩护过周恩来的堂弟。

眼看到了1949年春，国民党人在大陆已经无力回天，一步步走向失败。国民党和共产党双方都开始了对社会上有名望的人士的争夺，杜月笙知道自己一定要在这两者之间做出选择了。就在解放军兵临长江之时，杜月笙跟章士钊、黄炎培、张澜等著名人士经常会面接触，商讨今后的时局和彼此的打算，黄炎培等人都劝说杜月笙留下。杜月笙自己也说，周恩来通过黄炎培多次想约自己面谈。上海滩另一"大亨"，辈分在杜月笙之上的黄金荣经共产党多次做工作，再加上黄金荣也不愿以八旬高龄漂泊海外，因此，最后黄金荣决定留在上海迎接新时代到来。在此情况下，杜月笙也曾经考虑过留在上海。

然而，杜月笙自己也有沉重的历史包袱：1927年4月11日夜，他曾经诱捕共产党员、上海市总工会委员长汪寿华，将其活埋于龙华荒野；在第二天蒋介石发动的"四一二"反革命政变大屠杀中，杜月笙部署着他的组织成员将三百多名共产党员、进步人士和左翼工人杀害在血泊里。杜月笙不敢相信共产党会冰释前嫌，不再计较如此深仇大恨，如果自己现在选择留下，前景实在难以预测。同时，以蒋介石为首的国民党方面绝不愿意杜月笙选择和共产党靠拢，因而国民党也加强了对杜月笙的胁迫。1949年4月10日，蒋介石亲自召见杜月笙，要求杜月笙随同自己一起立即前往台湾。经过反复思索权衡，杜月笙决定远离政治漩涡，既不留上海，也不去台湾，而是定居香港。

1949年5月1日，杜月笙辞别了自己多年的老友黄金荣后，偕同妻妾、子女、随从和朋友登上了拥挤的荷兰"宝树云号"客轮，缓缓驶往香港。轮船经过黄浦江时，杜月笙想起了自己还是十多岁的孩童时孤身一人从乡下来到遍地黄金的上海，从此和上海结下不解之缘。他一步步在上海这个花花世界打拼，风里来雨里去总算站稳了脚跟，如今大半辈子过去了，再回头望望这里，一切都被雨打风吹去，不复存在了。老病的杜月笙伫立船头，唏嘘不已。

杜月笙等人到了香港之后住进朋友为他选定的坚尼地台十八号，这里只有三室一厅，不算宽敞，和在上海的杜公馆相比，实在是不可同日而语。此时的杜月笙已经体弱多病，因而常常待在屋子里面，出去的时候很少，这里也成了最后一个杜公馆。

1950年，杜月笙的好朋友章士钊受到共产党的嘱托来到香港，并且在香港的杜公馆住了一段时间，这次来的主要目的是劝说杜月笙回到大陆，于是章士钊反复向杜月笙宣传共产党的政策。杜月笙也嘱托告诫着自己在上海的门徒，要求他们不要惹是生非，一定要服从人民政府管束。

杜月笙因为曾经跟法租界打过多年交道的缘故，一直对法国感到亲切，感到熟悉，因此他想在法国度过自己最后的时光，彻底远离政治是非。除去家中的仆人和佣人，还有一直在他身边追随他的顾嘉棠、万墨林两家，到法国一共需要护照二十七张。杜月笙向败退在台湾的国民政府提出申请，结果蒋介石竟然要收取十五万美元的巨额"护照费"。这样杜月笙想要去法国的最后希望也破灭了，杜月笙伤心地说："我为国家做了那么多事，提这么一点要求，还要我十五万美金。"杜月笙仰天长叹。

分配遗产了夙愿

1951年夏天，杜月笙的病迟迟未见好转，想来所剩时间也不多了，这个时候也该考虑立遗嘱处置遗产的事情了。当时有很多外人包括杜月笙的亲友都很好奇这位上海滩家喻户晓、叱咤风云的大亨到底有多少财产留给家人，结果杜月笙报了数：十一万美元。

最开始的时候这笔钱财只有十万美元，是杜月笙在很早的时候寄存在宋子文的弟弟宋子良那里，宋子良用这些钱来投资，略有盈余。现在这十一万美元就是杜月笙的全部遗产。杜月笙把家里的成员全都叫来说："每个太太拿一万，长子拿一万，没出嫁的女儿拿六千，出嫁的拿四千。"在这之前，杜月笙拿出来很多人写给他的各种欠条，销毁了历年别人写给他的所有借据，其中光是王新衡就欠了杜月笙五百根金条，这已经算是比较少的。杜月笙对子女说："我不希望我死后你们到处要债。"

八月六日下午七时，钱新之、金廷荪、吴开先、顾嘉棠、徐采丞和陆京士，杜月笙的这些昔日老友在客厅里，密商杜月笙的遗嘱。几个人一边用饭一边详谈，杜月笙当时还有意识，还在房间里醒着，他不停地关照着不允许家中的任何人闯进去，打扰他们六位的谈话。

陆京士首先说明了杜月笙这几天曾经交代给他的各项事宜。并且透露，当他在台北接到香港方面"病危速来"的电报，就已经知道了要早些安排杜月笙的身后事。陆京士匆忙在一日之内拜访了昔日的好友刘航琛、洪兰友、王新衡、陶百川和吕光，分别找他们商量请教如何办理杜月笙身后事宜，陆京士综合几位好友所提供的意见一一进行阐述。

很快地，当时在座的几个人友好的建议，再加上杜月笙本人的交代，一连起草了三份遗嘱稿。这三份遗嘱有着不同的用途：一份是对于国家、社会的公开表白；一份训勉子孙；一份则为遗产分配。

当然作为昔日龙头的老大杜月笙的家人和亲戚，他们最关心的是遗产的分配，因为这些关系到自己的切身利益。最开始的时候由于没有人晓得杜月笙究竟还有多少钱，因此，只能作原则性的分配比例。这项分配比例定为杜月笙的四位太太和八儿三女,继承全部遗产。其中,四位太太平分杜月笙遗产的一半,八儿三女所继承遗产的总数也是遗产的一半,不过硬性规定未成家的比已成家的多拿二分之一。

时间一直到了九点钟,三份遗嘱草稿都已经拟写完毕了,陆京士问过了之后,得知杜月笙现在还在醒着。于是,六位好友和门人,一起拿着三份遗嘱稿,相继进入杜月笙的房间。当时,杜月笙的几房太太都还在,加上还在香港的子女,他们全都坐在或是立在杜月笙的病榻之旁,满满地围着。

陆京士把所拟好的遗嘱拿了出来,一一宣读三份遗嘱的内容。杜月笙用他仅存的意识尽力聚精会神地注意倾听,除了偶尔咳了一下,表示不太赞成,建议陆京士他们修正若干字句。但是从大体上来说,杜月笙几乎是全部同意这三份遗嘱的内容。

所拟好的三份遗嘱也已经读给杜月笙听过,再加上之后修改的内容,经杜月笙的允可,算是定稿。金廷荪、顾嘉棠、吴开先、钱新之、徐采丞、陆京士又被指定为杜月笙的遗嘱执行人。这些人多年和杜月笙交好,彼此交情很深。

尽管钱新之是多年的老朋友了,杜月笙向来都在人前人后,尊称钱新之为"钱先生",而不直接喊他的名字。金廷荪、顾嘉棠是结拜兄弟,金廷荪还是杜月笙的儿女亲家。吴开先是杜月笙结交了二十年的老友,徐采丞则为抗日战争忙前忙后,也是杜月笙的心腹智囊之一。陆京士为恒社的首脑人物,他跟杜月笙之间,一向情逾骨肉。这些人都陪伴杜月笙度过了人生中最辉煌的时候,现在,他们看着彼此心中别有另一番滋味。

杜月笙在外面闯荡时排难解纷,一言九鼎。不管是什么复杂困难还是稀奇古怪的事情，只要一到了杜月笙的手里，必可迎刃而解，全部摆平，完全不费吹灰之力。因而很多人都会担心杜月笙的杜公馆里面，由于家室较多，有着五房太太，子女又多，相处几十年，彼此之间肯定都会有些不乐意不情愿的事情，要想绝对太平无事，当然是相当困难，其实这些人多虑了。

八月六日之夜，坚尼地台杜公馆一个个心知肚明，大家都知晓今晚是决定立遗嘱的时候、分配遗产的重要时刻。这关系到自己将来的前途以及未来生活的保障，很多人都会心情紧张。然而当多年挚友陆京士当着杜月笙和家人朗声宣读遗嘱稿，再经过杜月笙略修改已经基本定稿。杜月笙在香港的三位夫人，四子三女，一个个都表示毫无异议，能够接受，也没多说些什么。

立遗嘱这一件大事就此风平浪静地解决。由于六位遗嘱起草人深深明白杜月笙的心情，在分配遗产的时候能做到公平合理，无懈可击。这也可以看出杜月笙对于自己的遗嘱问题，确实煞费苦心，安排周到，并且他早已深思熟虑，胸有成竹了。

等到遗嘱的分配方式当众确定下来的时候，杜月笙才开始从容不迫地说出他的遗产数额。他在交代了几件家事以后，开口说道：

"我只有一笔铜钿，留给家属作生活费用，这笔钱我是托宋子良先生保管的，数目是十万美金。因为宋先生代我用这笔钱买了股票，多少赚了一点，大概有十一万美金左右。"

在场的人谁也没有想到，一辈子在金山银海里面挥之如土的杜月笙，他留给自家妻儿的遗产，居然只有十一万美金左右，按照当时的港币进行折算，不过六十多万。

浮沉人生由谁说

1951年7月28日,已经卧病在床很长时间的杜月笙知道自己已经病入膏肓,因为自己的两条腿一点力气也没有,根本不能站立了。

香港很多有名的医生,诸如丁济万、吴子深、吴必彰、梁宝鉴、朱鹤皋等人都先后来给杜月笙看过病,往日里还会说些注意好好休息之类的话, 如今他们诊断后得出的结果却是:"杜先生精、气、神三者全无,恐怕不是药石可以奏效的。"听了医生们的说法,杜月笙的家人也都明白了,现在只能熬时间了,能熬多久算多久,再也没别的办法了。

几天过去了,杜月笙还一直勉强支撑着,随后他开始集中心智,安排后事,对于妻子、儿女、至亲好友,乃至于服侍他的佣人,每一个人他都分别作了交代。

杜月笙对手下人盼咐说:"此地是香港,不是上海,我们在这里算是做客,这里也不是我们的故乡,所以丧事切忌铺张," 此时此刻,他似乎更感到漂落异乡的凄凉,稍微停了一下,杜月笙又说,"从移灵到大殓,前后绝不可以超过三天。我去的时候就穿长袍马褂,还和原来的穿着打扮一样。这是我穿了大半辈子的衣裳。"

"不过有一件要多用两钿的事,我那一口棺材。"杜月笙顿了一顿,然后加以解释地说,"这并不是我死出风头,一定要买口好棺材,而是我不要葬在香港,叶落归根,这是中国人特有的情怀。活的时候我因为气喘毛病,到不了,死了我还是要葬到上海去的。"

由于杜月笙的身体太虚弱了,加上自己要说的话要交代的事太多,一时说不完。杜月笙只好利用他有限的精力,说一阵子,又瞑目养神,半天不再说话,等过一会儿,精神体力稍微恢复,他又挣扎着再说一两句。

"我一生一世,过手洋钿何止亿万,一旦两脚一伸,我只要你们在这件事上完成我的心愿,让我多用两钿,其余的事一概从简。顶要紧的是要记得我们正在落难,凡事切忌招摇,免得给别人批评。所以不论开吊、出殡,绝对不许再摆什么场面,你们要是不听我这个话,那就不是爱我,反倒是在害我了。"

8月16日,杜月笙已经到了病危的状态。为了维持杜月笙的生命,他的家人在西瓜汁中加入药物给他喝,可能是药效的作用,也可能是回光返照,迷迷糊糊之中,杜月笙清醒了过来,告诉家人他剩余的全部财产是:宋子良那里替他保存了十万元美金,朱如山那里替他保存了十万元港币。

姚玉兰信奉基督教,请来赵世光牧师,在病榻之前为杜月笙祷告,杜月笙说了两句话之后又陷入昏迷。下午,不管人们怎样呼唤杜月笙,他都没有反应,安安静静地躺在床上,双眼紧闭,眼角流下泪水。十六时五十分,杜月笙溘然长逝,享年六十四岁。

在场的人们无不痛哭流涕,家人、子女还有和杜月笙有着多年交情的老兄弟、老朋友,他们叹息这样一位风云人物从此离开了这个世界,离开了自己。一时间,整个房间到处都是悲痛声、嘈杂声、叹息声。

第二天,杜月笙逝世的消息,刊登在香港各大报小报、日报晚报,所有的报纸都对这件事情给予最详细的报道。除了由治丧委员会名义刊登的丧讯和巨幅讣告,香港所有的报馆都来杜公馆采访打探消息。

一时间,杜月笙三个字在报纸上出现的频率最多,次数最多,杜月笙一生中很难会碰上这样的场面,直到去世这一件事。逃到香港的这段时间里,杜月笙整日里卧病在床,活动空间都在杜公馆,因而是默默无闻,报纸上难得一见。就连杜月笙在上海滩炙手可热的极盛时代,各地报纸也是难于见到他的大名,而今死后的杜月笙却是极为轰动,占尽了风头。

顾嘉棠负责治丧委员会的总务,他的观点和杜月笙大不相同。顾嘉棠认为人生一世,草长一秋,杜月笙自从到上海算起,出道已经四十余年,尽管杜月笙平日里花钱如流水,用钱极为铺张浪费。然而这些钱都是花在广交朋友,开办公司、银行、学校,细细算来,钱真正花在杜月笙身上的又能有多少呢?所以他认为杜月笙的丧礼是其一生中最大的一件事,必须办得体面风光,多花十万八万港元,和杜月笙一辈子里过手的洋钿相比,那算得了什么?

顾嘉棠的这个想法,也得到了杜月笙家人的默认。

杜月笙死后,尸体停放在香港万国殡仪馆。杜月笙的亲戚朋友和门生徒弟按照杜月笙事先的遗嘱给他花了大价钱找了好棺材——一口价值一万五千元港币的楠木棺材。不仅如此,为了让死后的杜月笙能更好地长眠,他们还特意请来了风水先生择定入殓日期。

入殓前，逃亡在台湾的蒋介石集团的大大小小的官员，纷纷赶来悼念杜月笙，大礼堂外立刻悬出"杜月笙先生治丧处"的标语，白底黑字，标语的四周镶着银边白花和一对蓝纸灯笼，杜月笙的杜字被治丧两个小字紧紧托住，礼堂的中间是全白的孝帏，前方放着鲜花牌架、挽额、挽幛、挽联。"义节聿昭"这是蒋介石送来的挽联。两旁悬挂的第一副挽联，是杜月笙的老友许世英所写的："班生投笔，卜式输财，历济艰危昭史乘；范式凭棺，伯牙碎轸，忍教生死隔襟期。"香港报纸就这一挽联曾经特别提出，盛赞许世英真情抒写了杜月笙的生平和死别哀痛，读来让人唏嘘不已，备受感动。

入殓之后是出殡。有两个纸扎的高达一丈七尺的"开道神"在出殡队伍的最前面，据说"开道神"是用来给杜月笙在阴间道上遇山开路，遇水搭桥。紧随其后的则是仪仗队、乐队。

1952年11月25日，蒋介石下令要成立一个包括陈诚、吴开先、郑介民、王宠惠、何应钦、毛人凤等人在内的"杜月笙灵榇安厝委员会"。将杜月笙的灵枢从香港运到台湾。随后杜月笙的灵枢安顿在台北县汐止镇大尖山麓之西。

杜月笙的前半生，整日混迹在上海的大街小巷，贩卖烟土鸦片、经营赌场等黑帮活动，凭借着他的机警干练和足智多谋终于出人头地。在蒋介石发动的"四一二"反革命政变中，杜月笙积极充当打手，甘为马前卒，手上沾满了共产党人的鲜血。而其接下来的后半生则与中国的命运紧紧相连，面对日军大规模的入侵，杜月笙展现了一个铮铮铁骨的好男儿形象。在十四年抗战之中，杜月笙做过很多有益于人民的事情,如救助灾民,募捐筹款,直赴抗日后援地。随后更是遥控上海地下工作,铁血锄奸,这也成就了杜月笙不少可圈可点之处。

杜月笙生前吸取自己的教训,对子女的教育特别严格。杜月笙由于明媒正娶了五房太太,因此杜氏也就变成了大家庭。他儿媳、女婿众多,儿孙满堂,全家和睦。在他所有子女中,个个正直良善,有真才实学,没有任何一个人走错路走上黑道的,他的后世子女分布在世界各地,踏踏实实服务于社会。

据杜月笙的女儿回忆,杜月笙去世前曾对子女们说过:"我没希望了,你们还有希望,中国还有希望。"